Andrew Ramsay

A new Cyropaedia or the Travels of Cyrus

Andrew Ramsay

A new Cyropaedia or the Travels of Cyrus

ISBN/EAN: 9783741144288

Manufactured in Europe, USA, Canada, Australia, Japa

Cover: Foto ©Thomas Meinert / pixelio.de

Manufactured and distributed by brebook publishing software (www.brebook.com)

Andrew Ramsay

A new Cyropaedia or the Travels of Cyrus

A NEW CYROPÆDIA,
OR
THE TRAVELS
OF
CYRUS.

WITH a Difcourfe on the Theology & Mythology of the Ancients,

BY SR. ANDREW RAMSAY.

A NEW EDITION,

WITH MANY EMENDATIONS ET ADDITIONS.

VOLUME THE SECOND.

R O U E N,

Pinted for PETER MACHUEL, Ganterie ftreet, Hotel S. Wandry.

M. DCC. LXXIX.

LES VOYAGES DE CYRUS.

LIVRE SIXIEME.

Cyrus ne fut pas plutôt arrivé en Crete, qu'il se hâta d'aller à Gnossus, capitale de cette Isle, où l'on admire le fameux Labyrinthe de Dédale, & le superbe Temple de Jupiter Olympien. Ce Dieu y est représenté sans oreilles, pour marquer que le souverain Maître de l'Univers n'a pas besoin d'organes corporels, pour entendre les plaintes & les prieres des humains (a).

Dans une grande enceinte, au milieu d'un bois sacré, s'éleve un magnifique bâtiment. On entre d'abord par un portique de vingt colonnes de Granite oriental. La porte est de bronze d'une riche sculpture. Deux grandes figures ornent le portail, l'une représente la Vérité, l'autre la Justice.

L'intérieur est une voûte immense, éclairée seulement par le haut, pour dérober à la vue tous les objets du dehors, excepté celui du ciel. Le dedans du Temple est un Péristile de Porphyre, & de marbre Numide.

L'on y voit de distance en distance plusieurs autels consacrés aux Dieux célestes, & les statues des Divinités terrestres s'élevent entre chaque colonne. Le dôme est couvert de lames d'argent, & le dedans de ce dôme est orné des simulacres des Héros qui ont mérité l'Apothéose.

Cyrus entre dans ce Temple. Le silence & la majesté du lieu le remplissent de crainte & de respect.

(a) Plut. de Isid. & Osirid.

THE TRAVELS
OF
CYRUS.
BOOK VI.

*C*YRUS no sooner arriv'd in *Crete*, but he went to *Gnossus*, the capital of that Island, where he saw the famous Labyrinth made by *Dædalus*, and the magnificent Temple of *Jupiter Olympius*. The *Cretans* represented that God without ears, to denote that the sovereign Lord of the Universe has no need of bodily organs to hear the Complaints & prayers of men (*a*).

This noble building stood within a large enclosure, in the midst of a sacred wood. The entrance into it was through a *Portico* of twenty pillars of oriental *Grenate*. The gate was of brass, finely carv'd. Two large figures adorn'd the portal, the one representing *Truth*, the other *Justice*.

The Temple was an immense arch where the light was let in only from above, in order to hide from the eye all objects abroad, except the Heavens. The inside was a peristile of *Porphyry* & *Numidian* marble.

At certain distances one from another, were several altars consecrated to the celestial Gods, with the statues of terrestial Divinities between the pillars. The dome was cover'd on the outside with plates of silver, & adorn'd on the inside with the images of Heroes who had been deify'd for their merit.

Cyrus enters this Temple. The silence & majesty of the place fill him with awe & respect. He

(*a*) Plut. *of* Isis & Osiris.

Il se prosterne, & adore la Divinité présente. Il avoit appris de Zoroastre que le Jupiter Olympien (a) des Grecs, étoit le même que l'Oromaze des Perses, & l'Osiris des Egyptiens.

Il parcourut ensuite toutes les merveilles de l'Art qui éclatoient dans ce lieu. Il fut moins frappé de la richesse & de la magnificence des autels, que de la noblesse & de l'expression des statues. Comme il avoit appris la Mythologie des Grecs, il reconnut sans peine toutes les Divinités, & tous les mysteres qu'on avoit dépeints dans les figures allégoriques qui se présentoient à sa vue.

Ce qui attira sur-tout l'attention du jeune Prince, fut de voir que chaque Divinité céleste tenoit dans sa main une table d'or. Sur ces tables étoient gravées les hautes idées de Minos sur la Religion, & les différentes réponses que les Oracles rendirent à ce Législateur, lorsqu'il les consulta sur la nature des Dieux, & sur le culte qu'ils demandent.

Sur la table de Jupiter Olympien on lisoit ces paroles : Je donne l'être, la vie & le mouvement à toutes les Créatures (b). Nul ne peut me connoître, que celui qui veut me ressembler (c).

Sur celle de Pallas : Les Dieux se font sentir au cœur, & se cachent à ceux qui veulent les comprendre par l'esprit seul (d).

Sur celle de la Déesse Uranie : Les Loix divines ne sont pas des chaînes qui nous lient, mais des ailes qui nous élevent vers l'éclatant Olympe (e).

Sur celle d'Apollon Pythien on voyoit cet ancien Oracle : Les Dieux habitent avec moins de plaisir dans le Ciel, que dans l'ame des Justes qui est leur vrai temple (f).

(a) Le Jupiter Olympien des Grecs étoit leur Dieu suprême, supérieur au Jupiter Conducteur, & le même que Saturne & Cœlus.
(b) Voy. le Disc. pag. 192. (c) Platon Epinom.
(d) Ibid. (e) Plat. de Rep.
(f) Hieroc. Aur. Carm.

THE TRAVELS OF CYRUS.

proftrates himfelf, & adores the Divinity prefent. He had learnt from *Zoroafter*, that the *Olympian Jupiter* (a) of the *Greeks* was the fame with the *Oromazes* of the *Perfians*, & the *Ofiris* of the *Egyptians*.

He then caft his eye over all the wonders of art which were to be feen in this place. He was lefs ftruck with the richnefs & magnificence of the altars than with the noblenefs & expreffion of the ftatues As he had learnt the *Greek* mythology, he could eafily diftinguish all the Divinities by their attributes, & difcern the myfteries of religion, in the allegorical figures which were before him.

That which drew his attention more efpecially, was, that each of the celeftial Deities held in his hand a tablet of maffy gold, upon which were written the exalted ideas of *Minos* in religion, and the feveral anfwers which the Oracles had given that Lawgiver, when he confulted them about the nature of the Gods, & te worship they requir'd.

Upon that of *Jupiter Olympius* were to be read thefe words: *I give being, life & motion to all creatures* (b). *No one can know me but he who feeks to refemble me* (c).

Upon that of *Pallas*: *The Gods manifeft themfelves to a pure heart, & are hid from thofe who endeavour to know them by the underftanding alone* (d).

Upon that of the Goddefs *Urania*: *The divine laws are not chains to fetter us, but wings to raife us up to the bright Heavens* (e).

Upon that of the *Pythian Apollo* was this ancient oracle: *The Gods take lefs delight to dwell in Heaven, than in the foul of the juft, which is their true temple* (f).

(a) The *Olympian Jupiter* of the *Greeks* was their fupreme God, fuperior to *Jupiter the Guide*, & the fame with *Saturn* & *Cœlus*.
(b) See the Difcourfe, pag. 191.   (c) *Plat. Epinom.*
(d) Ibid.   (e) *Plat. de Rep.*
(f) *Hierocles* on the Golden Verfes of *Pythagoras*.

A 4

Tandis que Cyrus *méditoit le sens sublime de ces paroles, un vieillard vénérable entre dans le Temple, se prosterne devant la statue d*'Harpocrate *, & y demeure long-temps enseveli dans un profond silence.* Cyrus *soupçonne que c'est* Pythagore *, mais il n'ose interrompre sa priere, & continue à lire ce qu'il trouve écrit sur les tables d'or.*

Pythagore *, car c'étoit lui-même, ayant rendu ses hommages aux Dieux, se leve, & apperçoit les deux étrangers. Il croit voir dans l'air & dans le visage de* Cyrus *, les mêmes traits que* Solon *lui avoit dépeints, en lui annonçant le départ de ce Prince pour la* Crete. *Il l'aborde, le salue & se fait connoître à lui.*

Le sage Samien, pour ne pas interrompre plus long-temps le silence qu'on doit garder dans un lieu destiné au culte des Immortels, mena Cyrus *&* Araspe *dans le bois sacré voisin du Temple.*

Alors Cyrus *lui dit: Ce que j'ai vu sur les tables d'or, me donne une haute idée de votre Religion. Je me suis hâté de venir ici non-seulement pour connoître les Loix de* Minos *, mais encore pour apprendre de vous la doctrine d'*Orphée *sur le siecle d'Or. On m'a dit qu'elle ressemble à celle des* Perses *sur l'Empire d'*Oromaze *, & à celle des* Egyptiens *sur le regne d'*Osiris. *Je me plais à voir dans tous les pays les traces de ces grandes vérités; daignez me développer ces traditions antiques.*

Solon, *reprit* Pythagore *, m'a fait savoir votre départ pour cette Isle. Je devois aller à* Crotone *, mais j'ai différé mon voyage pour avoir le plaisir de voir un Héros, dont la naissance & les conquêtes ont été prédites par les Oracles de presque toutes les Nations. Je ne vous cacherai rien des mysteres de la sagesse, parce que je sais que vous ne deviendrez un jour le conquérant de l'*Asie *, que pour en être le Législateur.*

Ils s'assirent ensuite près d'une statue de Minos *placée au milieu du bois sacré, & le Philo-*

THE TRAVELS OF CYRUS.

While *Cyrus* was meditating on the sublime sense of these inscriptions, a venerable old man enters the Temple, prostrates himself before the statue of *Harpocrates*, and remains there a long time in profound silence. *Cyrus* suspects it to be *Pythagoras*, but dares not interrupt his devotion, & continues to read what he sees written upon the golden tablets.

Pythagoras, for it was he, having paid his homage to the Immortals, rises, & perceives the two strangers. He sees, in the air & countenance of *Cyrus*, the marks which *Solon* had describ'd when he gave him notice of the young Prince's departure for *Crete*. He accosts him with a salutation, makes himself known, & quickly understands that it is *Cyrus*.

The *Samian* sage, that he might no longer interrupt the silence, which ought to be observ'd in a place dedicated to the adoration of the immortal Gods, led *Cyrus* and *Araspes* into the sacred wood adjoining to the Temple.

Cyrus then said to him: That which I have seen upon the golden tablets, gives me a high notion of your religion. I have made haste to come hither, not only to be instructed in the Laws of *Minos*, but to learn from you the doctrine of *Orpheus* about the golden age. I am told, that it resembles that of the *Persians*, concerning the empire of *Oromazes*, and that of the *Egyptians*, relating to the reign of *Osiris*. 'Tis a pleasure to see the traces of those great truths in all nations: vouchsafe to unfold to me your ancient traditions.

Solon, reply'd *Pythagoras*, acquainted me with your departure for this Island. I was going to *Croton*, but I have put off my voyage, to have the pleasure of seeing a Hero, whose birth and conquests have been foretold by the Oracles of almost all nations. I will conceal nothing from you of the mysteries of wisdom, because I know that you will one day be the lawgiver of *Asia*, as well as its conqueror.

After this they sat down near a statue of *Minos*, in the midst of the sacred wood, & the

sophe leur récita la Mythologie des premiers Grecs, en se servant du stile poétique d'Orphée, qui rendoit sensibles par ses peintures, les vérités les plus sublimes.

(a) Pendant le siecle d'or les Habitans de la Terre vivoient dans une innocence parfaite. Tels que sont les Champs Elysées pour les Héros, tel étoit alors l'heureux séjour des hommes. On n'y connoissoit point les intemperies de l'air, ni le combat des élémens. Les Aquilons n'étoient pas encore sortis de leurs grottes profondes; les Zéphyrs seuls animoient tout par leurs douces haleines. On n'y ressentoit jamais ni les ardeurs de l'été, ni les rigueurs de l'hiver. Le printemps couronné de fleurs, s'unissoit à l'automne chargée de fruits. La mort, les maladies & les crimes n'osoient approcher de ces lieux fortunés.

Tantôt ces premiers hommes se reposant dans les bocages odoriférens sur des gazons toujours verds, goûtoient les plaisirs purs de l'amitié. Tantôt assis à la table des Dieux, ils se rassasioient de nectar & d'ambroisie. Quelquefois Jupiter suivi de toutes les Divinités, atteloit son char ailé, & les conduisoit au-dessus des Cieux. Les Poëtes n'ont point connu ni célébré ce lieu suprême. Là les ames voyoient la vérité, la justice & la sagesse dans leur source. Là elles contemploient par les yeux du pur esprit, l'essence premiere, dont Jupiter & les autres Dieux ne sont que des rayons. Là elles se nourrissoient de cette vue, jusqu'à ce que n'en pouvant plus soutenir la splendeur, elles redescendoient dans leur séjour ordinaire.

Les Dieux inférieurs fréquentoient les jardins des Hespérides, & prenoient plaisir à converser avec les hommes. Les bergeres étoient aimées des Dieux, & les Déesses ne dédaignoient point l'amour des bergers. Les graces les accompagnoient par-tout, & ces graces étoient les vertus mêmes. Mais hélas! ce siecle d'or ne dura pas long-temps.

(a) Toute cette Mythologie est tirée de Platon. Voyez le Discours, pag. 238, &c.

philosopher rehears'd to them all the mythology of the first *Greeks*, making use of the poëtick style of *Orpheus*, which by its paintings and images render'd sensible the sublimest truths.

(*a*) In the golden age, the inhabitants of the earth liv'd in a perfect innocence. Such as are the *Elysian Fields* for Heroes, such was then the happy abode of men. The intemperances of the air, & the war of the elements, were unknown. The north-winds were not yet come forth from their deep grotto's: The zephyrs only enliven'd all things with their soft & gentle breezes. Neither the scorching heats of summer, nor the severities of winter, were ever felt. The spring, crown'd with flowers, & the autumn, loaded with fruits, reigned together. Death, diseases & crimes durst not approach those happy places.

Sometimes these first men; reposing themselves in odoriferous groves, upon the ever-verdant turf, tasted all the purest pleasures of friendship. Sometimes they sat at the table of the Gods, and were feasted with nectar and ambrosia. At other times *Jupiter*, attended by all the Divinties, riding on his winged chariot, conducted them above the heavens. The Poëts have not celebrated, nor known that highest place. It was there that souls beheld truth, justice, & wisdom in the source. It was there that, with the eyes of the pure spirit, they contemplated the first Essence, of whose brightness, *Jupiter* & the other Gods, are but so many rays. There they were nourished with beholding that object, till being no longer able to support its splendor, they descended again to their ordinary abode.

The inferior Deities at that time frequented the gardens of *Hesperides*, & took pleasure in conversing with men. The shepherdesses were loved by the Gods, & the Goddesses did not disdain the love of shepherds. The graces accompanied them every where, & these graces were the virtues themselves. But, alas! this golden age was of no long duration.

(*a*) See the Disc. pag. 219, &c.

A 6

LES VOYAGES DE CYRUS.

Un jour les hommes ne suivirent point le char de Jupiter, ils resterent dans le champ d'Hécate, s'enivrerent de nectar, perdirent leur goût pour la vérité pure, & diviserent l'amour du plaisir, de l'amour de l'ordre. Les bergeres se regarderent dans les fontaines, & devinrent idolâtres de leur propre beauté. Chacune ne fut plus occupée que d'elle-même. L'amour abandonna la terre, & avec l'Amour toutes les Divinités célestes disparurent. Les dieux Sylvains furent changés en Satyres, les Napées en Bacchantes, & les Nayiades en Syrenes. Les vertus & les graces se séparerent, & le faux amour de soi-même, pere de tous les vices, enfanta la volupté, source de tous les maux.

Toute la nature a changé de forme dans cette sphere inférieure. Le soleil n'a plus la même force ni la même douceur, sa lumiere s'obscurcit. La terre s'enveloppe d'une croûte épaisse, opaque, & difforme. Les jardins des Hespérides sont détruits, notre globe s'écroule; les abymes s'ouvrent, & l'inondent; il se divise par les mers en Isles & en continens. Les collines fertiles s'elevent en rochers escarpés; les vallons agréables deviennent des précipices affreux. On ne voit plus que les ruines de l'ancien monde noyé dans les eaux.

Les ailes de l'ame sont abbatues; son char subtil se brise, & les esprits sont précipités dans des corps mortels, où ils subissent plusieurs métempsycoses, jusqu'à ce qu'ils soient purgés de leurs crimes par des peines expiatoires. C'est ainsi que le siecle de fer succéda au siecle d'or. Il durera dix mille ans; pendant ce temps Saturne se cache dans une retraite inaccessible; mais à la fin il reprendra les rênes de son Empire, & rétablira l'Univers dans son premier éclat. Alors toutes les ames seront réunies à leur principe.

Voilà, continue Pythagore, l'allégorie par laquelle Orphée & les Sybilles nous ont fait comprendre le premier état de l'homme, & le malheur où il est tombé. Le corps mortel qui nous enveloppe est la punition de nos crimes, & le désordre de notre cœur, est une marque évidente de notre dégradation.

Je vois bien, dit Cyrus, que les principes

One day men neglecting to follow *Jupiter*'s chariot, staid in the fields of *Hecaté*, got drunk with nectar, lost their taste for pure truth, & separated the love of pleasure from the love of order. The shepherdesses saw themselves in fountains, & became enamour'd of their own beauty. Each had her thoughts wholly taken up about her self. Love left the Earth, & together with him all the celestial Divinities disappear'd. The *Sylvan* Gods were changed into *Satyrs*, the *Nopee* into *Bacchantes*, & the *Nayads* into *Syrens*, The *Virtues* & the *Graces* were no longer the same; & self-love, the parent of all vices, begot sensuality, the source of all miseries.

All nature is transformed in this lower sphere. The Sun has no longer the same force, nor the same beauty; its light is obscured. The Earth contracts a thick, dark, & ugly crust. The *Hesperian* gardens vanish; our globe falls to ruins, the abyss is open'd, & over-flows it: It is divided by seas, into islands & continents. The fruitful hills become craggy rocks, & the delightful vallies frightful precipices. Nothing remains but the ruins of the old world drown'd in the waters.

The wings of the soul are clipt, its subtile vehicle is broken; and spirits are precipitated into mortal bodies, where they undergo divers transmigrations, till they are purged of their crimes by expiatory pains. It was thus that the iron-age succeeded to the golden, & it will last ten thousand years, during which time *Saturn* hides himself in an inaccessible retreat: but in the end, he will refume the reings of his Empire; & restore order to the Universe. All souls will then be re-united to their Principle.

This, continued *Pythagoras*, is the allegory by which *Orpheus* & the *Sibyls* have made us understand the first state of man, & the misery into which he is fallen. Our mortal body is the punishment of our crimes; & the disorder of our heart is an evident proof of our being degraded.

I perceive, said *Cyrus*, that in the main the prin-

de Zoroastre, d'Hermès, & d'Orphée sont les mêmes. Toutes leurs allégories sont pleines des vérités les plus sublimes. Pourquoi donc vos Pontifes veulent-ils tout réduire au seul culte extérieur ? Ils ne m'ont parlé de Jupiter que comme d'un Législateur qui promettoit son nectar & son ambroisie, non aux vertus solides, mais à la croyance de certaines opinions, & à l'observance de quelques cérémonies extérieures qui ne servent ni d'éclairer l'esprit, ni à épurer le cœur.

La corruption des Prêtres, & leur avarice, est, reprit Pythagore, la source de tous ces maux. Les Ministres des Dieux établis d'abord pour rendre les hommes bons, tournent souvent le Sacerdoce en un vil métier, & ne s'attachent quelquefois qu'au spectacle de la Religion. Les hommes vulgaires n'entendant plus le sens mystérieux des Rites sacrés, tombent dans la superstition, pendant que les esprits téméraires se livrent à l'impiété.

Voilà la source des différentes Sectes qui inondent la Grèce. Les unes méprisent ce que l'antiquité a de plus pur ; les autres nient la nécessité d'un culte ; d'autres attaquent la sagesse éternelle à cause des maux & des crimes qui arrivent ici-bas. Anaximandre & son école audacieuse osent soutenir, que la Nature & Dieu sont la même chose. Chacun se forme un système à sa mode, sans respecter la doctrine des anciens.

Cyrus ayant entendu nommer Anaximandre, dit à Pythagore : On m'a raconté la cause de vos disgraces, & de votre exil ; j'ai un grand desir de savoir le détail de votre dispute avec le Philosophe Milésien. Apprenez-moi comment vous avez combattu sa doctrine. J'en aurai peut-être besoin pour me garantir de ces maximes dangereuses. J'ai déja vu à Ecbatane plusieurs Mages qui parloient le même langage qu'Anaximandre: Les égaremens de l'esprit humain sont à peu près les mêmes dans tous les pays, comme dans tous les temps.

Le détail de cette dispute, répondit Pythagore,

ciples of *Zoroaster*, *Hermes*, & *Orpheus* are the same. All their allegories abound with the sublimest truths, Why then will your Priests reduce all to an outward worship? They have spoken to me of *Jupiter*, only as of a Law-giver, who promises his nectar and ambrosia, not to solid virtues, but to the belief of certain opinions, the observance of some ceremonies, which are of no use, either to enlighten the mind, or to purify the heart.

The corruption & avarice of the priests; reply'd *Pythagoras*, are the source of all those mischiefs. The Ministers of the Gods, who were establish'd principally to make men good, turn the Priesthood into a vile trade, & stick to the outward shew of Religion, Vulgar minds, not understanding the mysterious meaning of the sacred rites; fall into a gross superstition, while bold inconsiderate men give themselves up to impiety.

This is the source of the different Sects which fill all *Greece*. Some despise even the purest antiquity; others deny the necessity of an outward worship; others attack the eternal wisdom, because of the evils & crimes which happen here below. *Anaximander*, and his audacious School, actually spread abroad at this time throughout *Greece*, *that Nature & God are the same thing*. Every one forms a system after his own fancy, without respecting the doctrine of the ancients.

When *Cyrus* heard him name *Anaximander*, he said to him: I have been inform'd of the cause of your disgrace & exile; but have a great desire to know the particulars of your dispute with the *Milesian* philosopher. Tell me in what manner you opposed his doctrine. It will perhaps be of use to preserve me from those dangerous maxims. I have already seen at *Ecbatan* several *Magi* who talk the same language with *Anaximander*. The errors of the human mind are pretty near the same, in all countries & in all times.

The particulars of that dispute, answer'd *Pythagoras*,

sera long, mais je n'affecterai point de l'abréger, de peur d'y jetter de l'obscurité.

En retournant à Samos, après une longue absence, je trouvai qu'Anaximandre, déja fort avancé en âge, avoit répandu par-tout sa doctrine impie. Les jeunes gens l'avoient adoptée; le goût de la nouveauté, l'envie de flatter leurs passions, la vanité de se croire plus habiles que les autres hommes, les avoient éblouis & entraînés dans ces erreurs.

Pour remédier à ces maux, j'attaquai les principes du Milésien. Il me fit citer devant un Tribunal de Pontifes dans le Temple d'Apollon, où le Roi & tous les Grands étoient assemblés. Il commença par présenter ma doctrine sous la forme la plus odieuse : il donna des tours faux & malins à mes paroles ; il tâcha de me rendre suspect de l'impiété dont il étoit lui-même coupable. Alors je me levai, & je parlai de cette manière :

O Roi, l'image du grand Jupiter! Pontifes d'Apollon ! & vous Citoyens de Samos ! écoutez-moi & jugez de mon innocence. J'ai voyagé chez tous les peuples de l'univers, pour apprendre la sagesse, qui ne se rencontre que dans la tradition des anciens. J'ai découvert que dès l'origine des choses on n'adoroit qu'un seul principe éternel ; que tous les Dieux de la Grece ne sont que des noms différens pour exprimer les attributs de la Divinité, les propriétés de la Nature, ou les vertus des Héros.

Je trouve que c'est une maxime constante chez toutes les nations, que les hommes ne sont plus ce qu'ils étoient pendant le siecle d'or, qu'ils se sont avilis & dégradés ; que la religion est le seul moyen de rétablir l'ame dans sa premiere grandeur, de faire croître de nouveau ses ailes, & de l'élever aux régions éthérées d'où elle est tombée.

Il faut d'abord devenir homme par les vertus civiles & sociales ; il faut ensuite ressembler aux Dieux par cet amour du beau, qui fait aimer la vertu pour elle-même.

wil be long, but I shall not offer to shorten them, left I should become obscure.

Upon my return to *Samos*, continued the philosopher, after my long travels, I found that *Anaximander* had already spread every where his impious doctrine. The young people had embrac'd it: the love of novelty, the inclination to flatter their passions, the vanity of thinking themselves wiser than other men, had blinded their understandings and drawn them into those errors.

In order to remedy these mischiefs, I attack'd the principles of the *Milesian*. He had cited me before a Tribunal of Pontiffs in the Temple of *Apollo*, where the King & all the *Grandees* were assembled. He began by representing my doctrine under the most odious form, gave false & malicious turns to my words, & endeavoured to make me suspected of the impiety of which he himself was guilty. I then rose & spoke in the following manner.

O King! image of the great *Jupiter* ! Priests of *Apollo* ! & you Judges here assembled ! hearken to me, & judge of my innocence. I have travell'd among all the different nations of the universe, to learn wisdom, which is only to be found in the tradition of the ancients. I have discover'd, that from the origin of things: men ador'd but one sole éternal Principle; that all the Gods of *Greece* are but different names to express the attributes of the Divinity, the properties of Nature, or the virtues of Heroes.

I find that it is a stedfast maxim in all nations, that men are not what they were in the golden age, that men are debas'd & degraded, & that Religion is the only means to restore the soul to its original grandeur, to make its wings grow again, & to raise it to the etherial regions, from whence it is fallen.

Our first duty as men consists in the civil & social virtues, and next we ought to resemble the Gods, by a disinterested love of beauty & perfection, or love of virtue for virtues sake.

Voilà le seul culte digne des Immortels, & voilà toute ma doctrine.

Anaximandre se leva au milieu de l'assemblée ; son âge, ses talens & sa réputation attirerent l'attention, & firent régner par-tout un profond silence. Pythagore, dit-il, détruit la Religion par ses raffinemens. Son amour du beau est une chimere. Consultons la Nature, pénétrons tous les plis & les replis du cœur humain, interrogeons les hommes de toutes les nations, nous verrons que l'amour propre est la source de toutes nos actions ; de toutes nos passions, & même de toutes nos vertus. Pythagore se perd dans des raisonnemens abstraits. Je me borne à la simple Nature, j'y trouve tous mes principes, le sentiment de tous les cœurs les autorise, & les preuves de sentiment sont les plus courtes & les plus convaincantes.

Anaximandre, dis-je alors, substitue les passions à la place des sentimens. Il affirme hardiment, mais il ne prouve rien. Je n'agis pas de même ; voici mes preuves.

Les Dieux font le bien pour le seul amour du bien ; l'ame est une parcelle de leur substance ; elle peut par conséquent les imiter, elle peut aimer la vertu pour elle-même. Telle est la nature primitive de l'homme ; Anaximandre ne sauroit le nier, sans renverser la Religion.

Cette doctrine influe sur tous les devoirs de la société. Si l'on ne peut rien aimer que par rapport à soi, tous les Citoyens se regarderont peu à peu comme des êtres indépendans faits pour eux-mêmes. On ne pourra plus sacrifier ses intérêts particuliers pour le bien général. On détruira les sentimens nobles, & les vertus héroïques. Ce n'est pas tout : on autoriserq bientôt tous les crimes cachés. Si la vertu n'est point aimable pour elle-même, chacun l'abandonnera lorsqu'il pourra se dérober aux yeux du public. On se livrera au crime sans remords, quand l'intérêt y pousse, & que la crainte ne retient pas. Voilà l'anéantissement de toute société. Soit donc qu'on considere la Religion ou la Politique, tout conspire à prouver ma doctrine.

This is the only worship worthy of the immortals, & this is all my doctrine.

Anaximander then rose in the midst of the assembly, his age, talents, & reputation gain'd him a silent & universal attention. *Pythagoras*, said he, destroys Religion by his refinements. His love of perfection is a chimera. Let us consult Nature, let us search into all the secret recesses of man's heart, let us interrogate men of all nations, we shall find, that self-love is the source of all our actions, of our passions, & even of our virtues. *Pythagoras* loses himself in his refin'd reasonings; I keep to simple Nature, & there I find my principles. The feeling & sentiment of all hearts authorizes my doctrine, & this kind of proof is the shortest & most convincing.

Anaximander, answer'd I, substitutes unruly passions in the place of just sentiments. He affirms boldly, but he proves nothing. That is not my method; my proofs are these: The Gods do good for the pure love of good; the soul is a part of their substance; & consequently may imitate them, & love virtue for itself. Such was the primitive nature of man: *Anaximander* cannot deny it without overturning Religion.

This doctrine has an influence upon all the social duties. If we can love nothing but with regard to ourselves, each member of the society will come by degrees, to consider himself as an independent being, made for himself. There will be no reason to sacrifice private interest to publick good. Noble sentiments & heroick virtues will be destroy'd. Nor is this all: every hidden crime will soon be authoriz'd. If virtue be not amiable for itself, every one will forsake it, when he can hide himself from the eyes of the publick. He will commit all crimes without remorse, when interest carries him to it, & he is not withheld by fear. And thus is all society dissolv'd. Wheter therefore you, consider Religion or Policy, both conspire to prove my doctrine.

Ici Anaximandre *répliqua: non-seulement* Pythagore *ne connoît point la nature humaine, il ignore encore l'histoire des Dieux. Il dit qu'il faut leur ressembler. Les Dieux nagent là-haut dans les délices, rien ne trouble leur repos; pour les imiter, il faut aimer le plaisir. Ils ne donnent des passions que pour les satisfaire;* Jupiter *lui-même nous en montre l'exemple. Le plaisir est la grande loi des Mortels & des Immortels; son attrait est invincible, c'est l'unique ressort du cœur humain.*

Nous aimons toujours avec plaisir, répondis-je*, mais nous n'aimons pas toujours pour le plaisir. On peut aimer la justice pour le bien qu'elle nous procure; on peut aussi l'aimer pour elle-même. C'est ce qui fait la différence entre la vertu héroïque & la vertu commune. Le véritable Héros fait de grandes actions par de grands motifs.*

O Samiens! Anaximandre *cherche à corrompre vos mœurs aussi-bien que votre esprit. Il vous trompe en s'attachant trop au sens littéral de votre Mythologie. Les Dieux exempts de nos foiblesses ne descendent point sur la terre pour contenter leurs passions. Tout ce que la sage antiquité nous raconte des amours de Jupiter, & des autres Divinités, n'est qu'une allégorie ingénieuse pour représenter le pur commerce des Mortels & des Immortels pendant le siecle d'Or. Mais les Poëtes qui ne cherchent qu'à plaire, & qu'à frapper l'imagination, en entassant merveilles sur merveilles, ont défiguré votre Mythologie par leurs fictions.*

Anaximandre *m'interrompit alors, & s'écria: Souffrirez-vous, ô Samiens! qu'on anéantisse ainsi votre Religion, en tournant ses mysteres en allégories; en blasphémant contre les Livres sacrés de vos Poëtes, en niant les faits les plus constans de la tradition?* Pythagore *renverse vos autels, vos temples & votre sacerdoce, pour vous conduire à l'impiété, sous prétexte de détruire la superstition.*

Here *Anaximander* answer'd: *Pythagoras* is not only unacquainted with human-nature, but is likewise ignorant of the history of the Gods. He says, that we must resemble them. They swim in delights above, & nothing disturbs their repose; to imitate them, we likewise must love pleasure. They give us passions only that we may satisfy them; *Jupiter* himself shews us an example. Pleasure is the great Law, both of mortal & immortal natures; Its attractive force is irresistible, & it is the only moving spring of man's heart.

We always love with pleasure, answer'd I, but we do not always love for the sake of pleasure. We may love justice for the good which it procures us, & we may also love it for itself. It is this which makes the difference between heroick & common virtue. The true Hero does noble actions from noble motives.

O *Samians*! *Anaximander* endeavours not only to cloud your minds, but to corrupt your manners. He deceives you by sticking to the literal sense of your Mythology. The Gods, who are exempt from human weaknesses, do not descend upon earth to satisfy their passions. All that wise antiquity tells us of the amours of *Jupiter* and the other Divinities, are but ingenious allegories, to represent the pure commerce of the Gods with Mortals in the golden age. But the poets, who seek only to please, & to strike the imagination, by heaping wonders upon wonders, have disfigured your Mythology by their fictions.

Anaximander then interrupting me, cry'd out: will you suffer; O *Samians*! your Religion to be thus destroy, by turning its mysteries into allegories, blaspheming against the sacred boocks of your poets, & denying the most undoubted facts of tradition? *Pythagoras* overthrows your Altars, your Temples, & your Priesthood, that he may lead you to impiety, under pretence of destroying superstition.

Un murmure confus s'élève aussi-tôt dans l'assemblée. Les sentimens se partagent. La plupart des Prêtres me traitent d'impie, & d'ennemi de la Religion. Voyant alors la profonde dissimulation d'Anaximandre, & le zele aveugle d'un peuple séduit par ses sophismes, il me fut impossible de me contenir, & je dis en élevant la voix:

Roi, Pontifes, Samiens! écoutez-moi pour la derniere fois. Je n'ai pas voulu dévoiler les mysteres du monstrueux systéme d'Anaximandre, ni chercher dans une assemblée publique à rendre sa personne odieuse, comme il a tâché de noircir la mienne. Jusqu'ici j'ai respecté sa vieillesse: mais à présent que je vois l'abyme dans lequel il veut vous précipiter, je ne saurois plus me taire, sans trahir les Dieux & la Patrie.

Anaximandre vous paroît zélé pour la Religion, mais dans le fond il ne cherche qu'à l'anéantir. Voici les principes qu'il débite & qu'il enseigne secrétement à ceux qui veulent l'entendre.

Tout n'est que matiere & mouvement. Dans le sein fécond d'une immense nature tout se produit par une révolution éternelle de formes. La destruction des unes fait la naissance des autres. Le différent arrangement des atômes fait seul la différente sorte d'esprits, mais tout se dissipe, & se replonge dans le même abyme après la mort. Selon Anaximandre, ce qui est à présent pierre, bois, métal, peut se dissoudre, & se transformer non-seulement en eau, en air, en flamme pure, mais même en esprit raisonnable. Selon lui nos craintes frivoles ont creusé les enfers, & notre imagination effrayée est la source des fleuves fameux, qui coulent dans le noir Tartare. Notre superstition a peuplé les régions célestes de Dieux & de demi-Dieux, & notre vanité nous fait croire que nous boirons un jour a nectar dans leur société. Selon lui, la bonté, la malice, la vertu, le crime, la justice, l'injustice ne sont que des noms que nous donnons,

A confused murmur immediately rose in the assembly. They were divided in their sentiments. The greatest part of the Priests treated me as an impious person, & an enemy of Religion. Perceiving then the deep dissimulation of *Anaximander*, & the blind zeal of the people, who were deluded by sophistry, it was impossible for me to contain my self; & raising my voice, I said:

O King, Priests, & *Samians*; hearken to me for the last time. I would not at first lay open the mysteries of *Anaximander's* monstrous system, nor endeavour in a publick assembly to render his person odious, as he has endeavoured to do mine. Hitherto I have respected his grey hairs; but now that I see the abyss into which he seeks to lead you, I can no longer be silent, without betraying the Gods & my Country.

Anaximander seems to you to be zealous for Religion, but in reality he endeavours to destroy it. Hear what his principles are, which he teaches in secret to those who will listen to him.

There is nothing in the universe but *matter* and *motion*. In the fruitful bosom of infinite matter, every thing is produc'd by an eternel revolution of forms. The destruction of some is the birth of others. The different disposition of the atoms makes the different sorts of minds: but all is dissipated & plung'd again into the same abyss after death. According to *Anaximander*, that which is now stone, wood, metal, may be dissolv'd not only into water, air, & pure flame, but into thinking, reasoning minds. According to him, our own idle fears have dug the infernal pit, & our own frighted imagination is the source of those famous rivers which flow in gloomy *Tartarus*. Our superstition has peopled the celestial regions with Gods and Demi-Gods; and it is our vanity which makes us imagine that we shall one day drink nectar with them. According to him, goodness & malice, virtue & vice, justice & injustice, are but names which we give

aux choses, suivant qu'elles nous plaisent ou nous déplaisent. Les hommes naissent vicieux ou vertueux, comme les ours naissent féroces & les agneaux doux. Tout est l'effet d'une fatalité invincible, & l'on ne croit choisir que parce que le plaisir caché par sa douceur la force qui nous entraîne. Voilà, ô Samiens ! le précipice affreux dans lequel Anaximandre veut vous conduire.

Tandis que je parlois les Dieux se déclarent. On entend par-tout gronder le tonnerre ; les vents impétueux mêlent & confondent les élémens ; tous sont remplis d'horreur & d'épouvante. Je me prosterne aux pieds des autels, & je m'écrie : Puissances célestes ! rendez témoignage à la vérité dont vous seules inspirez l'amour. Aussi-tôt un calme profond succede à l'orage ; la nature s'appaise & se tait ; une voix divine semble sortir du fond du Temple, & parler ainsi : Les Dieux font le bien pour le seul amour du bien ; on ne peut les honorer dignement qu'en leur ressemblant (a).

Les Prêtres & la multitude plus frappés du merveilleux qu'ils ne l'avoient été du vrai, changent de sentiment, & se réunissent en ma faveur. Anaximandre s'en apperçoit, & persuadé que j'avois corrompu les Pontifes pour séduire le peuple, il s'enveloppe dans une nouvelle espece d'hypocrisie, & dit à l'assemblée : l'Oracle a parlé, & je dois me taire. Je crois, mais je ne suis pas encore éclairé ; mon cœur est touché, mais mon esprit n'est pas convaincu. Je veux entretenir Pythagore seul, & m'instruire par ses raisonnemens.

Attendri par ces paroles que je crus sinceres, j'embrasse le vieillard avec des larmes de joie, en présence du Roi & des Pontifes, & je le conduis chez moi. L'impie s'imaginant qu'on ne pouvoit avoir de l'esprit, sans penser comme lui, croyoit que je n'affectois ce zele pour la Religion, qu'afin d'éblouir

(a) Vid. Hier. Aur. Carm.

to things, as they please or displease us. Men are born vicious or virtuous, as tygers are born fierce, & lambs mild. All is the effect of an invincible fatality; & we think that we chuse, only because the sweetness of pleasure hides the force which irresistibly draws us. This, O *Samians*! is the dreadful precipice to which he would lead you.

While I am speaking the Gods declare themselves. The thunder rattles, & the impetuous winds mix & confound the elements; the whole assembly is fill'd with horror & dread. I prostrate my self at the foot of the altar, & cry out; O celestial Powers! give testimony to the truth, the love of which you alone inspire. Immediately the storm is succeeded by a profound calm; all nature is hushid & silent; a divine voice seems to come from the furhermost part of the Temple, and to say; *The Gods do good for the sole love of good; You cannot honour them worthily, but by resembling them* (a).

The Priests, & the multitude, who were more struck with the prodigy than they had been with the truth, chang'd their sentiments, & declar'd in my favour. *Anaximander* perceived it, & imagining that I had corrupted the Pontiffs in order to delude the people, cover'd himself with a new kind of hypocrisy, & said to the Assembly: The Oracle has spoken, & I must be silent; I believe, but I am not yet enlighten'd; my heart is touch'd, but my understanding is not yet convinced: I desire to discourse with *Pythagoras* in private, & to be instructed by his reasonings.

Being moved and affected with *Anaximander*'s seeming sincerity, I embraced him with tears of joy in the presence of the King & the Pontiffs, & conducted him to my own house. The impious wretch imagining that it was impossible for a man of sense not to think as he did, believ'd that I affected this zeal for Religion, only to throw a mist

(a) *Hier.* on the Golden verses of *Pythagoras*.

le peuple & de gagner son suffrage. Quand nous fumes seuls, il changea de langage & me dit :

Notre dispute se réduit à savoir si la Nature éternelle agit avec sagesse & dessein, ou si elle prend toutes sortes de formes par une nécessité aveugle. Ne nous éblouissons point par les préjugés vulgaires. Un Philosophe ne doit croire que lorsqu'il y est forcé par une évidence entière. Je ne raisonne que sur ce que je vois, & je ne vois dans toute la Nature qu'une matiere immense, & une force infinie. Cette matiere agissante est éternelle. Or dans un temps infini, une force toute puissante doit donner nécessairement toutes sortes de formes à une matiere immense. Elle en a eu d'autres que celles que nous voyons aujourd'hui ; elle en prendra de nouvelles : tout a changé, tout change, tout changera. Voilà le cercle éternel dans lequel roulent les atômes.

Voilà, repris-je, un sophisme & non une preuve. Vous ne voyez, dites-vous, dans toute la Nature qu'une force infinie & une matiere immense. J'en conviens : mais s'ensuit-il que la force infinie soit une propriété de la matiere ? La matiere est éternelle, ajoutez-vous, cela se peut (a), parce que la force infinie toujours agissante l'a pu produire de tout temps ; mais concluez-vous de là qu'elle soit l'unique substance existante ? Je conviendrai encore que la force toute puissante peut donner dans un temps infini toutes sortes de formes à une matiere immense ; mais est-ce là une preuve que cette force agit par une nécessité aveugle & sans dessein ? Quand j'admettrois vos principes, je nierois cependant vos conséquences, qui me paroissent absolument fausses ; en voici les raisons.

L'idée que nous avons de la matiere ne renferme point celle de la force. Elle ne cesse point d'être matiere quand elle est dans un parfait repos ; elle ne sauroit se rendre le mouvement lorsqu'elle l'a perdu. De là je conclus qu'elle n'est pas active par elle-même, & par conséquent que la force infinie n'est pas une de ses propriétés.

(a) Voyez le Discours, page 210.

before the eyes of the people. We were no sooner alone, than he changed his ſtyle, & ſaid to me:

The diſpute between us is reduc'd to this queſtion, whether eternal Nature acts with wiſdom & deſign or takes all ſort of forms by meer neceſſity. Let us not dazzle our eyes with vulgar prejudices. A philoſopher cannot believe but when he is forced to it by a complete evidence. I reaſon only upon what I ſee; & I ſee nothing in all Nature but an immenſe matter, & an infinite activery. This active matter is eternal. Now an infinite active force muſt, in an eternal duration, of neceſſity give all ſorts of forms to an immenſe matter. It has had other forms than what we ſee at preſent, & it it will take new ones: every thing has chang'd, & does change, & will change. Such is the eternal circle in which the atoms roll.

What you offer, reply'd I, is nothing but ſophiſtry inſtead of proof. You ſee nothing in all nature, ſay you, but an infinite activity & an immenſe matter. I allow it: but does it follow from thence, that the infinite activity is a property of matter? Matter is eternal, (add you) & it may be ſo, (*a*) becauſe the infinite force which is always acting, may have always produced it: but do you conclude from thence that it is the only exiſting ſubſtance? I ſhall agree alſo that an all-powerful force may in an eternal duration give all ſorts of forms to an immenſe matter: but is this a proof that that force acts by a blind neceſſity & without deſign? Tho' I ſhould admit your principles, I muſt deny your conſequences, which ſeems to me abſolutely falſe: my reaſons are theſe:

The idea which we have of matter; does not neceſſarily include that of activity. Matter does not ceaſe to be matter when in perfect reſt; it cannot reſtore motion to it ſelf when it has loſt it. From whence I conclude, that it is not active of it ſelf, & conſequently that infinite force is not one of its properties.

(*a*) *See the Diſcourſe, pag.* 211.

De plus, j'apperçois en moi & dans plusieurs Etres qui m'environnent, un Principe raisonnable qui sent, qui pense, qui compare & qui juge. Or il est absurde de supposer qu'une matiere sans pensée & sans sentimens, puisse sentir & devenir intelligente en changeant de lieu ou de figure; il n'y a aucune liaison entre ces idées. Il est vrai que la vivacité de nos sentimens, dépend souvent du mouvement de nos humeurs ; cela prouve que l'esprit & le corps peuvent être unis, mais nullement qu'ils sont un. De là je conclus qu'il y a dans la Nature une autre substance, que la matiere, & par conséquent qu'il peut y avoir une Intelligence souveraine fort supérieure à mon ame, à la vôtre, & à celles de tous les autres hommes.

Pour savoir s'il y a une telle Intelligence, je parcours toutes les merveilles de l'univers ; j'observe la constance & la régularité de ses loix, la fécondité & la variété de ses productions, la liaison & la convenance de ses parties, la conformation des animaux, la structure des plantes, l'ordre des élémens, la révulution des astres. Alors je ne puis plus douter que tout ne soit l'effet d'un dessein, d'un art, & d'une sagesse suprême. De là je conclus que la force infinie que vous reconnoissez dans la nature, est une Intelligence souveraine.

Je me rappelle, dit Cyrus, que Zoroastre me dévoila autrefois toutes ces vérités. Une vue superficielle de ces prodiges peut laisser l'esprit dans l'incertitude, mais lorsqu'on descend dans le détail, lorsqu'on entre dans le sanctuaire de la Nature, lorsqu'on étudie à fond ses secrets, on ne peut plus hésiter. Je ne vois pas comment Anaximandre a pu résister à la force de ces preuves.

Après lui avoir exposé, reprit le sage Samien, les raisons qui me faisoient croire, je le priai de me dire celles qui le portoient à douter.

Un Etre infiniment sage & puissant, répondit-il, doit avoir toutes sortes de perfections ; sa

Further, I perceive in my self & in several beings about me a reasoning principle which feels, thinks, compares & judges. Now it is absurd to suppose that matter without thought & sensation, can become sensible and intelligent, merely by change of place or form: there is no connection between these ideas. Yet I allow that the quickness of our sensations depends often upon the motion of the humours in the body; & this proves that spirit & body are united, but by no means that they are the same: & from the whole I conclude, that there is in Nature another substance besides matter, & consequently that there may be a sovereing Intellect much superior to yours, to mine, and to all those with which we are acquainted.

In order to know whether there be such an Intellect, I run over all the wonders of the universe; I observe the constancy and regularity of its laws, the fruitfulness and variety of its productions, the connection and agreement of its parts, the conformation of animals, the structure of plants, the order of the elements, & the revolutions of the heavenly bodies. I cannot doubt but that all is the effect of art, contrivance, & of infinite wisdom. And from this I conclude, that the infinite force which you acknowledge to be in nature, is a sovereign Mind.

I remember, said *Cyrus*, [interrupting him here] that *Zoroaster* laid open to me all those beauties & wonderful appearances. A superficial view of them might leave the mind in some uncertainty; but when we descend to particulars, when we enter into the sanctuary of Nature, and study its secrets to the bottom, it is impossible any longer to hesitate. I do not see how *Anaximander* could resist the force of your arguments.

After having laid before him, reply'd *Pythagoras*, the motives which induc'd me to believe, I desir'd him to tell me his objections.

A Being infinitely wise and powerful, said he, must have all kinds of perfection; his

bonté & sa justice doivent égaler sa sagesse & sa puissance. Cependant l'univers est rempli de défauts & de vices ; Je vois par-tout des Etres malheureux & méchans. Or je ne saurois concevoir comment les souffrances & les crimes peuvent commencer ou subsister sous l'Empire d'un Etre souverainement bon, sage & puissant. L'idée d'une cause infiniment parfaite me paroît incompatible avec des effets si contraires à sa nature bienfaisante. Voilà la raison de mes doutes.

Quoi ! repliquai-je, nierez-vous ce que vous voyez clairement, parce que vous ne voyez pas plus loin ? La plus petite lumiere nous porte à croire, mais la plus grande obscurité n'est pas une raison de nier. Dans ce crépuscule de la vie humaine, les lumieres de l'esprit sont trop foibles, pour nous montrer les premieres vérités dans une clarté parfaite. On ne fait que les entrevoir de loin par un rayon échappé qui suffit pour nous conduire ; mais ce n'est pas une évidence qui dissipe tous les nuages. Rejetterez-vous les preuves les plus convainquantes de l'existence d'une Intelligence souveraine, à cause que vous ne voyez pas les raisons secretes de sa conduite ? Vous niez la sagesse éternelle, parce que vous ne concevez pas comment le mal peut subsister sous son Empire. O Anaximandre, est-ce là raisonner ? Une chose n'est pas, parce que vous ne la voyez point. Voilà à quoi se réduisent toutes vos difficultés.

Vous me faites injustice, reprit Anaximandre : Je ne nie & je n'affirme rien, mais je doute de tout, parce que je ne vois rien de démontré. Je suis dans la triste nécessité de flotter éternellement dans une mer d'incertitudes (a).

Je sentois que son aveuglement l'alloit conduire à toutes sortes d'absurdités. Je voulois le suivre jusqu'au bord du précipice, & lui montrer les horreurs de l'abyme où il se jettoit. Examinons pas à pas, lui dis-je, les conséquences de votre système.

(a) La narration remarque les différens progrès de l'esprit dans l'incrédulité : L'Athée qui vouloit démontrer, devient ici Pyrrhonien. Voy. le Disc. pag. 224. &c.

goodness must be answerable to his wisdom, and his justice equal to his power; nevertheless, according to your system, the universe is full of imperfections & vices; All Nature abounds with Beings unhappy & wicked. Now I cannot conceive how sufferings & crimes can begin or subsist under the empire of a Being supremely good, wise, & powerful. The idea of a cause infinitely perfect seems inconsistent with effects so contrary to his beneficent nature. This is the reason of my doubts.

How! answer'd I, will you deny what you see clearly, because you do not see further? The smallest light engages us to believe, but the greatest obscurity is not a sufficient reason for denying. In this twilight of human life, the eye of the understanding is too weak to discover even first principles in their perfect evidence. We only get a glimpse of them at a distance, & as it were, by an accidental ray, which suffices to conduct us; but it is not a light which dispels all obscurity. Will you reject the most convincing proofs of the existence of a sovereign Intelligence, because you see not the secret reasons of his conduct? Will you deny eternal Wisdom, merely because you cannot conceive how evil can subsist under its government? O *Anaximander*! is this reasoning?

You do me wrong, reply'd *Anaximander*; I neither affirm nor deny any thing, but I doubt of every thing, because I see nothing demonstrated. I find my self in the necessity of fluctuating for ever in a sea of uncertainties (*a*).

I perceiv'd that his blindness was going to lead him into all sorts of absurdities. I resolved to follow him to the very brink of the precipice, & shew him all the horrors of it, in order to bring him back. Let us follow, said I step by step, the consequences of your system.

(*a*) See the Disc. pag. 225.

Démontrer (a), c'est prouver non-seulement qu'une chose est, mais encore l'impossibilité qu'elle ne soit pas. L'on ne sauroit prouver ainsi l'existence des corps; oserez-vous en douter sérieusement ? On peut démontrer la liaison des idées, mais les faits ne se prouvent que par le témoignage des sens. Demander des démonstrations où il s'agit de sentimens, placer les sentimens où il faut des démonstrations, c'est renverser la nature des choses ; c'est vouloir voir des sons & entendre des couleurs. Quand tout nous porte à croire, quand rien ne nous force à douter, l'esprit doit se rendre à cette évidence. Ce n'est pas une démonstration géométrique ; ce n'est pas non plus une simple probabilité ; mais c'est une preuve suffisante pour nous déterminer (b).

Les sens nous trompent souvent, s'écria-t-il, l'on ne doit point se fier à leur témoignage. La vie n'est peut-être qu'un songe perpétuel, semblable aux illusions du sommeil.

Je conviens, répondis-je, que les sens nous trompent souvent ; mais est-ce une preuve qu'ils nous trompent toujours ? Je crois qu'il y a des corps, non sur le témoignage d'un seul, ni de plusieurs sens, mais sur le consentement unanime de tous les sens, dans tous les hommes, dans tous les temps, & dans tous les lieux. Or comme les idées universelles & immuables nous tiennent lieu de démonstrations dans les sciences, de même l'uniformité continuelle, & la liaison constante de nos sentimens, nous tiennent lieu de preuves, lorsqu'il s'agit de faits.

Vous voilà, dit Anaximandre, où je voulois vous conduire. Nos idées sont aussi incertaines que nos sentimens. Il n'y a point de démonstrations ;

(a) Je parle ici de la démonstration géométrique & métaphysique.

(b) La source du Pyrrhonisme vient de ce que l'on ne distingue pas entre une *démonstration*, une *preuve* & une *probabilité*. Une *démonstration* suppose l'idée contradictoire impossible ; Une *preuve* de fait est où toutes les raisons portent à croire, sans qu'il y ait aucun prétexte de douter ; Une *probabilité* est où les raisons de croire sont plus fortes que celles de douter.

To *demonstrate* (a) is to prove, not only that a thing is, but the impossibility of its not being. You cannot prove in this manner the existence of bodies; would this be sufficient to make you doubt whether there are bodies? One may demonstrate the connection of ideas, but facts can be proved only by the testimony of the senses. To require demonstration in matters of sensation, & to appeal to sensation where demonstration is necessary, is to overturn the nature of things; 't is the same folly as to desire to see sounds & hear colours. When there are strong reasons for believing, & nothing obliges us to doubt, the mind should yield to this evidence. It is not a geometrical demonstration; neither is it a mere probability: but such a proof as is sufficient to determine us (b).

The senses, said *Anaximander*, often deceive us, & their testimony is not to be relied on. Life is perhaps but a continued dream, where all is illusion.

I agree, reply'd I, that the senses often deceive us, but is this a proof that they always do so, or, that they are never to be relly'd on; I believe that there are bodies, not upon the credit of one or more senses, but upon the concurrent testimony of all the senses, in all men, in all times, and in all places. Now as universal & immutable ideas are equivalent to demonstrations in the sciences, so the continual harmony, & almost infinite combination of our sensations are proofs in points of fact.

I have brought you now, replied *Anaximander*, where I would have you. Our ideas are as uncertain as our sensations. There is no such

---

(a) I speak here of geometrical & metaphysical demonstration.

(b) The source of *Pyrrhonism* is frequently the not distinguishing between *Demonstration, Proof & Probability*. A *Demonstration* is where the contradictory is impossible: A *Proof* where there are strong reasons for believing, and none against it: A *Probability*, where the reasons for believing are stronger than those for doubting.

il n'y a point de vérités immuables & universelles. J'ignore en effet si d'autres Etres hors de moi existent. Mais s'il y en avoit, ce qui paroît vrai aux uns, pourroit être jugé faux par d'autres. Il ne suit pas qu'une chose soit vraie parce qu'elle nous paroît telle. Tout esprit qui se trompe souvent, peut se tromper toujours ; & cette simple possibilité suffit pour me faire douter de tout.

Telle est la nature de notre esprit, repris-je, nous ne pouvons pas refuser de rendre hommage à la vérité quand elle est clairement apperçue ; nous sommes même forcés d'y acquiescer : le doute n'est pas libre. Or cette impossibilité de douter, est ce qu'on appelle conviction : L'esprit humain ne peut pas aller plus loin.

O Anaximandre, vous croyez raisonner mieux que les autres hommes ; mais à force de subtiliser, vous anéantissez la pure raison. Remarquez l'inconstance de votre esprit, & la contradiction de vos raisonnemens. Vous avez voulu d'abord me démontrer qu'il n'y a point d'Intelligence souveraine. Quand je vous ai fait voir que vos prétendues démonstrations étoient des suppositions vagues, vous vous êtes jetté dans un doute universel ; votre Philosophie se termine enfin à détruire la raison, à rejetter toute évidence, & à soutenir qu'il n'y a aucune regle qui puisse fixer nos jugemens. Il est par conséquent inutile de raisonner plus long-temps avec vous.

Ici je cessai de parler pour écouter ce qu'il alloit me répondre ; mais voyant qu'il gardoit le silence, je continuai ainsi : Je suppose que vous doutez sérieusement : mais est-ce le défaut de lumiere ou la crainte d'en être éclairé qui cause vos doutes ? Rentrez en vous-même ; la sagesse se fait mieux sentir que comprendre. Ecoutez la voix de la nature qui parle en vous ; elle se soulevera bientôt contre vos subtilités. Votre cœur né avec une soif insatiable de félicité, démentira votre esprit qui se réjouit dans l'espérance dénaturée de sa prochaine extinction. Encore une fois, rentrez en vous-même ; imposez silence à votre imagination, ne vous laissez plus éblouir par vos passions,

thing as demonstration, or as immutable & universal truths. I know not indeed whether there exist any other beings besides my self. But if there do, what appears true to some, may seem false to others. It does not follow that a thing is true because it appears so. A mind which is deceived often, may be deceived always; and this possibility is sufficient alone to make me doubt of every thing.

Such is the nature of our understanding, reply'd I, that we cannot refuse to do homage to truth when it is clearly discern'd; we are forced to acquiesce; we are no longer free to doubt. Now this impossibility of doubting, is what men call evidence, conviction. The mind of man can go no further.

"O *Anaximander*, you think that you reason better than other men; but by too much refining you destroy pure reason. Observe the inconstancy of your mind, & the inconsistency of your discourse. You was at first for demonstrating that there is no sovereign Intelligence. When I shew'd you that your pretended demonstrations were only loose suppositions, you then took refuge in a general doubting; & now a last your philosophy terminates in destroying reason, rejecting all evidence, and maintaining that there is no rule whereby to make any settled judgments. It is to no purpose therefore to reason longer with you.

"Here I was silent to listen to what he would answer; but finding that he did not speak, I thus resum'd my discourse: I suppose that you doubt seriously; but is it want of light, or the fear of being convinced, which causes your doubts? Enter into your self: Truth is better felt than understood. Hearken to the voice of Nature which speaks within you; she will soon rise up against all your subtilties. Your insatiable thirst of happiness, will give your understanding the lie, when it rejoices in the unnatural hope of your approaching extinction. Once again; I say, enter into your self; impose silence upon your imagination & your passions,

& vous trouverez dans le fond de votre ame, un sentiment de la Divinité qui dissipera vos doutes. C'est en écoutant ce sentiment intérieur que votre esprit sera d'accord avec votre cœur. Cet accord fait la tranquillité de l'ame, & c'est dans cette paix seule qu'on entend la voix de la sagesse, qui supplée à la foiblesse de nos raisonnemens. Ici Pythagore cessa de parler, & Cyrus lui dit :

Vous unissez les sentimens les plus touchans avec les raisonnemens les plus solides. Soit qu'on consulte l'idée de la premiere cause ou la nature de ses effets, le bonheur de l'homme ou le bien de la société, la raison ou l'expérience, tout conspire à prouver votre systéme. Mais pour penser comme Anaximandre, il faut supposer contre toute raison, que le mouvement est une propriété essentielle de la matiere ; que la matiere est l'unique substance existante ; que la force infinie agit sans connoissance & sans dessein, malgré toutes les marques de sagesse répandues dans l'univers.

Je ne conçois pas comment les hommes peuvent balancer entre ces deux systémes. L'un est ténébreux pour l'esprit, désolant pour le cœur, destructeur de la société ; l'autre est plein d'idées consolantes, il produit les sentimens nobles ; il nous affermit dans tous les devoirs de la vie civile.

Ce n'est pas tout. Il me semble que vous avez été trop modeste sur la force de vos preuves. Elles me paroissent invincibles, & démontrées. Il faut que l'un des deux systémes soit vrai. La Nature éternelle est une matiere aveugle, ou une Intelligence éclairée ; il n'y a point de milieu. Vous avez prouvé que la premiere opinion est fausse & absurde ; il s'ensuit évidemment que l'autre est véritable & solide. Hâtez-vous, sage Pythagore, hâtez-vous de me dire l'impression que firent vos entretiens sur Anaximandre.

Il se retira, répondit le Philosophe, desespéré, & résolu de me perdre. Tels que de foibles yeux que la lumiere du soleil éblouit & aveugle, tel étoit le cœur d'Anaximandre.

you will find, in the inmost of your soul, an inexpressible consciousness of the Divinity, which will not suffer you to doubt. It is by hearkening to this eternal evidence that your understanding & your heart will be reconciled. On their reconcilement depends the peace of the soul, & it is in this tranquility alone that we can hear the voice of wisdom, which supplies the defects of our reasonings. Here *Pythagoras* ceas'd, & *Cyrus* said:

You join the most affecting considerations with the most solid arguments. Whether we consult the idea of the first cause, or the nature of its effects, the happiness of man, or the good of society, reason or experience, all conspire to prove your system. But to believe that of *Anaximander*, we must take for granted against all reason, that motion is an essential property of matter; that matter is the only existing substance, & that infinite force acts without knowledge or design, notwithstanding all the marks of wisdom that shine throughout the universe.

I do not conceive how men can hesitate between the two systems. The one is obscure to the understanding, denies all consolation to the heart, & is destructive of society; the other is full of light & of comfortable ideas, produces noble sentiments, & strengthens all the duties of civil life.

But this is not all. Methinks you have been too modest upon the strength of your arguments. They seem to me invincible & demonstrative. One of the two systems must be true. The eternal Nature is either blind matter, or a wise Intelligence; there is no medium. You have shewn that the first opinion is absurd: the other therefore is evidently true & solid. Make haste to tell me, O wise *Pythagoras!* what impression your discourses made upon *Anaximander*.

He withdrew, answer'd the philosopher, in confusion & despair, & with a resolution to ruin me. As weak eyes which the Sun dazles & blinds, such was the heart of *Anaximander*.

Ni les prodiges, ni les preuves, ni les sentimens ne peuvent ébranler l'ame, lorsque l'erreur s'est emparée de l'esprit par la corruption du cœur.

Depuis mon départ de Samos, j'apprens qu'il est tombé dans l'égarement que j'avois prévu. A force de ne vouloir rien croire que ce qu'on peut démontrer avec une évidence géométrique, il est parvenu non-seulement à douter des vérités les plus certaines, mais même à croire les plus grandes absurdités. Il soutient sans aucune allégorie que tout ce qu'il voit n'est qu'un songe ; que tous les hommes qui l'entourent sont des fantômes ; que c'est lui-même qui se parle, & qui se répond ; que le ciel & la terre, les astres, & les élemens, les plantes & les arbres ne sont que des illusions, & enfin qu'il n'y a rien de réel que lui.

Il voulut d'abord anéantir l'essence divine, pour substituer à sa place une Nature aveugle ; à présent il a détruit cette Nature même, pour soutenir qu'il est le seul Etre qui existe dans l'univers (a).

Cyrus sortit de cet entretien pénétré de la foiblesse de l'esprit humain. Il sentit par l'exemple d'Anaximandre, que les génies les plus subtils peuvent aller de degré en degré depuis l'impiété jusques à l'extravagance, & tomber dans un délire Philosophique qui n'est pas moins insensé que la folie la plus grossiere.

Le jeune Prince étant instruit de la Religion des Grecs, alla le lendemain voir Pythagore pour l'interroger sur les Loix de Minos.

La profonde Paix qui regne dans la Perse, dit-il au sage Samien, me donne le loisir de voyager. Je cherche dans tous les pays à recueillir des connoissances utiles. J'ai passé par l'Egypte dont j'ai appris les Loix & le Gouvernement ; j'ai parcouru la Grece pour connoître les différentes Républiques qui la composent, & sur-tout celles de Lacédémone & d'Athenes.

(a) Les Egoistes se servent aujourd'hui de ce langage. & Carnéades autrefois parloit à peu près de même, pour prouver qu'on ne peut être assuré de rien que de sa propre existence. Ici l'Athée de Pyrrhonien devient Egoiste. Voyez le Disc. pag. 224.

Neither prodigies nor proofs, nor other considerations, can move the soul, when error has seiz'd upon the understanding by the corruption of the heart.

Since my departure from *Sames*, I hear that he is fallen into the wild extravagance which I had foreseen. Being resolv'd to believe nothing which could not be demonstrated with geometrical evidence, he is come not only to doubt of the most certain truths, but to believe the greatest absurdities. He maintains, without any alegory, that all he sees is but a dream; that all the men who are about him, are phantoms; that it is he himself who speaks to & answers himself, when he converses with them; that the Heaven & the Earth, the Stars & the Elements, plants & trees, are only illusions, & in a word, that there is nothing real but himself.

At first he was sort destroying the divine Essence to substitute blind Nature in its place: At present he has destroy'd that Nature it self, & maintains that he is the only existent being (*a*).

Thus ended the conversation between *Cyrus* & *Pythagoras*. The Prince was touch'd with the consideration of the weakness of human understanding. He saw by the example of *Anaximander*, that the most subtile genius may go gradually from impiety to extravagence, & fall into a philosophical delirium, which is as real a madness as any other.

Cyrus went the next day to see the sage, in order to put some questions to him about the Laws of *Minos*.

The profound peace, said he to *Pythagoras*, which is at present in *Persia*, gives me leisure to travel. I am going over the most famous countries to gather useful knowledge. I have been in *Egypt*, where I have inform'd my self of the laws & government of that Kingdom. I have travell'd over *Greece* to acquaint my self with the different Republicks which compose it, especially those of *Lacedemon* & *Athens*.

(*a*) The language of the modern *Egomists*, & of *Carneades* heretofore. See Disc. pag. 215.

Les anciennes Loix d'Egypte m'ont paru excellentes, & fondées sur la Nature ; mais la forme de son Gouvernement étoit défectueuse. Il n'y avoit aucun frein pour retenir les Rois. Les trente Juges ne partageoient point avec eux la puissance suprême, ils n'étoient que les interpretes des Loix. Le despotisme & les conquêtes ont enfin détruit cet Empire.

Je crains qu'Athenes ne périsse par le défaut contraire. Son Gouvernement est trop tumultueux & trop populaire. Les Loix de Solon sont bonnes, mais il n'a pas eu assez d'autorité pour réformer le génie d'un peuple qui a un goût démesuré pour la liberté, pour le luxe & pour le plaisir.

Lycurgue a remédié aux maux qui ont ruiné l'Egypte, & qui perdront Athenes ; mais ses Loix sont trop contraires à la nature. L'égalité des rangs & la communauté des biens ne peuvent pas durer long-temps. Si-tôt que les Lacédémoniens auront étendu leur pouvoir dans la Grece, ils s'affranchiront sans doute de ces Loix ; elles bornent les passions d'un côté, mais elles les flattent trop d'un autre ; en proscrivant la volupté, elles autorisent l'ambition.

Aucune de ces trois formes de Gouvernement ne me paroît parfaite. On m'a dit que Minos en établit une autrefois dans cette Isle qui remédie à tous ces excès.

Pythagore admira la pénétration du jeune Prince, & le conduisit au Temple, où les Loix de Minos étoient conservées dans un coffre d'or.

Cyrus y lut tout ce qui regardoit la Religion, la Morale, & la Politique, & tout ce qui pouvoit servir à la connoissance des Dieux, de soi-même, & des autres hommes. Il trouva dans ce Livre sacré ce qu'il y avoit de meilleur dans les Loix d'Egypte, de Sparte, & d'Athenes, & sentit par là que comme Minos avoit profité des lumieres des Egyptiens, de même Lycurgue & Solon devoient au Législateur de Crete ce qu'il y avoit de plus excellent dans leurs institutions. C'est aussi sur ce modele que Cyrus forma les Loix admirables qu'il établit dans son Empire après avoir conquis l'Asie.

Pythagore lui expliqua ensuite la forme du Gouver-

The ancient Laws of *Egypt* seem to me to have been excellent, and founded upon Nature; but its form of government was defective. The Kings had no bridle to restrain them. The thirty Judges did not share the supreme authority with them. They were but the interpreters of the Laws. Despotick power & conquests a last destroy'd that Empire.

I fear that *Athens* will be ruin'd by a contrary fault. Its government is too popular & tumultuous. The Laws of *Solon* are good, but he has not had sufficient authority to reform the genius of a people which have an unbounded inclination for liberty, luxury & pleasure.

Lycurgus has provided a remedy for the defects which ruin'd *Egypt*, & will destroy *Athens*. But his Laws are too contrary to Nature. Equality of ranks, & community of goods, cannot subsist long. Besides, his Laws, while they restrain the passions on one side, indulge them too much on another; & while they proscribe sensuality, they favour ambition.

None of these three forms of government seem to me to be perfect. I have been told, that *Minos* heretofore establish'd one, in this Island, which was free from the defects I have mention'd.

Pythagoras admir'd the young Prince's penetration, & conducted him to the Temple, where the Laws of *Minos* were kept in a golden box.

Cyrus found there all that regarded Religion, Morality & Policy, & whatever might contribute to the knowledge of the Gods, himself, & other men. He found in this sacred book all that was excellent in the Laws of *Egypt*, *Sparta*, & *Athens*, & thereby perceiv'd, that as the *Egyptian* knowledge had been useful to *Minos*, so *Lycurgus* & *Solon* were indebted to the *Cretan* Law-giver for the most valuable parts of their institutions. And it was upon this model also, that *Cyrus* form'd those admirable Laws which he establish'd in his Empire, after having conquer'd *Asia*.

Pythagoras, after this, explain'd to him the form

nement de l'ancienne Crete, & après lui avoir montré comment elle prévenoit également le despotisme & l'anarchie, il lui dit : On croiroit qu'un Gouvernement si parfait dans toutes ses parties auroit dû subsister toujours ; mais on n'en voit presque plus aucun vestige. Les successeurs de Minos régnerent pendant quelques siecles en dignes enfans d'un tel Pere ; leurs descendans dégénérerent peu à peu. Ils ne se crurent pas assez grands pendant qu'ils n'étoient que conservateurs des Loix, ils voulurent substituer à la place de ces Loix leurs volontés absolues. Les Crétois résisterent aux innovations. De là naquirent les discordes, & les guerres civiles. Dans ces tumultes les Rois furent détrônés, exilés, ou assassinés ; des Usurpateurs se mirent à leur place. Ces Usurpateurs affoiblirent l'autorité des Nobles. Les Députés du peuple s'emparerent de la puissance souveraine ; la Monarchie fut éteinte, & le Gouvernement devint populaire.

Tel est le triste état des choses humaines. Le desir de l'autorité sans bornes dans les Princes, l'amour de l'indépendance dans les Peuples, exposent tous les Etats à des révolutions inévitables. Rien n'est fixe, rien n'est stable parmi les hommes. Leurs passions tôt ou tard l'emportent sur les meilleures loix.

Cyrus comprit par ce discours que ce n'est pas seulement dans la sagesse des Loix, mais plus encore dans celle des Souverains qu'on trouve le salut & le bonheur d'un Etat. Dans tous les pays cinq ou six hommes hardis, artificieux, éloquens, entraînent presque toujours le Monarque ou le Sénat. Tous les Gouvernemens sont bons, lorsque ceux qui regnent ne cherchent que le bien public ; mais ils seront toujours défectueux, parce que les hommes qui y président sont imparfaits.

Après plusieurs entretiens semblables avec le sage Samien, Cyrus se prépara enfin à continuer ses voyages. En quittant Pythagore, il lui dit : Que j'ai de regret de vous voir abandonné aux caprices du sort qui vous persécute ! Que je serois heureux de

of Government of ancient *Crete*, & how it provided equally againſt deſpotick power and anarchy. One would think, added the philoſopher, that a Government ſo perfect in all its parts, ſhould have ſubſiſted for ever. And indeed the ſucceſſors of *Minos* reign'd for ſome ages like worthy children of ſuch a father; but by degrees they degenerated. They did not think themſelves great enough while they were only the protectors of the Laws; they would ſubſtitute their arbitrary will in the place of them. The *Cretans* oppos'd the innovation. From thence ſprung diſcords & civil wars. In theſe tumults the Kings were dethron'd, exil'd, or put to death; & Uſurpers took their place. Theſe Uſurpers, to flatter the people, weaken'd the authority of the Nobles. The Deputies of the people, invaded the ſovereign authority; Monarchy was aboliſh'd & the Government became popular.

Such is the ſad condition of human things. The deſire of unbounded authority in Princes, and the love of independence in the People, expoſe all Kingdoms to inevitable revolutions. Nothing is fix'd or ſtable among men. Their paſſions, ſooner or later, get the better of the beſt Laws.

Cyrus underſtood by this, that the ſafety & happineſs of a Kingdom do not depend ſo much upon the wiſdom of Laws, as upon that of Rulers. Neither is it the form of Government which makes Nations happy; all depends on the conduct of Governors, their ſteady execution, of the Laws, and their own ſtrict obſervance of them. All ſorts of Government are good, when thoſe who govern ſeek only the publick welfare; but they are all defective, becauſe the Governors, being but men, are imperfect.

After ſeveral ſuch converſations with the wiſe *Samian*, the Prince prepar'd to continue his travels, & at parting ſaid to him: I am extremely concern'd to ſee you abandon'd to the cruelty of capricious fortune! How happy ſhould I be, to

passer ma vie avec vous dans la Perse ! Je ne vous offrirois ni les plaisirs, ni les richesses qui flattent les autres hommes. Je sais que vous en seriez peu touché : vous êtes au-dessus des faveurs des Rois, parce que vous êtes détrompé de toutes les fausses grandeurs. Mais je vous offre dans mes Etats, la paix, la liberté, & le doux loisir que les Dieux accordent à ceux qui aiment la sagesse.

J'aurois une vraie joie, reprit Pythagore, de vivre sous votre protection avec Zoroastre & les Mages ; mais il faut que je suive les ordres d'Apollon. Un grand Empire s'éleve en Italie, qui deviendra un jour maître de l'univers ; la forme de son Gouvernement est semblable à celle que Minos établit en Crete. Le génie de ses peuples est aussi guerrier que celui des Spartiates. L'amour généreux de la Patrie, le goût de la pauvreté personnelle pour augmenter la richesse publique, les sentimens nobles & désintéressés qui regnent parmi ses Citoyens, le mépris du plaisir qu'ils unissent avec un zéle ardent pour la liberté, les rendent propres à conquérir le monde entier. J'y dois porter la connoissance des Dieux & des Loix. Je vous quitte, mais je ne vous oublierai jamais ; mon cœur vous suivra par-tout. Vos conquêtes s'étendront selon les oracles. Puissent les Dieux vous préserver alors de l'ivresse de l'autorité suprême ! Puissiez-vous sentir long-temps le plaisir de ne régner que pour rendre les hommes heureux ! La Renommée m'instruira de votre sort. Je demanderai souvent : la grandeur n'a-t-elle pas changé le cœur de Cyrus ? Aime-t-il toujours la vertu ? Craint-il toujours les Dieux ? Il faut que je vous quitte, mais nous nous rejoindrons dans le séjour des Justes. Ah ! Cyrus ! quelle sera ma joie de vous revoir après la mort parmi les bons Rois que les Dieux couronnent d'une gloire immortelle ! Adieu, Prince, adieu, souvenez-vous de n'employer jamais votre puissance, que pour faire sentir les effets de votre bonté.

Cyrus ne peut rien répondre, son cœur s'attendrit, il embrasse le Philosophe avec vénération ; il mouille son visage de ses larmes. Il fallut enfin

spend my life with you in *Persia*! I will not offer you pleasures, or riches, which allure other men; I know you would be little mov'd by them: you are above the favours of kings, because you see the vanity of human grandeur. But I offer you, in my dominions, peace, liberty, & the sweet ease which the Gods grant to those who love wisdom.

I should be very glad, reply'd *Pythagoras*, to live under your protection with *Zoroaster* & the *Magi*; but I must follow the orders given me by the Oracle of *Apollo*. A mighty Empire is rising in *Italy*, which will one day become master of the world; its form of Government is like that establish'd at *Crete* by *Minos*. The genius of the people is as warlike as that of the *Spartans*. The generous love of their country, the esteem of personal poverty, in order to augment the publick treasure, the noble & disinterested sentiments which prevail among the citizens, their contempt of pleasure, & their ardent zeal for liberty, render them fit to conquer the whole world. I am to introduce there the knowledge of the Gods, & of Laws. I must leave you, but my heart will follow you every where. You will doubtlefs extend your conquests, as the Oracles have foretold. May the Gods preserve you then from being intoxicated by sovereign power! May you long feel the pleasure of reigning only to make other men happy! Fame will inform me of your successes. I shall often ask, *has not grandeur made a change in the heart of* Cyrus? *Does he still love virtue? Does he continue to fear the Gods?* Though we now must part, we shall meet again in the abode of the Just. Ah *Cyrus*! how joyful shall I be to see you again after death, among the good Kings, who are crown'd by the Gods with immortal glory! Farewel, Prince, farewel; & remember that you never employ your power but to manifest your goodness.

Cyrus was so much affected, that he could not speak. He respectfully embraced the old Man, and bedew'd his face with tears. But in short, they

se séparer. Pythagore partit bientôt pour l'Italie, & Cyrus s'embarqua sur un vaisseau Phénicien pour aller à Tyr.

En s'éloignant de Crete & des côtes de la Grece, il les quitta avec regret, & se ressouvenant de tout ce qu'il y avoit vu, il dit à Araspe : Quoi ! c'est donc là cette nation qu'on croit superficielle & frivole ? J'y ai trouvé de grands hommes de toutes les especes, des Philosophes profonds, des Capitaines habiles, de grands Politiques, des génies capables d'atteindre à tout, & de tout approfondir.

Ils préferent les connoissances agréables aux idées abstraites ; les arts d'imitation aux recherches subtiles : mais ils ne méprisent pas les sciences sublimes, au contraire ils y excellent, quand ils veulent s'y appliquer.

Ils aiment les étrangers plus que ne font les autres nations, & par là leur pays mérite d'être appellé la Patrie commune du genre humain. Ils paroissent quelquefois trop occupés de bagatelles & d'amusemens ; mais les grands hommes parmi eux ont le secret de préparer les affaires les plus importantes, même en s'amusant. Ils sentent que l'esprit a souvent besoin de repos ; mais en se délassant ils savent mouvoir les plus grandes machines par les plus petits ressorts. Ils regardent la vie comme un jeu, mais un jeu semblable aux Jeux Olympiques, où les danses enjouées se mêlent avec les travaux pénibles.

J'admire, dit Araspe, la politesse des Grecs, & toutes les qualités qu'ils ont pour la société ; mais je ne saurois estimer ni leurs talens, ni leurs sciences. Les Chaldéens & les Egyptiens les surpassent infiniment dans toutes les connoissances solides.

Je suis, repliqua Cyrus, d'un sentiment bien different du vôtre. Il est vrai qu'on trouve chez les Chaldéens, & chez les Egyptiens de grandes idées, & des découvertes utiles ; mais leur science est souvent pleine d'obscurité. Ils ne connoissent pas, comme les

must separate. *Pythagoras* embark'd very soon for *Italy*, & the Prince in a *Phœnician* vessel for *Tyre*.

As they were sailing from *Crete*, & the coasts of *Greece* began to disappear, he felt an inward regret, & calling to mind all he had seen & heard in those countries, said to *Araspes*: What! is this the nation that has been represented to me, as so superficial & trifling? I have found there great men of all kinds, profound philosophers, able warriors, wise politicians, & genius capable of reaching the heights & depths of all things.

It is true, they love the agreable kinds of knowledge, more than abstract ideas: the arts of imitation more than nice speculations: but they do not despise the sublime sciences. On the contrary, they excel in them, when they apply their minds to the study of them.

They love strangers more than other nations, of which their country deserves to be stiled the common country of mankind. They seem indeed to be sometimes taken up too much with trifles & amusements; but the great men among them have the secret of preparing the most important affairs, even while they are diverting themselves. They are sensible that the mind has need now & then of rest; but in these relaxations they can put in motion the greatest machines by the smallest springs. They look upon life as a kind of sport, but such as resembles the Olympick games, where mirthful dancing is mix'd with laborious exercises.

I admire, said *Araspes*, the politeness of the *Greeks*, & all their conversable qualities. But I cannot esteem them for their talents or their sciences. The *Chaldeans* & *Egyptians* surpass them exceedingly in all solid knowledge.

I am of a very different sentiment from you, reply'd *Cyrus*. It is true indeed, we find sublime ideas & useful discoveries among the *Caldeans* & *Egyptians*; but their depth of science is often full of obscurity. They know not, like the

Grecs, les moyens de parvenir aux vérités inconnues par l'enchaînement des vérités connues. Cette méthode ingénieuse de mettre chaque idée à sa place, de mener l'esprit par degrés des vérités les plus simples aux vérités les plus composées, avec ordre, clarté & précision, est un secret peu connu des Chaldéens & des Egyptiens qui se vantent d'avoir plus de génie original. C'est là pourtant la véritable science qui apprend à l'homme l'étendue & les bornes de son esprit ; c'est par là que je préfere les Grecs aux autres peuples, & non à cause de leur politesse.

La vraie politesse est propre aux ames délicates de toutes les nations, & n'est point attachée à aucun peuple en particulier. La civilité extérieure n'est que la forme établie dans les différens pays pour exprimer cette politesse de l'ame. Je préfere la civilité des Grecs à celle de tous les autres peuples, parce qu'elle est plus simple, & moins embarrassante ; elle rejette toutes les formalités superflues ; elle n'est occupée qu'à rendre la société libre & agréable. La politesse intérieure est bien différente de cette civilité superficielle.

Vous n'étiez pas présent le jour que Pythagore m'en parla. Voici comme il la définit ; voici comme il la pratique. C'est une égalité d'Ame qui exclut tout à la fois l'empressement & l'insensibilité. Elle suppose un discernement vif, qui s'apperçoit d'abord de tout ce qui peut convenir aux différens caracteres. C'est une douce condescendance qui sait s'accommoder au goût des autres, non pour flatter, mais pour apprivoiser leurs passions. C'est un oubli de soi-même qui cherche avec délicatesse le plaisir d'autrui, sans le faire appercevoir. Elle sait contredire avec respect, elle sait plaire sans adulation, elle est également éloignée de la fade complaisance, & de la basse familiarité.

Cyrus s'entretenoit ainsi avec Araspe, lorsque les vents contraires arrêterent leur course, & les obligerent à relâcher dans l'Isle de Chypre. Le jeune Prince

Greeks

Greeks, how to come at unknown truths, by a chain of known & eafy ones. That ingenious method of ranging each idea in its proper place, of leading the mind by degrees from the moſt ſimple truths to the moſt compounded, with order, perſpicuity, & brevity, is a ſecret with which the *Chaldeans* and *Egyptians*, who boaſt of having more of original genius, are little acquainted. This, nevertheleſs, is the true ſcience, by which man is taught the extent & bounds of his underſtanding; & it is for this reaſon that I prefer the *Greeks* to other nations, & not becauſe of their politeneſs.

True politeneſs is common to refined genius's of all nations, & is not peculiar to any one people. External civility is but the form eſtabliſh'd in different countries for expreſſing that politeneſs of the mind. I prefer the civility of the *Greeks* to that of other nations, becauſe it is more ſimple, and leſs troubleſome; it excludes all ſuperfluous formality: its only aim is to render company & converſation eaſy & agreable. But internal politeneſs is very different from that ſuperficial civility.

You were not preſent that day, where *Pythagoras* ſpoke to me upon this head. This is his notion of politeneſs, to which his own practice is anſwerable. *It is an evenneſs of ſoul which excludes at the ſame time both inſenſibility & too much earneſtneſs. It ſuppoſes a quick diſcernment, to perceive immediately the different characters of men; & by an eaſy condeſcenſion, adapts itſelf to each man's taſte, not to flatter, but to calm his paſſions. In a word, is is a forgetting of ourſelves, in order to ſeek what may be agreeable to others; but in ſo delicate a manner as to let them ſcarce perceive that we are ſo employ'd. It knows how to contradict with reſpect, & to pleaſe without adulation, & is equally remote from an inſipid complaiſance & a mean familiarity.*

In this manner *Cyrus* & *Araſpes* diſcourſed together, till by contrary winds they were obliged to caſt anchor on the coaſt of *Cyprus*.

Vol. II.   C

profita de cette occasion pour visiter le Temple de Paphos, & les bocages d'Idalie, consacrés à la mere des Amours. En voyant ces lieux fameux, il se rapella les remarques de Pythagore sur la corruption des Poëtes Grecs, & sur les effets monstrueux de leur imagination déréglée. Ils avoient dégradé la Théologie primitive d'Orphée, pour faire descendre de l'Empyrée les Puissances célestes, pour les placer sur les montagnes de la Grece comme dans leur Ciel suprême, & pour leur attribuer non-seulement les passions humaines, mais encore les vices les plus honteux. Il se hâta de quitter cette Isle profane, & débarqua bientôt à Tyr.

THE TRAVELS OF CYRUS.

The Prince took this opportunity to visit the Temple of *Paphos* & the Groves of *Idalia*, confecrated to the Mother of Love. The fight of these famous places brought to his mind, what *Pythagoras* had said concerning the corruption of the *Greek* poëts, & the monstrous productions of their wild and licentious imaginations. They had debased the primitive Theology of *Orpheus*, brought the heavenly Powers down from the *Empyreum*, to place them on the mountains of *Greece*, as in their highest Heaven, & had ascribed to them not only human passions, but the most shameful vices. *Cyrus* laid hold of the first favourable moment to quit this profane Island, & soon after landed at *Tyre*.

LES VOYAGES
DE
CYRUS.
LIVRE SEPTIEME.

LE Roi de Babylone ayant détruit, après un siege de trente ans, l'ancienne Tyr, les habitans avoient bâti une Ville nouvelle dans une Isle voisine à trente stades du rivage.

Cette Isle s'étendoit en croissant, pour embrasser un golfe où les vaisseaux étoient à l'abri des vents. Plusieurs allées de cedres régnoient le long du port, & à chacune de ses extrémités une forteresse inaccessible faisoit la sûreté de la Ville & des navires qui y abordoient.
Au milieu du môle un portique soutenû de douze rangs de colomnes, formoit plusieurs galeries où s'assembloient à certaines heures du jour les Négocians de tous les pays. On y entendoit parler toutes sortes de langues, & l'on y distinguoit les mœurs des différentes nations. La Ville de Tyr sembloit être la Capitale de l'Univers.

Un nombre prodigieux de vaisseaux couvroit la mer ; les uns partoient, les autres arrivoient. Ici l'on replioit les voiles, tandis que les rameurs fatigués goûtoient le repos. Là on coupoit les Cedres du Liban ; là on lançoit à la mer les bâtimens nouvellement construits, avec de grands bruits qui faisoient résonner tout le rivage. Une foule innombrable de peuple inondoit le port : ceux-ci s'occupoient à décharger les navires,

THE TRAVELS
OF
CYRUS.
BOOK VII.

THE King of *Babylon* had deftroy'd ancient *Tyre*, after a thirteen-year's fiege. The *Tyrians* forefeeing that their city would be taken, had built another in a neighbouring ifland, thirty furlongs from the fhore.

This ifland ftretched it felf in form of a crefcent, and enclos'd a bay, where the fhips were fhelterd from the winds. Divers rows of cedars beautify'd the port ; and on each fide of it was a fortrefs for the fecurity of the town & of the fhipping.

In the middle of the mole was a portico of twelve rows of pillars, with feveral galleries, where, at certain hours of the day, the people of all nations affembled to buy & fell. There one might hear all languages fpoken, & fee the manners & habits of all the different nations ; fo that *Tyre* feem'd the capital of the Univerfe.

An infinite number of veffels were floating upon the water ; fome going, others arriving. A prodigious throng of people cover'd the keys. In one place they were cutting the Cedars of *Lebanon*. In another they were launching new-built veffels, with loud fhouts, that made the fhore refound. Some were furling their fails, while the weary rowers enjoy'd repofe ; others were haftening to leave the port. Some were bufy in unloading fhips : fome in tranfporting merchandize,

LES VOYAGES DE CYRUS.

ceux-là à transporter les marchandises, d'autres à remplir les magasins. Tous étoient en mouvement, tous s'empressoient au travail, tous s'animoient au commerce.

Ce spectacle d'agitation & d'occupation, arrêta longtems la vue de Cyrus : il s'avance ensuite vers une des extrémités du môle, & rencontre un homme qu'il croit reconnoître. Me trompé-je, s'écria le Prince, n'est-ce point Aménophis qui a quitté sa solitude pour rentrer dans la société des hommes ? C'est moi-même, repliqua le sage Egyptien ; j'ai abandonné l'Arabie Heureuse pour me retirer au pied du Mont Liban. Cyrus surpris de ce changement, lui en demanda les raisons. Arobal, dit Aménophis, en est la cause. Cet Arobal dont je vous ai parlé, autrefois prisonnier avec moi à Memphis, & esclave dans les mines d'Egypte, étoit fils du Roi de Tyr, mais il ignoroit sa haute naissance. Il est remonté sur le trône de ses Ancêtres, & son véritable nom est Ecnibal. Je jouis d'une tranquillité parfaite dans ses Etats. Venez voir un Prince qui est digne de votre amitié. Je m'intéressois à son sort, reprit Cyrus, par l'amitié que vous aviez conçue pour lui, mais je ne pouvois lui pardonner de vous avoir quitté. Je partage avec vous le plaisir d'avoir retrouvé votre ami : apprenez-moi ce qui lui est arrivé depuis votre séparation.

Aménophis conduisit Cyrus & Araspe dans l'enfoncement d'un rocher, d'où l'on découvroit la mer, la Ville de Tyr, & les campagnes fertiles qui l'environnoient. D'un côté le Mont Liban bornoit la vue, & de l'autre l'Isle de Chypre sembloit s'enfuir sur les eaux. Ils s'assirent tous trois sur un lit de mousse, & le sage Egyptien se hâta de raconter à Cyrus les aventures du Roi de Tyr.

Le pere d'Ecnibal, dit-il, mourut pendant qu'il étoit encore au berceau. Itobal son oncle, aspirant à la Royauté, résolut de se défaire du jeune Prince. Bahal à qui l'éducation d'Ecnibal avoit été confiée, pour le soustraire à la cruauté du Tyran, répandit le bruit de sa mort : il l'envoya dans une campagne solitaire au pied du Mont Liban,

and others in filling the magazines. All were in motion, earnest at work, & eager in promoting trade.

Cyrus observ'd with pleasure this scene of hurry & business, & advancing towards one end of the mole, met à man, whom he thought he knew. Am I deceiv'd, cry'd out the Prince, or is it *Amenophis*, who has left his solitude, to come into the society of men? It is I, reply'd the sage *Egyptian*; I have chang'd my retreat in *Arabia* for another at the foot of mount *Lebanon*. Cyrus surpriz'd at this alteration, ask'd him the reason. *Arobal*, said *Amenophis*, is the cause of it. That *Arobal*, of whom I spoke to you formerly, who was prisoner with me at *Memphis*, & my fellow-slave in the mines of *Egypt*, was son to the King of *Tyre*, but knew not his birth. He has ascended the throne of his ancestors; & his true name is *Ecnibal*. I enjoy a perfect tranquillity in his dominions. Come, & see a Prince who is worthy of your friendship. Inform me first, replied *Cyrus*, of all that has happen'd to him since his departure from *Arabia*. Your friendship for him made me sollicitous for his success, & I rejoice with you on your finding him again; but I cou'd never forgive his leaving you.

Amenophis led the Prince & *Araspes* into the hollow of a rock, from whence they had a view of the sea, the city of *Tyre*, and the fertile fields near it. On one side mount *Lebanon* bounded the prospect, & on the other the isle of *Cyprus* seem'd to fly away upon the waters. They all three sat down upon a bed of moss, and the *Ægyptian* sage thus began his relation of the adventures of the *Tyrian* King.

While *Ecnibal* was yet a child in his cradle, his father dy'd. His uncle *Itobal*, aspiring to the Royalty, resolv'd to rid himself of the young Prince. But *Bahal*, to whom his education was entrusted, spread a report of his death, to preserve him from the cruelty of the Tyrant, & sent him to a solitary part of the country, at the foot of mount *Lebanon*,

où il le fit passer pour son fils sous le nom d'Arobal. Il y vint souventes fois pour s'entretenir avec le Prince, sans lui découvrir sa naissance. Quand Ecnibal eut atteint sa quatorzieme année, Bahal forma le dessein de le rétablir sur le trône de ses Ancêtres. L'Usurpateur ayant découvert les projets de ce fidele Tyrien, le fit enfermer dans une prison étroite, & le menaça de la mort la plus cruelle, s'il ne lui livroit pas le jeune Prince. Bahal garda le silence, résolu de mourir plutôt que de trahir son devoir & sa tendresse pour Ecnibal.

Cependant Itobal étant instruit que l'héritier de la couronne vivoit encore, se trouble & s'agite. Pour calmer ses inquiétudes, & pour assouvir sa rage, il ordonna qu'on fit mourir tous les enfans de Bahal. Un fidele Esclave en fut averti, & fit sauver Ecnibal. C'est ainsi que ce jeune & malheureux Prince quitta la Phénicie sans savoir le secret de sa naissance.

Bahal se sauva de sa prison en s'élançant d'une haute Tour dans la mer; il gagna le rivage en nageant, & se retira à Babylone, où il se fit connoître à Nabuchodonosor. Pour se venger du massacre de ses enfans, il excita ce Conquérant à faire la guerre à Itobal, & à entreprendre le long siege de Tyr. Le Roi de Babylone instruit de la capacité & de la vertu de Bahal, le choisit pour commander en chef cette expédition. Itobal y fut tué, & après la prise de la Ville, Bahal fut élevé sur le trône de Tyr par Nabuchodonosor, qui reconnut ainsi ses services & son attachement.

Bahal ne se laissa point éblouir par l'éclat de la Royauté. Ayant appris qu'Ecnibal étoit échappé à la fureur du Tyran, son premier soin fut d'envoyer par toute l'Asie pour le chercher, mais il n'en put apprendre aucune nouvelle; car nous étions alors dans les mines d'Egypte.

Arobal ayant erré long-temps dans l'Afrique, & perdu l'Esclave qui le conduisoit, s'engagea dans les troupes des Cariens, résolu de finir ses jours, ou de se distinguer par quelque action éclatante. Je vous ai raconté autrefois notre premiere connoissance

where he made him pass for his own son, under the name of *Arobal*. There he went frequently to see & to discourse with the Prince, but without discovering to him his birth. When he was in his fourteenth year, *Bahal* form'd a design to place him upon the throne. But the Usurper being appriz'd of the projects of the faithful *Tyrian*, shut him up in a close prison, & threaten'd him with the most cruel death, if he did not deliver up the young Prince into his hands. *Bahal*, however, kept silence, &c. was resolv'd to die rather than betray his duty and affection for *Ecnibal*.

In the mean while, the *Tyrant* seeing that the heir of the crown was yet living, was greatly disturb'd & incens'd. In order to satisfy his rage, and calm his disquiets, he gave order to extinguish the whole race of *Bahal*. But a faithful slave having private notice of it, contriv'd *Ecnibal*'s escape; so that he left *Phœnicia* without knowing the secret of his birth.

Bahal got out of prison, by throwing himself from a high tower into the sea, got ashore by swiming, & retir'd to *Babylon*, where he made himself known to *Nabuchodonosor*. He stirr'd up that Conqueror to make war upon *Itobal*, and to undertake the long siege of *Tyre*. The King of *Babylon* being inform'd of the bravery & capacity of *Bahal*, chose him to command in chief at that siege. *Itobal* was kill'd, & after the town was taken, *Bahal* was rais'd to the Throne of *Tyre* by *Nabuchodonosor*, who in that manner recompens'd his services & fidelity.

Bahal did not suffer himself to be dazzled by the lustre of Royalty. His first care was to send over all *Asia* to seek *Ecnibal*; but he could learn no news of him; for we were then in the mines of *Egypt*.

The young Prince having wander'd long in *Africa*, & lost the slave who conducted him, engag'd himself in the *Carian* troops, being resolv'd either to end his days, or to distinguish himself by some glorious action. I have formerly given you an account

(a), notre amitié réciproque, notre esclavage commun, & notre séparation.

Après m'avoir quitté, il alla à Babylone: c'est là qu'il apprit la révolution de Tyr, & que Bahal qu'il croyoit son pere, étoit élevé sur le trône. Il quitta promptement la Cour de Nabuchodonosor, & arriva bientôt dans la Phénicie, où il se fit annoncer à Bahal.

Ce bon vieillard accablé par l'âge, reposoit sur un riche tapis. La joie lui donne des forces; il se leve, il court vers Arobal, il l'examine, il lui fait plusieurs questions, il rappelle tous ses traits, & le reconnoît enfin. Il ne peut plus se contenir, il se jette à son col, il le serre entre ses bras, il mouille son visage de ses larmes, & s'écrie avec transport: C'est donc vous que je vois; c'est Ecnibal, c'est le fils de mon maître; c'est l'enfant que j'ai sauvé des mains du Tyran, c'est la cause innocente de mes disgraces, & le sujet de ma gloire. Je puis enfin montrer ma reconnoissance pour le Roi qui n'est plus, en rétablissant son fils. Ah, Dieux! c'est ainsi que vous récompensez ma fidélité: je meurs content.

Aussi-tôt Bahal dépêcha des Ambassadeurs à la Cour de Babylone, demanda permission à Nabuchodonosor de quitter la Royauté, & de reconnoître Ecnibal pour son Maître légitime. C'est ainsi que le Prince de Tyr monta sur le trône de ses Ancêtres: Bahal mourut bientôt après.

Arobal étant parvenu à la Couronne, [ce qui arriva peu de tems après votre départ pour l'Egypte] envoya dans ma solitude un Tyrien pour m'instruire de son sort, & pour me presser de venir à sa Cour. Je fus ravi d'apprendre son bonheur, & de voir qu'il m'aimoit encore. J'en témoignai ma joie par les expressions les plus vives, en marquant au Tyrien que tous mes desirs étoient satisfaits, puisque mon ami étoit heureux; mais je refusai absolument de quitter ma retraite. Il renvoya de nouveau me conjurer de le venir secourir dans les travaux de la Royauté. Je lui répondis que ses propres lumieres lui suffisoient pour remplir ses devoirs;

(a) Pag. 118, &c.

of our first acquaintance *, our mutual friendship, our common slavery, & our separation.

After having left me, he went to *Babylon*; where he was inform'd of the revolution which had happen'd at *Tyre*, & that *Bahal*, whom he believed his Father, was rais'd to the throne. He speedily left the court of *Nabuchodonosor*, & soon arriv'd in *Phœnicia*; were he was introduc'd to *Bahal*.

The good old Man, loaded with years, was reposing himself upon a rich carpet. Joy gives him strength; he rises, runs to *Arobal*, examines him, recalls all his features, & knows him to be the same. He can no longer contain himself, falls upon his neck, embraces him, bedews his face with tears, & cries out with transport: It is then you whom I see; it is *Ecnibal* himself, the son of my master, the child whom I sav'd from the Tyrant's hands, the innocent cause of my disgrace, & the subject of my glory. I can now shew my gratitude towards the King who is no more, by restoring his Son. Ah Gods! it is thus that you recompence my fidelity; I die content.

He dispatch'd Embassadors to the Court of *Babylon*, to ask permission of the King to resign the crown, & recognize *Ecnibal* for his lawful master. Thus the Prince of *Tyre* ascended the throne of his Ancestors: & *Bahal* died soon after.

As soon as *Arobal* was restor'd, [which was a little time after your departure for *Egypt*] he sent a *Tyrian* to me in my solitude, to inform me of his fortune, & to press me to come & live at his court I was charm'd to hear of his happiness, & to find that he still lov'd me. I express'd my joy in the most lively manner, & signify'd to the *Tyrian*, that all my desires were satisfy'd, since my friend was happy; but I absolutely refus'd to leave my retirement. He sent to me again, to conjure me to come & assist him in the labours of Royalty. My answer was, that he had knowledge sufficient for all his duties;

* *Pag.* 149, *&c.*

& que ses malheurs passés serviroient à lui faire éviter les écueils de l'autorité suprême.

Voyant enfin que rien ne pouvoit m'ébranler, Ecnibal quitta Tyr sous prétexte d'aller à Babylone rendre hommage au Roi des Assyriens, & arriva bientôt dans ma solitude.

Nous nous embrassâmes long-tems avec tendresse. Vous avez cru sans doute, me dit-il, que je vous avois oublié, que notre séparation venoit du refroidissement de mon amitié, & que l'ambition avoit séduit mon cœur, mais vous vous êtes trompé. Il est vrai que lorsque je vous quittai, la retraite m'étoit devenue insupportable, je n'y trouvois point la paix. Cette inquiétude venoit sans doute des Dieux mêmes. Ils m'entraînoient sans que je le sûsse à remplir les desseins de leur sagesse. Je ne pouvois goûter de repos en leur résistant. C'est ainsi qu'ils m'ont conduit au trône par des routes inconnues. La grandeur n'a point changé mon cœur ; montrez-moi que l'absence n'a point diminué votre amitié, venez me soutenir dans les travaux & les dangers auxquels l'élévation de mon rang m'expose.

Ah! lui dis-je, ne me forcez point à quitter ma retraite, laissez-moi jouir du repos que les Dieux m'ont accordé. La grandeur irrite les passions ; les Cours sont des mers orageuses. J'y ai déja fait naufrage, j'en suis heureusement échappé. Ne m'y exposez pas une seconde fois.

Je pénetre vos sentimens, reprit Ecnibal. Vous craignez l'amitié des Rois ; vous avez éprouvé leur inconstance ; vous avez senti que leur faveur ne sert souvent qu'à préparer leur haine. Apries vous aima autrefois, il vous abandonna ensuite. Mais hélas! me devez-vous comparer à Apries?

Non, non, repliquai-je, je me défierai toujours de l'amitié d'un Prince nourri dans le luxe & dans la mollesse comme le Roi d'Egypte. Mais pour vous, élevé loin du trône, & dans l'ignorance de votre état, éprouvé ensuite par toutes les disgraces de la fortune, je ne crains pas que la Royauté altere vos sentimens. Les Dieux qui vous ont conduit au trône, vous devez en remplir

& that his paft misfortunes would enable him to shun the dangers to which fupreme authority is expos'd.

At laft, feeing that nothing could move me, he left *Tyre*, under pretence of going to *Babylon* to do homage to the *Affyrian* King, & arriv'd very foon at my folitude.

We tenderly embrac'd each other a long while. Doubtlefs you thought, faid he, that I had forgot you; that our feparation proceeded from the cooling of my friendship; & that ambition had feduc'd my heart; but you were miftaken. It is true, that when I left you, I could no longer fupport retirement; I had no peace in it. This reftlefsnels, no doubt, proceeded from the Gods. They drew me away to accomplifh the defigns of their wifdom. I could enjoy no repofe while I relifted them. 'T is thus that they have conducted me to the throne by unknown paths. Grandeur has not chang'd my heart; fhew me that abfence has not diminish'd your friendship: Come & fupport me in the toils & dangers, in which Royalty engages me.

Ah! faid I to him, do not force me to quit my folitude; fuffer me to enjoy the repofe which the Gods have granted me. Grandeur excites the paffions. Courts are ftormy feas. I have been already shipwreck'd, & have happily efcap'd. Expofe ne not to the like misfortune a fecond time.

I guefs your thoughts, reply'd *Ecnibal*. You apprehend the friendship of Kings; you have experienc'd their inconftancy: you have found that their favour is frequently but the forerunner of their hatred. *Apries* lov'd you once, & forfook you afterwards. *Butalas*! should you compare me with *Apries*?

No, no, reply'd I, I shall always diftruft the friendship of a Prince, brought up in luxury and fplendor, like the King of *Egypt*. But for you, who have been educated far from a throne, & in ignorance of your rank, & have fince been try'd by all the difgraces of adverfe fortune, I do not fear that Royalty should alter your fentiments. The Gods have fet you on the throne; you muft fulfil

LES VOYAGES DE CYRUS.

les devoirs, il faut vous sacrifier pour le bien public. Mais pour moi, rien ne m'oblige à m'engager de nouveau dans le trouble & dans le tumulte. Je ne songe qu'à mourir dans la retraite où la sagesse nourrit mon cœur, & où l'espérance de me réunir bientôt au grand Osiris, me fait oublier tous mes malheurs passés.

Ici un torrent de larmes suspendit nos discours, & nous fit garder le silence. Ecnibal le rompit enfin pour me dire: *L'etude de la sagesse n'a-t-elle donc servi qu'à rendre* Aménophis *insensible? Eh bien, si vous ne voulez rien accorder à mon amitié, venez au moins me soutenir contre mes foiblesses. Peut-être oublierai-je un jour que j'ai été malheureux; peut-être ne ferai-je plus touché des miseres de l'humanité; peut-être que l'autorité supréme empoisonnera mon cœur, & me fera ressembler aux autres Princes. Venez me défendre contre les erreurs attachées à ma condition: venez m'affermir dans toutes les maximes de vertu que vous m'avez inspirées autrefois. Un fidèle ami m'est plus nécessaire que jamais. Non, je ne saurois vivre sans vous.*

Ecnibal m'attendrit par ces paroles: je consentis enfin à le suivre, mais à condition que je ne demeurerois pas à sa Cour, que je n'y aurois jamais aucun emploi, & que je me retirerois dans quelque solitude auprès de Tyr. Je n'ai fait que changer une retraite pour une autre, afin d'avoir le plaisir de me rapprocher de mon ami.

Nous partîmes de l'Arabie Heureuse, nous allâmes à Babylone, nous y vîmes Nabuchodonosor. Mais hélas! qu'il est différent de ce qu'il étoit autrefois! Ce n'est plus ce Conquérant qui régnoit au milieu des triomphes, & qui étonnoit les Nations par l'éclat de sa gloire. Depuis quelque temps il a perdu la raison; il fuit la société des hommes, il erre vagabond dans les montagnes & les bois, comme une béte féroce. Quelle destinée pour un si grand Prince!

En arrivant à Tyr, je me retirai au pied du Mont Liban, dans le même lieu où Ecnibal avoit passé sa premiere jeunesse. Je viens quelquefois ici le voir;

the duties of a King, & sacrifice your self to publick good. But for me, nothing obliges me to engage anew in tumult & trouble. I have no thought but to die in solitude, where wisdom cherisheth my heart, and where the hope of being soon reunited to the great *Osiris*, makes me forget all my past misfortunes.

Here a torrent of tears oblig'd us to silence, which *Ecnibal* at length breaking, said to me: Has the study of wisdom then serv'd only to make *Amenophis* insensible? Well, if you will grant nothing to friendship, come at least to support me in my weaknesses. Alas; perhaps I shall one day forget that I have been infortunate: perhaps I shall not be touch'd with the miseries of other men: perhaps supreme authority will poison my heart, & make me like other Princes. Come, and preserve me from the errors, to which my state is ever liable; come, & fortify me in all the maxims of virtue, with which you have formerly inspir'd me. I feel that I have more need of a friend than ever. No, I cannot live without you.

He melted me with these words, & I consented to follow him; but on condition that I should not live at court, that I should never have any employment there, & that I should retire into some solitary place near *Tyre*. So I have only changed one retreat for another, that I might have the pleasure of being nearer my friend.

We parted from *Arabia Felix*, went to *Babylon*, & saw there *Nabuchodonosor*. But alas! how different is he now from what he was heretofore! He is no longer that Conqueror, who reign'd in the midst of triumphs, & astonish'd the nations with the splendor of his glory. For some time past he has lost his reason; he flies the society of men, and wanders about in the mountains and woods like a wild beast. How terrible a fate for so great a Prince!

When we arriv'd at *Tyre*, I retired to the foot of mount *Lebanon*, to the same place where *Ecnibal* was brought up. I come sometimes here to see him,

il vient souvent dans ma solitude. Rien ne sauroit altérer notre amitié, parce que la vérité en fait l'unique lien. Je vois par cet exemple que la Royauté n'est pas, comme je le croyois, incompatible avec les sentimens, tout dépend de la premiere éducation des Princes. Le malheur est la meilleure école pour eux; c'est par là que se forment les Héros. Apriès avoit été gâté par les prospérités de sa jeunesse, Ecnibal s'est confirmé dans la vertu par les adversités.

Aprés cet entretien, Aménophis conduisit le Prince de Perse & son ami au Palais d'Ecnibal, & le présenta au Roi de Tyr. Cyrus fut traité pendant plusieurs jours avec une magnificence éclatante, & marqua souvent à Aménophis l'étonnement où il étoit, de voir la splendeur qui régnoit dans ce petit Etat.

N'en soyez pas surpris, répondit l'Egyptien; Partout où le commerce fleurit par de sages loix, l'abondance devient bientôt universelle, & la magnificence ne coûte rien à l'Etat.

Le Roi de Tyr fit plusieurs questions à Cyrus, sur son pays, sur ses voyages, & sur les mœurs des différens peuples qu'il avoit vus. Il fut touché des sentimens nobles & du goût délicat qui régnoient dans les discours du jeune Prince : Cyrus admira à son tour l'esprit & la vertu d'Ecnibal. Il passa plusieurs jours à sa Cour pour s'instruire des regles du commerce, & pria enfin le Roi de lui expliquer comment il avoit rendu son Etat si florissant en si peu de temps.

La Phénicie, dit Ecnibal, a toujours été renommée pour le commerce ; la situation de Tyr est heureuse ; ses Habitans entendent la navigation mieux que les autres Peuples. Une liberté parfaite régnoit d'abord dans le négoce, & les Etrangers étoient regardés comme Citoyens de notre Ville ; mais sous le regne d'Itobal tout tomba en ruine. Au lieu d'ouvrir nos Ports selon l'ancienne coutume, le Tyran les fit fermer par des vues politiques ; il voulut changer la constitution fondamentale de la Phénicie, & rendre guerriere une Nation qui avoit toujours évité de prendre part aux

& he goes frequently to my folitude. Nothing can impair our friendship, becaufe truth is the only bond of it. I fee by this that Royalty is not, as I imagin'd, incompatible with true friendship: but all depends on the firft education of Princes. Adverfity is the beft fchool for them; It is there that Heroes are form'd. *Apries* had been fpoil'd by profperity in his youth: *Ecnibal* is confirm'd in virtue by misfortunes.

After this, *Amenophis* conducted the Prince of *Perfia* & his friend to the King's palace, and prefented them to him. *Cyrus* was entertain'd for many days with extraordinary magnificence, and often exprefs'd his aftonishment to *Amenophis*, at the fplendor which reign'd in this little ftate.

Be not furpriz'd at it, anfwer'd the *Egyptian*. Wherever commerce flourishes under the protection of wife Laws, plenty foon becomes univerfal, & magnificence is no expence to the ftate.

The King of *Tyre* ask'd *Cyrus* divers queftions about his country, hir travels, and the manners of the different nations he had feen. He was charmed with the noble fentiments & fine tafte which appeared in the difcourfe of the young Prince: who, on the other hand, admir'd the good fenfe & virtue of *Ecnibel*. He fpent fome days at his court, to inftruct himfelf in the maxims of commerce, and defir'd the King of *Tyre* to explain to him how he had brought his ftate into fuch a flourishing condition in fo short a time.

Phœnicia, faid *Ecnibel*, has always been renown'd for commerce: *Tyre* is happily fituaded: The *Tyrians* underftand navigation better than other people. At firft, trade was perfectly free, & ftrangers were look'd upon as citizens of *Tyre*: but under the Reign of *Itobal* all fell to ruin. Inftead of keeping our ports open, according to the old cuftom, he shut them out of political views. This King form'd a defign of changing the fondamental conftitution of *Phœnicia*, & of rendring a Nation warlike, which had always shunn'd having any part in the

66   LES VOYAGES DE CYRUS.
discordes de ses voisins. Par là le commerce languit, & nos forces s'affoiblirent; Itobal *nous attira la colere du Roi de* Babylone *qui rasa notre ancienne Ville, & nous rendit tributaires.*

Aussi-tôt que Bahal *fut élevé sur le trône, il tâcha de remédier à ces maux. Je n'ai fait que suivre le plan que ce sage Prince m'a laissé.*

Je commençai d'abord par ouvrir mes Ports aux Etrangers, & par rétablir la liberté du commerce. Je déclarai que mon nom n'y seroit jamais employé que pour en soutenir les privileges, & en faire observer les Loix. L'autorité des Princes est trop formidable, pour que les autres hommes puissent entrer en société avec eux.

Les trésors de l'Etat avoient été épuisés par les guerres : il n'y avoit point de fonds pour les travaux publics. Les Arts étoient sans honneur, & l'agriculture étoit négligée. J'engageai les principaux Marchands à faire de grandes avances au menu peuple, tandis qu'ils traitoient entr'eux par un crédit assuré; mais ce crédit n'a jamais eu place parmi les laboureurs & les artisans. La Monnoie est non-seulement une mesure commune qui regle le prix des marchandises, elle est encore un gage assuré qui a une valeur réelle, & à peu près égale dans toutes les Nations. Je voulus que ce gage ne fût jamais ôté d'entre les mains des Citoyens, qui en ont besoin pour se garantir contre les abus que je puis faire de mon autorité, contre la corruption des Ministres, & contre l'oppression des Riches.

Pour encourager les Tyriens *au travail, je laissai non-seulement chacun libre possesseur des gains qu'il faisoit, mais j'établis encore de grandes récompenses pour ceux qui excelleroient par leur génie, & qui se distingueroient par quelque découverte utile.*

Je fis bâtir de grands édifices pour les Manufactures. J'y logeai tous ceux qui surpassoient les autres dans leur art. Pour ne pas dissiper l'attention de leur esprit par des soins inquiets, je fournis à tous leurs besoins, & je flattai leur

quarrels of its neighbours. By this means commerce languish'd, our ſtrength diminish'd; we drew upon us the wrath of the King of *Babylon*, who raz'd our ancient city, & made us tributary.

As ſoon as *Bahal* was placed upon the Throne, he endeavour'd to remedy theſe evils. I have but follow'd the plan which that good Prince left me.

I began by opening my ports to ſtrangers, & by reſtoring the freedom of commerce. I declar'd that my name should never be made uſe of in it, but to ſupport its privileges, & make its laws be obſerv'd. The authority of Princes is too formidable for other men to enter into partnership, or to have any trading with them.

The publick treaſure had been exhauſted by long wars. There was no fund wherewith to keep the people at work. Arts were deſpis'd, & agriculture it ſelf neglected. I engag'd the principal merchants to advance conſiderable ſums to the artizans, while they negociated among themſelves upon ſure credit; but this credit never took place among the labourers & mechanicks. Money is not only a common meaſure for regulating the price of the ſeveral kinds of merchandize, but it is a ſure pledge, which has an intrinſick value, & pretty near the ſame in all nations. I would not have this pledge ever taken out of the hands of the people, becauſe they have need of it, to ſecure themſelves againſt the tyranny of Kings, the corruption of miniſters, & the oppreſſion of the rich.

In order to encourage the *Tyrians* to work, I not only left every one in the free poſſeſſion of his gains. But I allotted great rewards for thoſe who should excel by their genius, or diſtinguish themſelves by any uſeful invention.

I built great work-houſes for manufactures. I lodg'd there all thoſe who were eminent in their reſpective arts; & that their attention might not be taken off by uneaſy cares, I ſupply'd all their wants,

ambition, en leur accordant dans ma Ville Capitale, des honneurs & des distinctions proportionnées à leur état.

J'abolis enfin les impôts exhorbitans, & les privileges exclusifs pour toutes les denrées utiles & nécessaires. Il n'y a point ici de vexation pour ceux qui vendent, il n'y a point de contrainte pour ceux qui achetent. Tous mes Sujets ayant également la permission de commercer, rapportent en abondance à Tyr ce que l'Univers produit de plus excellent, & le donnent à un prix raisonnable. Chaque espece de denrée me paie en entrant un tribut peu considérable. Moins je géne le commerce, & plus mes trésors augmentent. Les impôts diminués, diminuent le prix des marchandises. Moins elles sont cheres, plus on en consomme ; & par cette consommation abondante, mes revenus surpassent de beaucoup ce que je pourrois tirer par les tributs excessifs. Les Rois qui croient s'enrichir par leurs exactions, sont ennemis de leurs peuples ; ils ignorent même leurs propres intérêts.

Je vois, dit Cyrus, que le commerce est d'une grande ressource dans un état. Je crois que c'est le seul secret pour répandre l'abondance dans les grandes Monarchies,& pour réparer les maux que les guerres y produisent. Les armées nombreuses épuisent bientôt un Royaume, si l'on ne tire des Etrangers de quoi les soutenir par un commerce florissant.

Prenez garde, dit Aménophis, de ne pas confondre les idées. On ne doit point négliger le commerce dans les grandes Monarchies ; mais il y faut suivre d'autres regles que dans les petits Etats.

La Phénicie fait le commerce non-seulement pour suppléer à ses propres besoins, mais encore pour servir toutes les autres nations. Comme le pays est petit, la force de ses Habitans consiste à se rendre utiles & même nécessaires à leurs voisins. Les Tyriens vont chercher jusques dans les Isles inconnues toutes les richesses de la nature, pour les répandre parmi les autres peuples. Ce n'est pas leur superflu, mais celui des autres nations, qui fait le fondement de leur commerce.

Dans une Ville comme Tyr où le commerce fait l'unique soutien de l'Etat, tous les Citoyens sont négocians, les Marchands sont les Princes de la République.

and I flatter'd their ambition, by granting them honours & distinctions in my Capital.

I took off the exorbitant imposts, & forbad all monopolies, necessary wares & provisions: so that both buyers & sellers are equally exempt from vexations & constraint. Trade being left free, my subjects endeavour with emulation to import hither in abundance all the best things which the Universe affords, & to sell them at reasonable rates. All sorts of goods pay me a very small tribute at entring. The less I fetter trade, the more my treasures increase. The diminution of imposts diminishes the price of merchandizes. The less dear things are, the more are consum'd of them, & by this consumption my revenues exceed greatly what they would be by levying excessive duties. Kings, who think to enrich themselves by their exactions, are not only enemies to their people, but ignorant of their own interests.

I perceive, said *Cyrus*, that commerce is a source of great advantages in all states. I believe that it is the only secret to create plenty in great Monarchies. Numerous troops quickly exhaust a Kingdom, if we know not how to draw subsistence for them from foreign countries, by a flourishing trade.

Take care, said *Amenophis*, that you do not mistake things. Commerce ought no to be neglected in great Monarchies; but it must be regulated by other rules than in small Republicks.

Phœnicia carries on commerce, not only to supply her own wants, but to serve other nations. As her territories are small, her strength consists in making her self useful, & even necessary, to all her neighbours. Her merchants bring, from the remotest islands, the riches of nature, & distribute them afterwards among other nations. It is not her own superfluities, but those of other countries, which are the foundation of her trade.

In a city like *Tyre*, where commerce is the only support of the state, all the citizens are traders, & the merchants are the Princes of the Republick.

Mais dans les grands Empires, où les vertus militaires & la subordination des rangs sont absolument nécessaires, le commerce doit être encouragé sans être universel.

Dans un Royaume fertile, étendu, & bordé de côtes maritimes, on peut, en rendant les peuples laborieux, tirer du sein fécond de la terre des richesses immenses, qui seroient perdues par la négligence & par la paresse de ses habitans. En faisant perfectionner par l'art les productions de la nature, on peut augmenter de nouveau ses richesses ; & c'est en vendant aux autres Peuples ces fruits de l'industrie, qu'on établit un commerce solide dans les grands Empires. Il ne faut porter hors de chez soi que son superflu, ni rapporter dans son pays que ce qu'on achete avec ce superflu.

Par là l'Etat ne contractera jamais de dettes étrangeres ; la balance du commerce panchera toujours de son côté ; on tirera des autres nations de quoi soutenir les frais de la guerre. On trouvera de grandes ressources sans distraire les Sujets de leurs emplois, & sans affoiblir les vertus militaires. C'est une grande science dans un Prince, de connoître le génie de son peuple, les productions de la nature dans son Royaume, & le vrai moyen de les mettre en valeur.

Les entretiens d'Ecnibal & d'Aménophis donnerent à Cyrus des idées nouvelles, & lui inspirerent des maximes sur le gouvernement, qu'il n'avoit point apprises dans les autres pays.

Les jours suivans Cyrus accompagna le Roi de Tyr à Byblos, pour célébrer les fêtes de la mort d'Adonis. Tout le peuple en deuil entre dans une caverne profonde, où le simulacre d'un jeune homme repose sur un lit de fleurs & d'herbes odoriférantes. On passe des journées entieres en prieres & en lamentations ; ensuite la douleur publique se change en joie ; les chants d'allégresse succedent aux

But in great Empires, where military virtue and subordination of ranks are absolutely necessary, all the subjects cannot be merchants, and commerce ought to be encourag'd, without being universal.

In a fruitful, spacious, populous Kingdom, and abounding with sea ports, if the people are laborious, they may draw from the fruitful bosom of the earth immense riches, which would be lost by the negligence & sloth of its inhabitants. By improving the productions of nature by manufactures, the national riches are augmented; and it is by carrying these fruits of industry to other nations, that a solid commerce is establish'd in a great Empire. But nothing should be exported to other countries but its superfluities, nor any thing imported from them, but what is purchas'd with those superfluities.

By this means the state will never contract debts abroad; the ballance of trade will be always on its side, & it will draw from other nations wherewith to defray the expences of war. Great advantages will be reap'd from commerce, without diverting the people from their proper business, or weakening military virtue. One of the chief abilities of a Prince, is to know the genius of his people, the productions of nature in his kingdom, and how to make the best advantage of them.

Cyrus by his conversations with *Eenibal* & *Amenophis*, acquir'd many useful notions & maxims in government, which he had not met with in other countries.

Some days after, the *Persian* Prince accompanied the King of *Tyre* to *Byblos*, to see the ceremonies us'd in the celebration of the death of *Adonis*. The people cled in mourning went into a deep cavern, where was the representation of a young man, lying dead upon a bed of sweet flowers, & odoriferous herbs. Whole days were spent in fasting, prayer and lamentations; after which the publick sorrow was of a sudden changed into gladness; songs of joy succeeded to

pleurs ; on entonne par-tout cet Hymne sacré (a) : Adonis est revenu à la vie ; Uranie ne le pleure plus ; il est remonté vers le Ciel, il descendra bientôt sur la terre, pour en bannir à jamais les crimes & les maux.

Les Cérémonies Tyriennes *sur la mort d'*Adonis*, parurent à* Cyrus *une imitation de celles des* Egyptiens, *sur la mort d'*Osiris*, & par rapport aux larmes d'*Isis ; *elles lui firent sentir que ces deux nations reconnoissoient également un Dieu mitoyen, qui doit rendre l'innocence & la paix à l'Univers.*

Tandis que ce Prince *étoit encore à* Tyr*, des Couriers arriverent de la* Perside *pour lui apprendre que* Mandane *se mouroit. Cette nouvelle l'obligea de suspendre son voyage de* Babylone*, & de quitter la* Phénicie *avec précipitation. En embrassant le Roi de* Tyr*, O* Ecnibal *! dit* Cyrus *, je n'envie ni vos richesses , ni votre magnificence : pour être parfaitement heureux , je ne desire qu'un ami comme* Aménophis.

Ils se séparerent enfin ; Cyrus *&* Araspe *traverserent l'*Arabie *déserte, & une partie de la* Chaldée *; ils passerent le* Tigre *près de l'endroit où ce fleuve s'unit avec l'*Euphrate *; ils entrerent dans la* Susiane*, & arriverent en peu de jours à la Capitale de la* Perse.

Cyrus *se hâte d'aller voir* Mandane*, il la trouve mourante, il s'abandonne à sa douleur, & s'exprime par les plaintes les plus ameres. La* Reine *touchée & attendrie à la vue de son fils, tâche de modérer son affliction par ces paroles.*

Consolez-vous, mon fils ; les ames ne meurent jamais ; elles ne sont condamnées que pour un temps à animer les corps mortels, afin d'expier les fautes qu'elles ont commises dans un état précédent. Le temps de mon expiation est fini ; je vais remonter vers la sphere du feu. Là je verrai Persée, Arbace, Dejoces, Phraorte, & tous les Héros dont vous descendez. Je leur dirai que vous vous préparez à les imiter. Là je verrai *Cassandane ;* elle vous aime encore ; la mort ne change point

(a) Voyez Lucien, de la Déesse de Syrie, Jul. Firmic. des Mysteres, & le Dis. pag. 268.

weeping

weeping, & they all fung this facred Hymn (a).

Adonis is return'd to life ; Urania weeps no more ; He is re-afcended to Heaven, he will foon come down again upon Earth, to banish thence both crimes and mifery for ever.

By this *Cyrus* perceiv'd that the *Tyrian*, as well as the *Egyptian* Nation, ador'd a middle-God, who was to reftore innocence & peace to the Univerfe, & that the ceremonies on the Feftival of *Adonis* were an imitation of thofe in *Egypt*, in relation to the death of *Ofiris*, & the tears of *Ifis*.

While he was yet at *Tyre*, couriers came from *Perfia* to give him notice that *Mandana* was dying. This news oblig'd him to fufpend his journey to *Babylon*, & to leave *Phœnicia* in hafte. Embracing the King, O *Ecnibal*! faid he, I envy neither your riches nor magnificence : To be perfectly happy, I defire only fuch a friend as *Amenophis*.

Cyrus & *Arafpes* leaving *Tyre*, crofs'd *Phœnicia*, *Arabia Deferta*, & a part of *Chaldea* : They pafs'd the *Tygris*, near the place where it joins the *Euphrates*; and entring *Sufiana*, arriv'd in a few days at the capital of *Perfia*.

Cyrus haften'd to fee his mother, found her dying, & gave himfelf up to the moft bitter grief. The Queen, mov'd & affected with the fight of her fon, endeavour'd to moderate his affliction by thefe words :

Comfort your felf, my fon ; fouls never die ; they are only condemn'd for a time, to animate mortal bodies, that they may expiate the faults they have committed in a former ftate. The time of my expiation is at an end ; I am going to re-afcend the fphere of fire. There I shall fee Perfeus, Arbaces, Dejoces, Phraortes, *and all the Heroes, from whom you are defcended. I will tell them that you refolve to imitate them. There I shall fee* Caffandana : *she loves you ftill : death changes no*

(a) *See Lucian. de Dea Syria*, Jul. Firmicus de Nupt. & the Difcourfe, pag. 126.

Vol. II.   D

les sentimens des ames vertueuses. Nous vous serons toujours présentes, quoiqu'invisibles : nous descendrons souvent dans un nuage pour vous servir de Génies protecteurs. Nous vous accompagnerons au milieu des dangers. Nous vous amenerons les vertus. Nous écarterons d'autour de vous tous les vices & les erreurs qui corrompent le cœur des Princes. Un jour votre Empire s'étendra, les Oracles s'accompliront. O mon fils ! mon cher fils ! souvenez-vous qu'il ne faut conquérir les Nations que pour les rendre dociles à la raison.

En prononçant ces paroles, elle pâlit, une sueur froide se répand sur tous ses membres ; la mort ferme ses yeux ; son ame s'envole vers l'Empyrée. Elle fut pleurée long-temps par toute la Perse ; Cambyse *fit élever un superbe monument à sa mémoire. La douleur de* Cyrus *ne se dissipa que peu à peu par la nécessité de s'appliquer aux affaires.*

Cambyse *étoit un Prince religieux & pacifique. Il n'étoit jamais sorti de la Perse, où les mœurs étoient encore innocentes & pures, mais severes & féroces. Il savoit choisir les Ministres capables de suppléer à ce qui lui manquoit ; mais il s'abandonnoit quelquefois trop à leurs conseils, par défiance de ses propres lumieres.*

Il voulut en Prince sage & judicieux, que Cyrus *entrât dans l'administration des affaires ; il le fit appeller un jour, & lui dit :*

Jusques ici vous n'avez fait qu'apprendre : il est temps que vous commenciez à agir. Vos voyages, mon fils, ont augmenté vos connoissances, vous devez les employer pour le bien de la Patrie. Vous êtes destiné non-seulement à gouverner un jour ce Royaume, mais encore à commander à toute l'Asie. Il faut apprendre de bonne heure l'art de régner. C'est ce qui manque ordinairement aux Princes. Ils montent souvent sur le Trône avant que de connoître les devoirs de la Royauté. Je vous confie mon autorité, je veux que vous l'exerciez sous mes yeux. Les lumieres de Soranе *ne vous seront pas inutiles. C'est le fils d'un habile Ministre,*

the sentiments of virtuous souls. We shall be often with you, though invisible; & will descend in a cloud, to do you the office of protecting Genii. We will accompany you in the midst of dangers. We will bring the virtues to you. We will keep the vices from coming near you, & will preserve you from the errors which corrupt the hearts of Princes. One day your Empire will be extended, & the Oracles accomplish'd. O my son! my dear son! remember then, that you ought to have no other view in conquering nations, than to establish among them the empire of reason.

As she utter'd these last words, she turn'd pale; a cold sweat spreads it self over all her limbs; death closes her eyes; & her soul flies away to the *Empyreum*. She was long lamented by all *Persia*; and *Cambyses* erected a stately monument to her memory. *Cyrus*'s grief did not wear off but by degrees, & as necessity oblig'd him to apply himself to affairs.

Cambyses was a religious & pacifick Prince. He had never been out of *Persia*, the manners of which were innocent & pure, but austere & rugged. He knew how to chuse ministers capable of supplying what was defective is his own talents: but he sometimes gave himself up too blindly to their conduct, from a diffidence of his own understanding.

He prudently resolv'd, that *Cyrus* should enter into the administration of affairs; & having sent for him one day, said to him:

Hitherto you have only been learning: it is time now that you begin to act. Your travels, my son, have improv'd your knowledge, & you ought to employ it for the good of your country. You are destin'd not only to govern this Kingdom, but also, one day, to give law to all *Asia*. You must learn betimes the art of reigning. This is a study little known to most Princes. They ascend the throne before they know the duties of it. I intrust you with my authority, & will have you exercise it under my inspection. The talents of *Soranes* will not be useless to you. He is the son of an able minister,

D 2

qui m'a servi pendant plusieurs années avec fidélité.
Il est jeune, mais il est laborieux, éclairé, & propre à
toutes sortes d'emplois.

Sous le gouvernement de Cambyse, ce Ministre avoit
senti la nécessité de paroître vertueux ; il croyoit même
l'être en effet ; mais sa vertu n'avoit jamais été mise à
l'épreuve. Sorane ne savoit pas lui-même les excès auxquels son ambition démesurée pouvoit le porter.

Lorsque Cyrus voulut s'instruire de l'état de la Perse,
de la force de ses troupes, de ses intérêts au-dedans &
au-dehors, Sorane vit bientôt avec regret, qu'il alloit
perdre beaucoup de son autorité sous un Prince qui avoit
tous les talens nécessaires pour gouverner par lui-même.
Il tâcha de captiver l'esprit de Cyrus, & l'étudia long-
temps pour découvrir ses foiblesses.

Le jeune Prince étoit sensible aux louanges, mais il
aimoit à les mériter ; il avoit du goût pour le plaisir,
sans en être l'esclave ; il ne haïssoit point la magnificence, mais il savoit se refuser tout plutôt que d'accabler
le Peuple. Par là il étoit inaccessible à la flatterie, à
la volupté, & au luxe.

Sorane sentit qu'il n'y avoit d'autre moyen de conserver son crédit auprès de Cyrus, qu'en se rendant nécessaire par sa capacité. Il déploya tous ses talens dans
les Conseils publics & particuliers. Il montra qu'il pos-
sédoit une connoissance exacte des secrets de la plus sage
politique, & qu'il étoit capable en même temps de ce détail, qui fait une des plus grandes qualités d'un Ministre. Il préparoit & digéroit les matieres avec tant
d'ordre & de clarté, que le Prince n'avoit pas besoin
de travailler. Tout autre que Cyrus eût été charmé de
se voir ainsi dispensé de s'appliquer aux affaires ; mais
ce Prince vouloit tout voir par ses propres yeux. Il avoit
de la confiance pour les Ministres de son Pere, sans s'y
livrer aveuglément.

Quand Sorane s'apperçut que le Prince vouloit tout

who serv'd me manny years with fidelity. He is young, but indefatigable, knowing, & qualify'd for all forts of employements.

Under the government of *Cambyfes*, this minifter had found the neceffity of appearing virtuous; nay he thought himfelf really fo; but his virtue had never been put to the trial. *Soranes* did not himfelf know the excefs to which his boundlefs ambition could carry him.

When *Cyrus* apply'd himfelf to learn the ftate & condition of *Perfia*, its military ftrength, & its interefts, both foreign & domeftick, *Soranes* quickly faw with concern, that he was going to lofe much of his authority, under a Prince, who had all the talents neceffary for governing by himfelf. He endeavour'd to captivate the mind of *Cyrus*, and ftudied him a long time to difcover his weakneffes.

The young Prince feeling himfelf not infenfible to praife, was upon his guard againft it, but lov'd to deferve it. He had a tafte for pleafure, without being under its dominion. He did not diflike magnificence, but he could refufe himfelf every thing, rather than opprefs his people. Thus he was inacceffible to flattery, & averfe to voluptuoufnefs & pomp.

Soranes perceiv'd that there was no means to preferve his credit with *Cyrus*, but by making himfelf neceffary to him in bufinefs. He difplay'd all his talents, both in publick and private councils. He shew'd that he was mafter of the fecrets of the wifeft policy, & above all, that he underftood that detail, which is the chief fcience for a Minifter. He prepar'd & digefted matters with fo much order & clearnefs, that he left the Prince little to do. Any other but *Cyrus* would have been charm'd to fee himfelf eas'd of all application to bufinefs; but he refolv'd to fee every thing with his own eyes. He had a confidence in his father's minifters, but would not blindly yield himfelf up to their conduct.

Soranes perceiving that the Prince would himfelf

approfondir, il s'étudia à répandre de l'obscurité sur les affaires importantes, afin de se rendre encore plus nécessaire. Cyrus remarqua la conduite artificieuse de Sorane, & ménagea avec une telle délicatesse l'esprit de ce Ministre habile & ombrageux, qu'il tiroit de lui peu à peu ce que le Satrape cherchoit à lui cacher avec tant d'art. Quand Cyrus se crut assez instruit, il fit sentir à Sorane qu'il vouloit être lui-même le premier Ministre de son Pere. Il modéra ainsi l'autorité de ce favori, sans lui donner aucun juste sujet de se plaindre.

L'ambition de Sorane fut cependant blessée de la conduite de Cyrus. Ce Ministre orgueilleux ne put supporter sans chagrin la diminution de son crédit ; il sentit avec douleur qu'on pouvoit se passer de lui. Voilà la premiere source de son mécontentement, qui auroit été dans la suite fatal à Cyrus, s'il ne s'en étoit pas garanti par sa vertu & par sa prudence.

La Perse avoit été pendant plusieurs siecles soumise à la Médie ; mais par le mariage de Cambyse avec Mandane, il avoit été réglé que le Roi de Perse ne paieroit à l'avenir qu'un petit tribut annuel pour marquer son hommage.

Depuis ce temps les Perses & les Medes vécurent dans une alliance étroite, jusqu'à ce que la jalousie de Cyaxare alluma le feu de la discorde. Ce Prince rappelloit sans cesse avec dépit les Oracles qu'on répandoit sur les conquêtes futures du jeune Cyrus. Il le regardoit comme le destructeur de sa puissance ; il croyoit deja le voir entrer dans Ecbatane pour le détrôner. Il sollicitoit Astyage à tout moment de prévenir ces présages funestes, d'affoiblir les forces de la Perse, & de la remettre dans son ancienne dépendance.

Mandane pendant sa vie avoit ménagé l'esprit de son Pere avec une telle adresse, qu'elle avoit empêché une rupture ouverte entre Cambyse & Astyage. Mais si-tôt qu'elle fut morte, Cyaxare recommença ses sollicitations auprès de l'Empereur des Medes.

Cambyse apprit les desseins de Cyaxare, & envoya

see every thing to the bottom, study'd to throw obscurity over the most important affairs, that he might make himself yet more necessary. But *Cyrus* menag'd this able & jealous minister with so much dexterity, that he drew from him by degrees, what he endeavour'd so artfully to conceal. When the Prince thought himself sufficiently instructed, he let *Soranes* see, that he would himself be his father's first Minister. And in this manner, he reduc'd that favourite to his proper place, without giving him any just cause of complaint.

The ambitious *Soranes* was nevertheless offended by this conduct of *Cyrus*. His pride could not bear, but with great uneasiness, to see his credit lessening, & himself no longer necessary. This was the first source of his discontent, which might have prov'd fatal to *Cyrus*, if his virtue, prudence & address had not preserv'd him from its effects.

Persia had for some ages been in subjection to *Media*; but upon the marriage of *Cambyses* with *Mandana*, it had been agreed that the King of *Persia* should for the future pay only a small annual tribute as a mark of homage.

From that time the *Medes* & *Persians* had lived in perfect amity, till the jealousy of *Cyaxares* kindled the fire of discord. The *Median* Prince was continually uneasy on calling to mind the oracles which were spread abroad concerning the future conquests of young *Cyrus*. He consider'd him as the destroyer of his power, & imagin'd already, that he saw him entring *Ecbatan* to dethrone him. He was every moment solliciting *Astyages*, to prevent those fatal predictions, to weaken the strength of *Persia*, & to reduce it to its former dependance.

Mandana, while she liv'd, had so dextrously manag'd her father, as to hinder an open rupture between him & *Cambyses*. But as soon as she was dead, *Cyaxares* renew'd his sollicitations with the *Median* Emperor.

Cambyses was inform'd of *Cyaxares*'s desings, and sent

80 LES VOYAGES DE CYRUS.

Hyftafpe à *la Cour* d'Ecbatane, *pour repréfenter à* Aftyage *le danger qu'il y auroit de s'affoiblir mutuellement, pendant que les* Affyriens *leurs ennemis communs, méditoient d'étendre leur domination fur tout l'Orient.* Hyftafpe *arrêta par fon habileté l'exécution des projets de* Cyaxare, *& procura à* Cambyfe *le temps de faire fes préparatifs en cas de rupture.*

Le Prince des Medes voyant que les fages confeils d'Hyftafpe étoient favorablement écoutés par fon Pere, & qu'il n'y avoit pas de moyen d'allumer fi-tôt la guerre, effaya d'autres voies pour affoiblir la puiffance des Perfes. Il apprit le mécontentement de Sorane, & tâcha de le gagner en lui offrant les premieres dignités de l'Empire.

Sorane frémit d'abord à cette idée ; mais trompé enfuite par fon reffentiment, il fe cacha en lui-même les raifons fecretes qui l'animoient. Son cœur n'étoit pas encore infenfible à la vertu, mais fon imagination vive transformoit les objets, & les lui repréfentoit fous toutes les couleurs néceffaires pour flatter fon ambition. Il furmonta enfin tous fes remords, fous prétexte que Cyaxare feroit un jour fon Empereur légitime, & que Cambyfe n'étoit qu'un Maître tributaire. Il n'y a rien que l'on ne fe perfuade, lorfque les fortes paffions nous entraînent & nous aveuglent. Sorane entra ainfi peu à peu dans une liaifon étroite avec Cyaxare, & mit fecrétement tout en ufage pour rendre l'adminiftration de Cyrus odieufe au peuple.

Cyrus avoit élevé Arafpe aux premieres dignités militaires, connoiffant fa capacité & fes talens pour la guerre ; mais il ne voulut pas le faire entrer dans le Sénat, à caufe des anciens ufages établis en Perfe, qui ne permettoient point aux Etrangers d'être affis dans le Confeil fuprême.

Le perfide Sorane preffoit pourtant le jeune Prince d'enfreindre cette loi : il favoit que ce feroit un moyen sûr d'exciter la jaloufie des Grands, & de les irriter contre Cyrus. Vous avez befoin dans les Confeils, lui dit-il un jour, d'un homme femblable à Arafpe.

Hyſtaſpes to the Court of *Ecbatan*, to repreſent to *Aſtyages* the danger of mutually weakening each other's power, while the *Aſſyrians*, their common enemy, were ſeeking to extend their dominion over all the Eaſt. *Hyſtaſpes*, by his addreſs, put a ſtop to the execution of *Cyaxares*'s Projects, & gain'd *Cambyſes* time to make his preparations, in caſe of a rupture.

The Prince of *Media*, ſeeing that the wiſe counſels of *Hyſtaſpes* were favourably liſten'd to by his father, and that there was no means ſuddenly to kindle a war, attempted by other ways to weaken the power of *Perſia*. Being inform'd of *Soranes*'s diſcontent, he endeavour'd to gain him, by an offer of the firſt dignities of the Empire.

Soranes at firſt was ſhock'd at the very thought; But afterwards being deceiv'd by his reſentment, he knew not himſelf the ſecret motives upon which he acted. His heart was not yet become inſenſible to virtue, but his lively imagination transform'd objects, & repreſented them to him in the colours neceſſary to flatter his ambition. In the end, he got the better of his remorſe, under pretext, that *Cyaxares* would one day be his lawful Emperor, and that *Cambyſes* was but a tributary maſter. There is nothing which we cannot perſuade our ſelves to think, when blinded and drawn away by ſtrong paſſions. Thus he came by degrees into a cloſe correſpondence with *Cyaxares*, & ſecretly employ'd all means to render *Cyrus*'s adminiſtration odious to the *Perſians*.

Cyrus had rais'd *Araſpes* to the firſt dignities in the army, upon account of his capacity & genius for war: But he would not bring him into the ſenate, becauſe the laws & cuſtoms of *Perſia* did not allow ſtrangers to ſit in the ſupreme Council.

The perfidious *Soranes* nevertheleſs, preſs'd the young Prince to infringe theſe laws, knowing that it would be a ſure means to excite the jealouſy of the *Perſians*, & to ſtir them up againſt *Cyrus*. You have need, ſaid he to him, of a man like *Araſpes* in your council. I

D 5

Je sais que la bonne politique & nos regles défendent qu'on confie en même temps aux Etrangers, le commandement des Armées, & le secret de l'Etat. Mais on peut se dispenser des loix, lorsqu'on sait en remplir l'intention par des voies plus sûres & plus faciles ; un Prince comme vous, ne doit jamais être l'esclave des regles, ni des usages. Les hommes n'agissent ordinairement que par ambition ou par intérêt. Comblez Araspe de dignités & de biens ; rendez ainsi la Perse sa Patrie, & vous n'aurez jamais sujet de douter de sa fidélité.

Cyrus ne soupçonna point les desseins cachés de Sorane, mais il aimoit trop la justice pour vouloir s'en écarter. Je suis persuadé, répondit-il, de la fidélité & de la capacité d'Araspe. Je l'aime ; mais quand mon amitié seroit capable de me faire manquer aux loix en sa faveur, il m'est trop attaché pour vouloir jamais accepter aucune dignité qui pourroit exciter la jalousie des Perses, & leur donner occasion de croire que j'agis par goût & par passion dans les affaires de l'Etat.

Sorane ayant essayé en vain d'engager Cyrus dans cette fausse démarche, tenta de le surprendre par une autre voie, en tâchant de rompre l'intelligence qui régnoit entre le jeune Prince & son pere. Sorane faisoit remarquer adroitement à Cyrus les défauts du Roi, les bornes de son esprit, & la nécessité de suivre d'autres maximes que les siennes. Le gouvernement doux & paisible de Cambyse, lui disoit-il souvent, est incompatible avec les grands projets. Si vous vous contentez comme lui d'être Roi pacifique, comment deviendrez-vous Conquérant ?

Cyrus n'écouta ces insinuations que pour éviter les écueils où Cambyse avoit échoué. Il ne diminua point sa docilité, & sa soumission pour un pere qu'il aimoit tendrement. Il le respectoit même jusques dans ses foiblesses, en tâchant de les cacher. Il ne faisoit rien sans ses ordres ; mais il l'instruisoit en le consultant. Il lui parloit souvent en particulier, pour la mettre en état de décider en public. Cambyse avoit l'esprit assez juste pour démêler, & pour s'approprier

know thad good policy & the laws forbid the intrusting strangers, with the command of an army, & the secrets of state at the same time. But a Prince may dispense with the laws, when he can fulfil the intention of them by more sure & easy ways; & he ought never to be the slave of rules & customs. Men ordinarily act either from ambition or interest. Load *Araspes* with dignities & riches; by that means you will make *Persia* his country, & will have no reason to doubt his fidelity.

Cyrus was not aware of *Soranes*'s designs, but he lov'd justice too well to depart from it. I am persuaded, answer'd the Prince, of the fidelity & capacity of *Araspes*. I love him sincerely; but though my friendship were capable of making me break the laws in his favour, he is too much attach'd to me, ever to accept a dignity, which might excite the jealousy of the *Persians*, & give them cause to think, that I acted from inclination & affection in affairs of state.

Soranes having in vain attempted to engage *Cyrus* to take this false step, endeavour'd to surprize him another way, & to raise an uneasiness between him & his father. He artfully made him observe the King's imperfections, his want of capacity & genius, & the necessity of pursuing other maxims than his. The mild and peaceful government of *Cambyses*, said he to him, is incompatible with great designs. If you content your self, like him, with a pacifick Reign, how will you become a Conqueror?

Cyrus made no other use of these insinuations, but to avoid the rocks upon which *Cambyses* had split. It did not lessen his docility & submission to a father whom he tenderly lov'd. He respected him, even in his failings, which he endeavour'd to conceal. He did nothing without his orders; but consulted him in such a manner, as at the same time to give him a just notion of things. He frequently talk'd to him in private, that the King might be able to decide in publick. *Cambyses* had

D 6

ce qu'il y avoit de plus excellent dans les conseils de son fils. Ce fils n'employoit la supériorité de son génie que pour faire respecter les volontés de son Pere; il ne montroit ses talens que pour affermir l'autorité du Roi. Cambyse redoubla de tendresse, d'estime & de confiance pour Cyrus, en voyant la sagesse de sa conduite; mais le jeune Prince ne s'en prévaloit pas, & croyoit ne faire que son devoir.

Sorane au désespoir de voir ses projets s'évanouir, fit répandre secrétement dans l'esprit des Satrapes des défiances contre le Prince, comme s'il vouloit borner leurs droits, & anéantir leur autorité ; & pour augmenter leurs ombrages, il essaya d'inspirer à Cyrus les principes du Despotisme.

Les Dieux vous destinent, lui disoit-il, d'étendre un jour votre Empire sur tout l'Orient. Pour exécuter ce projet avec succès, il faut accoutumer les Perses à une obéissance aveugle. Captivez les Satrapes par les dignités, & par les plaisirs. Mettez-les dans la nécessité de ne recevoir vos faveurs qu'en fréquentant votre Cour. Emparez-vous ainsi peu à peu de l'autorité suprême. Affoiblissez les droits du Sénat, ne lui laissez que le pouvoir de vous conseiller. Un Prince ne doit point abuser de sa puissance, mais il ne doit jamais la partager avec ses Sujets. Le gouvernement monarchique est le plus parfait de tous. La réunion du pouvoir suprême dans un seul, fait la vraie force des Etats, le secret dans les Conseils, & l'expédition dans les entreprises. Une petite République peut subsister par le gouvernement de plusieurs, mais les grands Empires ne se forment que par l'autorité absolue d'un seul. Les autres principes ne sont que les idées bornées des ames foibles, qui ne se sentent pas assez de force pour exécuter de vastes projets.

Cyrus frémit à ce discours, mais il cacha son indignation par sagesse ; & rompant adroitement la conversation, il laissa Sorane persuadé qu'il goûtoit ses maximes.

judgment enough to diftinguish, & make himſlf maſter of the excellent advices of his fon, who employ'd the fuperiority of his genius only to make his father's commands refpected, & made ufe of his talents only to ftrengthen the King's authority. Cambyfes redoubled his affection & efteem for Cyrus, & his confidence in him, when he faw his prudent conduct. But the Prince took no advantage of it, & thought he did nothing but his duty.

Soranes, feeing all his defigns fruftrated, endeavour'd fecretly to raife a diftruft in the minds of the Satrapes, as if the Prince would intrench upon their rights, & ruin their authority; & in order to augment their jealoufy, he endeavour'd to infpire Cyrus with defpotick principles.

The Gods have deftin'd you, *faid he*, to ftretch your Empire one day over all the Eaft. In order to execute this defign fuccefsfully, you muft accuftom the *Perfians* to a blind obedience. Captivate the *Satrapes* by dignities & pleafures. Put them under a neceffity of frequenting your court, if they would partake of your favours. By this means get the fovereign authority by degrees into your own hands. Abridge the rights of the Senate: leave him only the privilege of giving you counfel. A Prince shoud not abufe his power, but he ought never to share it with his fubjects. Monarchy is the moft perfect kind of government. The true ftrength of a ftate, fecrecy in councils, and expedition in entreprizes, depend upon the fovereign power's being lodged in a fingle perfon. A petty Republick may fubfift under the government of many heads, but great Empires can be form'd only by having abfolute authority lodged in one. Other principles are the chimerical ideas of weak minds, who are confcious of their want of capacity to execute great defigns.

Cyrus was shock'd at this difcourfe, but conceal'd his indignation out of prudence; and dextroufly breaking off the converfation, left *Soranes* in a perfuafion, that he relifh'd his maxims.

Quand Cyrus fut seul, il réfléchit profondément à tout ce qu'il venoit d'entendre. Il se ressouvint de la conduite d'Amasis, & commença à soupçonner la fidélité de Sorane. Il n'avoit pas à la vérité des preuves invincibles de sa perfidie ; mais un homme qui osoit lui inspirer de tels sentimens, lui paroissoit au moins très-dangereux, quand même il ne seroit pas traître. Le jeune Prince déroba peu à peu à ce Ministre le secret de ses affaires, & chercha des prétextes pour l'éloigner de sa personne, sans rien faire cependant qui pût le révolter.

Sorane sentit bientôt ce changement, & poussa son ressentiment jusques aux derniers excès. Il se persuada qu'Araspe alloit être mis à sa place ; que Cyrus vouloit se rendre maître absolu de la Perse ; & que c'étoit là le dessein secret du jeune Prince en disciplinant ses troupes avec tant d'exactitude. Son imagination forte & son humeur défiante flattoient sa passion pour la grandeur ; & la jalousie, l'ambition enfin, l'aveugloient à un tel point, qu'il crut faire son devoir en commettant les plus noires trahisons.

Il fit instruire Cyaxare de tout ce qui se passoit dans la Perse ; de l'accroissement de ses forces, des préparatifs qu'on y faisoit pour la guerre, & des desseins qu'avoit Cyrus d'étendre son Empire sur tout l'Orient, sous prétexte d'accomplir certains Oracles supposés dont il éblouissoit le peuple. Cyaxare profita de ces avis pour alarmer Astyage ; il insinua dans son cœur les inquiétudes & les défiances. Hystaspe fut renvoyé de la Cour d'Ecbatane, & l'Empereur fit menacer Cambyse d'une guerre sanglante, s'il ne consentoit pas à payer les anciens tributs, & à rentrer dans la même dépendance dont la Perse avoit été affranchie par le mariage de Mandane. Le refus de Cambyse fut le signal de la guerre ; & les préparatifs se firent des deux côtés (a).

(a) Xénophon a supprimé cette guerre, mais Hérodote & les autres Historiens la racontent. *Voy. la Lett.* pag. 280.

As soon as *Cyrus* was alone, he made profound reflections on all that had pass'd. He call'd to mind the conduct of *Amasis*, & began to suspect *Soranes*'s fidelity. He had not indeed any certain proofs of his perfidiousness; but a Man who had the boldness to inspire him with such sentiments, seem'd at least dangerous, though he should not be a traitor. The young Prince by degrees excluded this minister from the secret of affairs; & sought for pretences to remove him from about his person, yet without doing any thing to affront him openly.

Soranes quickly perceiv'd this change, & carry'd his resentment to the last extremities. He perswaded himself, that *Araspes* was going to be put in his place; that *Cyrus* had a design to make himself absolute master in *Persia*; & that this was the Prince's secret view in disciplining his troops with so much exactness. His strong imagination and suspicious temper first work'd up his passions to the height, & then jealousy & ambition blinded him to such a degree, that he imagin'd he did his duty in practising the blackest treasons.

He inform'd *Cyaxares* of all that pass'd in *Persia*; the augmentation of its forces, the preparations which were making for war, & *Cyrus*'s design of extending his Empire over all the East under pretext of accomplishing certain pretended Oracles, by which he impos'd upon the people. *Cyaxares* made advantage of these advices, to alarm *Astyages*, & to insinuate uneasiness & distrust into his mind. *Hystaspes* was order'd away from the court of *Ecbatan*, & the Emperor threaten'd *Cambyses* with a bloody war if he did not consent to pay the ancient tribute, & return to the same dependence, from which *Persia* had been set free, upon his marriage with *Mandana*. *Cambyses*'s refusal was the signal of the war, and preparations were made on both sides (*a*).

(*a*) *Xenophon* has suppress'd this war; but *Herodotus* & other Historians mention it. See Mr. *Freret*'s Letters, pag. 381.

Cependant Sorane chercha à corrompre les Chefs de l'armée, & à affoiblir leur courage, en leur faisant entendre qu'Astyage étoit leur Empereur légitime ; que les projets ambitieux de Cyrus alloient perdre la Patrie ; qu'il ne pourroit jamais résister aux troupes des Medes qui l'accableroient par leur nombre.

Il continua aussi d'augmenter la défiance des Sénateurs, en faisant répandre adroitement parmi eux, que Cyrus ne faisoit entreprendre la guerre contre son Grand-Pere, qu'afin d'affoiblir leur autorité, & d'usurper un pouvoir despotique. Il cacha toutes ses trames avec tant d'art, qu'il auroit été presque impossible de les découvrir. Tous ses discours étoient tellement mesurés, qu'on ne pouvoit pénétrer ses intentions secretes. Il y avoit de certains momens où il ne les voyoit pas lui-même, & où il se croyoit sincere & zélé pour le bien public. Ses premiers remords revenoient de temps en temps ; il les étouffoit en se persuadant que les projets qu'il attribuoit au Prince, étoient réels.

Cyrus fut bientôt instruit des murmures du peuple ; l'armée songeoit à se revolter, le Sénat vouloit refuser des subsides. L'Empereur des Medes alloit entrer dans la Perse à la tête de soixante mille hommes. Le jeune Prince voyoit avec douleur les extrémités cruelles où son Pere étoit réduit, & la nécessité de prendre les armes contre son Grand-Pere (a).

Cambyse sachant tous les combats que livroient tour à tour à Cyrus le devoir & la nature, lui dit : Vous savez, mon fils, tout ce que j'ai fait pour étouffer les premieres semences de nos discordes ; j'ai travaillé inutilement. La guerre est inévitable ; la Patrie doit être préférée à la famille. Jusqu'ici vous m'avez secouru dans les affaires par votre sagesse ; il faut que vous donniez à présent des preuves de votre valeur. Quand mon âge me permettroit de paroître à la tête de mes troupes, je serois obligé de rester ici, où ma présence est nécessaire

(a) Voyez Hérod. liv. 1.

THE TRAVELS OF CYRUS. 89

In the mean while, *Soranes* endeavour'd to corrupt the chief Officers of the army, & weaken their courage, by infinuating, that *Aftyages* was their lawful Emperor; that the ambitious defign of *Cyrus* would ruin their country; & that they could never make head againſt the *Median* troops, who would overwhelm them with numbers.

He continu'd likewife to increafe the diſtruſt of the Senators, by artfully fpreading a rumour among them, that *Cyrus* undertook this unnatural war againſt his grandfather, only to weaken their authority, & to uſurp an abſolute power.

He conceal'd all his plots with fuch art, that it was almoſt impoſſible to diſcover them. Every thing he ſaid was with fo much caution, that none could fee his fecret intentions. Nay, there were certain moments in which he did not fee them himſelf; but thought that he was fincere & zealous for the publick good. His firſt remorfes return'd from time to time, but he ſtifled them, by perfuading himſelf that the ill defigns which he imputed to the Prince, were real.

Cyrus was quickly inform'd of the murmurs of the people, the difcontent of the army, & that it was doubtful whether the Senate wou'd give the neceffary fubfidies. The Emperor of the *Medes* was upon the point of entring *Perſia*, at the head of fixty thouſand men. The Prince feeing his father reduc'd to the moſt cruel extremities, & the neceſfity of taking arms againſt his grandfather (a), was in the greateſt perplexity.

Which *Cambyſes* obferving, ſaid to him: you know, my fon, all that I have done to ſtifle the firſt feeds of our diſcord; but I have labour'd to no purpofe. The war is inevitable; our country ought to be preferr'd to our family. Hitherto you have aſſiſted me in bufineſs; you muſt now give proofs of your courage. Would my age allow me to appear at the head of our troops, yet my prefence is neceffary here,

(a) *Herod*. B. 8.

pour contenir mon peuple. Allez, mon fils, allez combattre pour la Patrie. Montrez-vous le défenseur de sa liberté, aussi-bien que le conservateur de ses loix. Secondez les desseins du Ciel. Rendez-vous digne d'accomplir un jour ses Oracles. Commencez par délivrer la Perse avant que d'étendre vos conquêtes dans l'Orient. Que les Nations voient les effets de votre courage, & admirent votre modération au milieu des triomphes, afin qu'elles ne craignent pas un jour vos victoires.

Cyrus animé par les sentimens magnanimes de Cambyse, & secouru par les conseils d'Harpage & d'Hystaspe, deux Généraux également expérimentés, forma bientôt une armée de trente mille hommes : elle étoit composée de Chefs dont il connoissoit la fidélité, & de vieux soldats d'une valeur éprouvée.

Aussi-tôt que les préparatifs furent faits, on commença par les sacrifices, & les autres actes de Religion.

Cyrus fit ranger les troupes dans une grande plaine près de la Capitale, y assembla le Sénat & les Satrapes, & harangua ainsi les Chefs de l'armée avec un air doux & majestueux :

La guerre est illégitime lorsqu'elle n'est pas nécessaire. Celle que nous entreprenons aujourd'hui, n'est pas pour satisfaire à l'ambition, ni à l'envie de dominer ; mais pour défendre notre liberté, à laquelle on a attenté contre la foi des Traités. Je connois assez vos ennemis, pour vous assurer que vous n'avez pas raison de les craindre. Vos ennemis entendent bien la discipline militaire, ils vous surpassent en nombre ; mais ils se sont amollis par le luxe & par une longue paix. Votre vie dure vous a accoutumé à la fatigue. Vous êtes animés de cette noble ardeur qui méprise la mort, quand il s'agit de combattre pour la liberté. Rien n'est impossible à ceux qui savent tout souffrir, & tout entreprendre. Pour moi, je ne veux me distinguer de vous qu'en vous devançant dans les travaux & les dangers. Tous nos biens & tous nos maux seront désormais communs.

to keep the people in awe. Go, my son, go, & fight for your country: shew your self the defender of its liberty, as well as the preserver of its laws. Second the designs of Heaven: render your self worthy to accomplish its Oracles. Begin by delivering *Persia*, before you think of extending your conquests over the East. Let the nations see the effects of your courage, & admire your moderation in the midst of triumphs, that they may not hereafter be afraid of your victories.

Cyrus being encourag'd by the magnanimous sentiments of *Cambyses*, and aided by the counsels of *Harpagus* & *Hystaspes*, two generals of great experience, form'd an army of thirty thousand men, compos'd of commanders of known fidelity, and veteran troops of known bravery.

As soon as the preparations were made, sacrifice were offer'd, & other religious ceremonies perform'd.

Cyrus, after this, drew up his troops in a spacious plain near the capital, assembled the senate & the *Satrapes*, and with a sweet & majestick air, thus harangued the officers of his army.

War is unlawful, when it is not necessary. That which we at present undertake, is not to satisfy ambition, or the desire of dominion; but to defend our liberties, upon which an attempt is made, contrary to the faith of treaties. I am well enough acquainted with your enemies, to assure you that you have no reason to be afraid of them. They know indeed how to handle their arms; they understand military discipline, & they surpass us in number: but they are soften'd by luxury and a long peace. Your severe life has accustom'd you to fatigue. Your souls are full of that noble ardour, which despises death when you are to fight for liberty. Nothing is impossible to those, whom no sufferings or difficul enterprizes can dishearten. As for me, I wil distinguish my self from you in nothing, but in leading the way thro' labours & dangers. All our prosperities, & our misfortunes, shal be common.

Il se tourna ensuite vers les Sénateurs, & leur dit d'un ton fier & sévere, Cambyse n'ignore pas les intrigues de la Cour d'Ecbatane pour semer de la défiance dans vos esprits. Il sait que vous balancez à lui accorder des subsistes, il pourroit, avec une Armée qui lui seroit dévouée, vous obliger de vous conformer à ses demandes ; mais il a prévu la guerre, il a pris ses précautions. Une seule bataille décidera du sort de la Perse ; il n'a pas besoin de votre secours. Souvenez-vous cependant qu'il s'agit de la liberté entiere de la Patrie. Cette liberté n'est-elle pas plus sûre entre les mains de mon Pere, votre Prince légitime, qu'entre celles de l'Empereur des Medes qui tient tributaires tous les Rois voisins ? Si Cambyse est vaincu, vos privileges sont à jamais anéantis ; s'il est victorieux, vous devez craindre la justice d'un Prince, que vous avez irrité par vos cabales secretes.

Par ce discours le Prince de Perse intimida les uns, confirma les autres dans leur devoir, & les réunit tous dans le même dessein de contribuer au salut de la Patrie. Sorane parut des plus zélés, & demanda avec empressement d'avoir quelque commandement dans l'armée. Comme Cyrus n'avoit point caché à Cambyse les justes défiances qu'il avoit de ce Ministre, le Roi ne se laissa point éblouir par les apparences. Sous prétexte de veiller à la sûreté de la Capitale, il retint Sorane auprès de sa personne ; mais il fit observer sa conduite, de sorte que le Satrape demeura prisonnier sans le savoir.

Cyrus ayant appris qu'Astyage avoit fait marcher ses troupes par les déserts de l'Isatis, pour pénétrer en Perse, le prévint avec une diligence inouie. Il traversa des montagnes escarpées, dont il fit garder les passages, & arriva dans les plaines de Pasagarde par des chemins impraticables à une armée moins accoutumée à la fatigue, & conduite par un Général moins actif & moins vigilant.

Cyrus s'empare des meilleurs postés ; il se campe près d'une chaîne de montagnes, qui le défend d'un côté,

He then turn'd to the Senators, & with a resolute and severe contenance said ; *Cambyses* is not ignorant of the intrigues of the Court of *Ecbatan*, to sow distrust in your minds. He knows that you intend to refuse him subsidies ; he might, with an army devoted to him, force you to a compliance with his desires, but having foreseen the war, he has taken his precautions. One battle will decide the fate of *Persia* : he does not want your assistance. However, remember that the liberty of your country is at present in question. Is this liberty less secure, in the hands of my father, your lawful Prince, than in those of the Emperor of the *Medes*, who holds all the neighbouring Kings in an absolute dependence ? If *Cambyses* should be vanquish'd, your privileges are lost for ever ; if he prove victorious, have you not cause to fear the justice of a prince whom you have incens'd by your secret cabals ?

The Prince, by this discourse, intimidated some, confirm'd others in their duty, & united all in one design, of contributing to the preservation of their country. *Soranes* appear'd more zealous than any, and earnestly requested to have some command in the army : But as *Cyrus* had not conceal'd from *Cambyses* his just suspicions of that minister, the King did not suffer himself to be impos'd upon by appearances. Under pretext of providing for the security of the Kingdom, he kept him near his person ; but gave orders to watch his conduct : so that *Soranes* was a prisoner in the Capital without perceiving it.

Cyrus having learnt that *Astyages* had march'd his troops through the desarts of *Isatis*, in order to enter *Persia*, prevented him with wonderful diligence. He pass'd over craggy mountains, & through such ways as were impassable by any other than an army accustom'd to fatigue, & conducted by so active a general.

He gain'd the plains of *Pasagarda*, seized the best posts, & encamp'd near a ridge of mountains, which defended him on one side,

& il se met en sûreté de l'autre par un retranchement bien fortifié. Astyage paroît bientôt, & se campe dans la même plaine près d'un lac.

Les deux armées furent en présence pendant plusieurs jours. Cyrus ne pouvant envisager sans douleur les suites d'une guerre contre son Aïeul, profita de ces momens pour envoyer au Camp d'Astyage un Satrape nommé Artabaze, qui lui parla ainsi :

Cyrus, votre petit-fils, a horreur de la guerre qu'on l'a forcé d'entreprendre contre vous. Il n'a rien oublié pour la prévenir ; il ne refusera rien pour la détourner. Il écoute la voix de la nature, mais il ne peut sacrifier la liberté de son peuple. Il voudroit concilier par un traité honorable, l'amour de la Patrie avec la tendresse d'un fils. Il est en état de faire la guerre, mais il n'a point de honte de vous demander la paix.

L'Empereur irrité par les conseils de Cyaxare, persista dans sa premiere résolution. Artabaze revint, sans avoir pu reüssir dans sa négociation.

Cyrus se voyant réduit à la nécessité de combattre, & sachant de quelle importance il est dans les actions guerrieres, de délibérer avec plusieurs, de décider avec peu, & d'exécuter avec promptitude, assembla les Chefs de son armée, & les écouta tous. Il se détermina enfin, & ne communiqua ses desseins qu'à Hystaspe, & à Harpage.

Le jour suivant Cyrus fit répandre dans l'armée ennemie, le bruit qu'il vouloit se retirer, & qu'il n'osoit combattre avec des forces inégales. Avant qu'il sortît du camp, il fit faire les sacrifices accoutumés ; il fit des libations de vin, & tous les Chefs en firent de même. Il donna pour mot à l'armée, Mythras Conducteur & Sauveur, & monta enfin à cheval, en commandant à chacun de prendre son rang. Les cuirasses de ses soldats étoient composées de lames de fer peintes de diverses couleurs, & semblables aux écailles de poissons. Leurs casques d'airain étoient ornés d'un grand panache blanc. Leurs carquois

fortifying himself on the other by a double entrenchment. *Astyages* quickly appear'd, & encamp'd in the same plain near a lake.

The two armies continued in sight of each other for several days. *Cyrus* who could not, but with great regret, consider the consequences of a war against his grand-father, employ'd this time in sending to *Astyages* camp, a *Satrap*, named *Artabazus*, who spoke to him in the following manner:

Cyrus, your grandson, is in great concern fort the war which he has been forc'd to undertake against you. He has neglected nothing to prevent it, nor will refuse any means to put an end to it. He is not deaf to the voice of nature, but he cannot sacrifice the liberty of his people. He would be glad, by a honourable treaty, to reconcile the love of his country with filial affection. He is in a condition to make war; but at the same time is not asham'd to ask peace.

The Emperor, still irritated by *Cyaxares*, persisted in his first resolution, & *Artabazus* return'd, without succeeding in his negotiation.

Cyrus seeing himself reduc'd to the necessity, of hazarding a battle, & knowing of what importance it is, in affairs of war, to deliberate with many, to decide with few, and to execute with speed, assembled his principal officiers, & heard all their opinions. He then took his resolution, which he communicated only to *Hystaspes* & *Harpagus*.

The day following he caus'd a rumour to be spread in the army of the enemy, that he intended to retire, not daring to engage with unequal forces. Before he left the camp, he caused sacrifices to be offer'd, & made the usual libations; & all the Chiefs did the same. He gave the word, *Mythras the Conductor & Saviour*, & then mounting his horse, commanded each man to his rank. All the soldiers had iron cuirasses of divers colours, made like the scales of fish. Their casques or tiara's were of brass, with a great white feather. Their shields

pendoient au-dessus de leurs boucliers tissus d'osier. Leurs dards étoient courts, leurs arcs longs, leurs fleches faites de cannes, & le cimeterre leur tomboit sur la cuisse droite. L'Etendart Royal étoit un Aigle d'or avec les ailes ; c'est le même que les Rois de Perse ont toujours conservé depuis.

Cyrus décampa pendant la nuit, & s'avança dans les plaines de Pasagarde ; Astyage se hâta de le joindre au lever de l'aurore. Soudain Cyrus fit ranger son armée en bataille à douze files de hauteur, afin que les javelots & les dards des derniers rangs pussent atteindre l'ennemi, & que toutes les parties pussent se soutenir & se secourir sans confusion. Il choisit dans chacun de ses bataillons une troupe de soldats d'élite dont il forma une phalange triangulaire à la maniere des Grecs. Il place ce corps de réserve hors des rangs derriere son armée, en lui commandant de ne pas avancer sans un ordre exprès de sa part.

La plaine étoit couverte de sable ; un vent de Nord souffloit avec violence. Cyrus se posta si avantageusement, en faisant faire un quart de conversion à son armée, que la poussiere en s'élevant donnoit dans les yeux des Medes, & favorisoit par là le stratagéme qu'il méditoit. Harpage commandoit l'aile droite, Hystaspe l'aile gauche, Araspe étoit au centre, Cyrus se portoit par-tout.

L'armée des Medes formoit plusieurs bataillons quarrés à trente de hauteur, tous bien serrés pour être plus impénétrables. Au front de l'armée étoient des chariots avec de grandes faux tranchantes attachées aux essieux.

Cyrus ordonna à Harpage & à Hystaspe d'étendre peu à peu leurs ailes, afin d'envelopper les Medes. Tandis qu'il parle, il entend un coup de tonnerre : Nous vous suivons, grand Oromaze, s'écria-t-il ; & sur le champ il commence l'Hymne du combat, auquel toute l'armée répond en jettant de grands cris, & en invoquant le Dieu Mythras.

L'armée de Cyrus se présente en ligne droite, afin de tromper Astyage ; mais le milieu marchant plus lentement, & les deux ailes plus vîte, elle s'étend ensuite &

vers

were made of willow, beside which hung their quivers. Their darts were short, their bows long, & their arrows made of canes, & their scymitars hung at their belts upon their right thighs. The royal standard was a golden Eagle, with its wings expanded; the same which the Kings of *Persia* have ever since used.

He decamp'd by night, & advanced in the plains of *Pasagarda*, while *Astyages* made haste to meet him by sun rising. *Cyrus* immediately drew up his army in order of battle, only twelve deep, that the javelins & darts of the last rank might reach the enemy, & that all the parts might support & assist each other without confusion. Further, he chose out of all the battalions a select troop, of which he form'd a triangular *Phalanx*, after the manner of the *Greeks*. He placed this body of reserve behind his army, commanding them not to stir till he himself should give orders.

The north-wind blew hard; the plain was cover'd with dust & sand. *Cyrus* had posted his army so advantagiously, that the rising dust was driven full in the faces of the *Medes*, & favour'd his stratagem. *Harpages* commanded the right wing, *Hystaspes* the left, *Araspes* the center, & *Cyrus* was present every where.

The Army of the *Medes* was compos'd of several square battalions, thirty in front, and thirty deep, all standing close, to be the more impenetrable. In the front of the army were the chariots, with great sythes fasten'd to the axletrees.

Cyrus order'd *Harpagus* & *Hystaspes* to extend the two wings by degrees, in order to inclose the *Medes*. While he is speaking he hears a clap of thunder: we follow thee, great *Oromazes*, cry'd he; and in the same instant began the Hymn of battle, to which all the army answer'd with loud shouts, invoking the God *Mythras*.

Cyrus's army presented their front in a straight line to deceive *Astyages*; but the center marching slower & the wings faster, the whole *Persian* army was soon

prend la forme d'un croissant. Les Medes enfoncent les premiers rangs du centre, & avancent jusques aux derniers. Ils commencent déja à crier, Victoire! Cyrus fait avancer son corps de réserve, tandis qu'Harpage & Hystaspe environnent les ennemis de toutes parts, & le combat recommence.

La phalange triangulaire des Perses ouvre les rangs des Medes, & écarte leurs chariots. Cyrus monté sur un coursier superbe & fougueux, vole de rang en rang ; le feu de ses yeux anime les soldats, & la tranquillité de son visage les rassure. Dans l'ardeur du combat, actif, paisible & present à lui-même, il parle aux uns, encourage les autres, & retient chacun dans son poste. Les Medes enveloppés de tous côtés, sont attaqués par devant, par derriere, & par les flancs. Les Perses les serrent, & les taillent en pieces. On n'entend plus que le bruit des armes qui s'entrechoquent, & les gémissemens des mourans ; des ruisseaux de sang inondent la plaine ; le désespoir, la fureur & la cruauté, répandent par-tout le carnage & la mort. Cyrus seul conserve l'humanité & la pitié généreuse. Astyage & Cyaxare ayant été faits prisonniers, il fit sonner la retraite & cesser le combat.

Cyaxare enflammé de colere, & de toutes les passions qui saisissent une ame superbe & déchue de ses espérances, ne voulut point voir Cyrus. Il feignit d'être blessé, & fit demander permission de se faire conduire à Ecbatane ; Cyrus y consentit.

Astyage fut conduit en pompe à la Capitale de Perse non comme vaincu, mais comme victorieux. N'étant plus assiégé par les mauvais conseils de son fils, il fit la paix, & la Perside fut déclarée à jamais un Royaume libre. Ce fut le premier service que Cyrus rendit à sa Patrie.

Le succès de cette guerre si contraire aux espérances de Sorane, lui ouvrit enfin les yeux. Si l'événement avoit répondu à ses desirs, il auroit continué sa perfidie ; mais sentant qu'il ne pouvoit pas échapper, que ses

form'd into a crescent. The *Medes* pierce the first ranks of the center, and advance to the last. They began already to cry, *Victory*! when *Cyrus*, at the head of his body of reserve, falls upon the *Medes*, while *Harpagus* & *Hystaspes* surround them on all sides, upon which the battle is renew'd.

The triangular *Phalanx* of the *Persians* pierces through the ranks of the *Medes*, & turns aside their chariots. *Cyrus*, mounted on a foaming steed, flies from rank to rank: the fire of his eyes animates the soldiers, & the serenity of his countenance banishes all fear. In the heat of the battle he his active; yet calm, and present to himself, he speaks to some, encourages others by signs, & keeps every one in his post. The *Medes* surrounded on all sides, are attack'd in front, in rear, & in flank. The *Persians* close in upon them, & cut them in pieces. Nothing is heard but the clashing of arms, & the groans of the dying: streams of blood cover the plain; despair rage & cruelty spread slaughter & death every where. *Cyrus* alone feels a generous pity and humanity. *Astyages* & *Cyaxares* being taken prisoners he gives orders to sound a retreat, and put an end to the pursuit.

Cyaxares, inflam'd with rage & all the passions which possess a proud spirit, when fallen from its hopes, would not see *Cyrus*. He pretended to be wounded, & ask'd permission to go to *Ecbatan*, which was granted.

Astyages was conducted with pomp to the capital of *Persia*, not like a conquer'd Prince, but a victorious one. Being no longer importun'd by the ill counsels of his son, he made a peace, & *Persia* was declar'd a free Kingdom for ever. This was the first service which *Cyrus* did his country.

The success of this war, so contrary to the expectations of *Sóranes*, open'd his eyes. If the event had been answerable to his desires, he would still have continu'd his perfidiousness; but finding that he was not free to escape, that his

desseins étoient déconcertés à jamais, & qu'il n'étoit plus possible de les cacher, il frémit d'horreur en voyant le precipice où il s'étoit jetté, les crimes qu'il avoit commis, & le deshonneur certain qui l'attendoit. Ne pouvant plus supporter cette vue affreuse, il se livre à son desespoir, se tue lui-même & laisse à toute la posterité un triste exemple des excès auxquels l'ambition sans bornes peut conduire les plus grands génies, lors même que leur cœur n'est pas absolument corrompu.

Après sa mort, Cyrus apprit tout le détail de ses perfidies. Le Prince, sans s'applaudir d'avoir pénétré par avance le caractere de ce Ministre, vit avec regret, & plaignit avec douleur la malheureuse condition de l'homme, qui perd souvent tout le fruit de ses talens, & se précipite quelquefois dans tous les crimes, en s'abandonnant aux égaremens d'une imagination déreglée, & d'une passion aveugle.

Aussi-tôt que la paix fut conclue, Astyage retourna dans ses Etats. Après son départ, Cyrus fit assembler les Sénateurs, les Satrapes, tous les Chefs du peuple, & leur dit au nom de Cambyse: Les armes de mon Pere ont affranchi la Perside de toute dépendance étrangere. Maître d'une armée victorieuse, il pourroit détruire vos privileges, & régner avec une autorité absolue; mais il déteste ces maximes. Ce n'est que sous l'Empire d'Arimane que la force seule domine; les Princes sont les images du grand Oromaze, ils doivent imiter sa conduite; sa raison souveraine est la regle de toutes ses volontés. Ils ne devroient avoir d'autre guide que les loix. Un seul homme ne suffit pas à faire de bonnes loix. Quelques sages & quelques justes que soient les Princes, ils sont toujours hommes, ils ont par conséquent des préjugés & des passions; quand mêmes ils en seroient exempts, ils ont besoin de Conseillers fideles pour les éclairer & les secourir. C'est ainsi que Cambyse veut gouverner. Il ne veut

projects were disconcerted, & that is was not possible to conceal them any longer, he shrunk with horror to behold the dreadful condition into which he had brought himself, the crimes he had committed, and the certain disgrace which would follow. Not able to endure this prospect, he falls into despair, kills himself, & leaves a sad example to posterity, of the excesses to which mad ambition may carry the greatest genius's, even when their hearts are not entirely corrupted.

After his death *Cyrus* was inform'd of all the particulars of his treachery. The Prince, without applauding himself for having early seen into the character of this minister, beheld with concern, & lamented the unhappy condition of man, who often loses all the fruit of his talents, & sometimes precipitates himself into the greatest crimes, by giving way to a headstrong imagination & a blind passion.

As soon as the peace was concluded, *Astyages* return'd to *Media*. After his departure *Cyrus* assembled the Senators, *Satrapes*, & all the Chiefs of the people, & said to them, in the name of the King: My father's arms have deliver'd *Persia*, from all foreign dependance; he might now abridge your rights & privileges, and even destroy your authority, and govern absolutely, but he abhors such maxims. It is only under the Empire of *Arimanius*, that force alone presides. The great *Oromazes* does not govern in that manner: His sovereign Reason is the rule of his will. Princes are his images; they ought to imitate his conduct. The Laws should be their only rule. One single Man is not sufficient for making good Laws. How wise and just soever Princes are, they are still but men, & consequently have prejudices & passions; nay, were they exempt from these, they cannot see and hear every thing, they have need of faithful Counsellors, to inform & assist them. Tis thus that *Cambyses* resolves to govern. He will reserve no more

d'autorité que pour faire le bien ; il veut un frein qui l'arrête, & qui l'empêche de faire le mal. Sénateurs, bannissez vos craintes ; que vos défiances cessent ; reconnoissez votre Roi ; il vous conserve tous vos droits ; aidez-le à rendre les Perses heureux ; il veut régner sur des enfans libres, & non sur des esclaves.

A ces mots, l'admiration & la joie se répandirent dans toute l'assemblée. Les uns disoient : N'est-ce pas le Dieu Mythras qui est descendu lui-même de l'Empyrée, pour renouveller le regne d'Oromaze ? Les autres fondoient en larmes, sans pouvoir parler. Les vieillards regardoient Cyrus comme leur fils, & les jeunes gens l'appelloient leur pere; toute la Perside ne paroissoit plus qu'une même famille.

C'est ainsi que Cyrus évita tous les pieges de Sorane, qu'il triompha des complots de Cyaxare, & qu'il rendit la liberté aux Perses. Il n'eut jamais recours ni aux lâches artifices, ni à la basse dissimulation, indignes des grandes ames.

Peu de temps après la bataille de Pasagarde, Astyage mourut à Ecbatane, & laissa l'Empire à Cyaxare. Cambyse prévoyant que l'esprit jaloux & turbulent de ce Prince exciteroit bientôt de nouveaux troubles, résolut de rechercher l'alliance des Assyriens. L'Empereur des Medes, & le Roi de Babylone, étoient depuis plus d'un siecle les deux grandes Puissances de l'Orient ; ils travailloient sans cesse à se détruire mutuellement, pour se rendre maîtres de l'Asie.

Cambyse qui connoissoit la capacité de son fils, lui proposa d'aller lui-même à la Cour de Nabuchodonosor, pour traiter avec Amytis femme de ce Prince, & sœur de Mandane. Elle gouvernoit le Royaume pendant la frénésie du Roi.

Cyrus avoit été détourné de ce voyage plusieurs années auparavant par la maladie de sa mere. Il fut charmé d'aller à Babylone, non-seulement pour être utile à sa Patrie, mais aussi pour y connoître les Juifs, dont il avoit appris par Zoroastre, que les Oracles contenoient des prédictions de sa grandeur future.

power than is necessary to do good; chuses to have such restraints as may stop & hinder him from doing ill. Senators, banish your fears; lay aside your distrusts, & cleave to your King: He preserves all your rights to you; assist him in making the *Persians* happy; he desires to reign over free children, & not over slaves.

At these words joy was diffus'd through the whole assembly. Some cry'd out: Is not this the God *Mythras* himself, come down from the *Empyreum*, to renew the reign of *Oromazes*? Others dissolv'd in tears, & were unable to speak. The old men look'd on him as their son, the young men call'd him father: all *Persia* seem'd but one family.

Thus did *Cyrus* avoid all the snares of *Soranes*, triumph over the plots of *Cyaxares*, & restore liberty to the *Persians*. He never had recourse to artifice, mean dissimulation, or tricking policy, unworthy of great souls.

Astyages dy'd soon after his return home, & left the Empire to *Cyaxares*. *Cambyses* foreseeing that the turbulent & jealous spirit of that Prince would soon excite new disturbances, resolv'd to seek an alliance with the *Assyrians*. The Kings of *Assyria* & the Emperors of the *Medes* had been, for three ages past, the rival powers of the East; they were continually endeavouring to weaken each other in order to become masters of *Asia*.

Cambyses, who knew his son's abilities, propos'd to him that he should go in person to the court of *Nabuchodonosor*, to treat with *Amytis*, the wife of that Prince, and sister of *Mandana*. She govern'd the Kingdom during the King's madness.

Cyrus had formerly been hinder'd from going thither, by his mother's sickness. He was exceedingly pleased with a journey to *Babylon*, not only that he might serve his country, but likewise have an opportunity of conversing with the *Jews*, whose Oracles, as he had learn'd from *Zoroaster*, contain'd predictions of his future greatness:

Il n'avoit pas moins d'envie de voir de près l'état malheureux du Roi Nabuchodonosor, dont le bruit s'étoit répandu par-tout l'Orient. Après avoir rempli le Conseil & le Sénat de sujets fideles & capables de secourir Cambyse, il quitta la Perse, traversa la Susiane, & arriva bientôt à Babylone.

THE TRAVELS OF CYRUS.

& he ad no lefs a defire to fee the miferable condition of King *Nabuchodonnſor*, the report of which was ſpread over all the Eaſt. Having fill'd the Council and Senate with men of approved loyalty & capacity, he left *Perſia*, croſs'd *Suſiana*, & ſoon arriv'd at *Babylon*.

LES VOYAGES
DE
CYRUS.
LIVRE HUITIEME.

BABYLONE, Siege de l'Empire des Rois d'Assyrie, avoit été fondée par Sémiramis, mais Nabuchodonosor lui avoit donné ses principales beautés. Ce Conquérant, après avoir terminé de longues & de difficiles guerres, se trouvant dans une pleine tranquillité, s'appliqua à faire de sa Capitale une des Merveilles du Monde.

Elle étoit située dans une vaste plaine arrosée par l'Euphrate. Les canaux tirés de ce fleuve, rendoient la fertilité du terroir si grande, qu'il rapportoit autant au Roi que la moitié de son Empire (a).

Les murs de la Ville bâtis de larges briques, [cimentées avec du bitume, ou d'une matiere gluante qui s'éleve de la terre, & laquelle, avec le temps, devenoit plus dure que le marbre] épais de cinquante coudées, & hauts de deux cens, formoient un quarré parfait, dont le circuit étoit de vingt lieues. Cent-cinquante tours régnoient de distance en distance le long de ces murs inaccessibles, & commandoient sur toute la campagne voisine.

Cent portes d'airain s'ouvroient de tous côtés à une foule innombrable de peuple de toutes les Nations. Cinquante grandes rues traversoient la Ville

(a) Tout le détail que je vais faire est tiré d'Hérodote, liv. 1. de Diod. de Sicile, liv. 2. de Quint. Curce, liv. 5. Voyez aussi Prideaux, Histoire des Juifs, tom. 1.

THE TRAVELS
OF
CYRUS.

BOOK VIII.

SEMIRAMIS had founded the City of *Babylon*; but *Nabuchodonosor* had given it is principal beauties. Having finish'd his wars abroad; & being in full peace at home, he had apply'd his thoughts to make his capital one of the wonders of the world.

It was situated in a vast plain; water'd by the *Euphrates*. The fruitfulness of the soil was so great, that it yielded the King as much as the half of his Empire (*a*).

The walls of the city were built of large brick, cemented together with bitumen, or a slime arising out of the earth, which in time became harder than marble. They were fourscore foot thick, two hundred & fifty high, & form'd a perfect square, twenty leagues in compass. A hundred and fifty towers were rais'd at certain distances upon these inaccessible walls, and commanded all the country round about.

In the sides of these wals were a hundred gates of brass, through which might be seen passing to & fro an innumerable throng of people, of all nations. Fifty great streets travers'd the city

---

(*a*) The following particulars are to be found in Herodotus, who had been upon the spot, P. I. Diod. Sic. B. 2, Quint. Curt. B. 5. Prideaux Connexion.

de l'un à l'autre bout, & formoient en se croisant plusieurs quarrés spacieux, qui renfermoient des Palais superbes, des Places magnifiques, & des Jardins délicieux.

L'Euphrate couloit au milieu de Babylone ; un pont construit sur ce fleuve avec un art surprenant, joignoit les deux parties de la Ville. Aux deux extrémités de ce pont se voyoient deux Palais, le vieux à l'Orient, & le nouveau à l'Occident. Près du vieux Palais étoit le Temple de Bélus. Du centre de cet édifice sortoit une Pyramide haute de six cens pieds, & composée de huit Tours qui s'élevoient les unes sur les autres toujours en diminuant. La plus haute de ces Tours étoit la place sainte, où on célébroit les principaux mystères. Du sommet de cette Pyramide, les Babyloniens observoient le mouvement des astres ; c'étoit leur principale étude, & c'est par là qu'ils se sont rendus célebres chez les autres Nations.

De l'autre côté du pont paroissoit le nouveau Palais qui avoit huit milles de tour (a). Ses fameux Jardins entourés de larges terrasses, s'élevoient en Amphithéatre à la hauteur des murs de la Ville. La masse entiere étoit soutenue par plusieurs arcades, dont les voûtes couvertes de grandes pierres, de roseaux enduits de bitume, de deux rangs de briques, & de plaques de plomb, rendoient le tout impénétrable à la pluie & à l'humidité. La motte dont tout étoit couvert, avoit l'épaisseur requise pour pouvoir soutenir les racines des plus grands arbres. Là se voyoient des allées à perte de vue, des bosquets, des gazons, des fleurs de toutes les especes, des canaux ; là des reservoirs, des aqueducs pour arroser & embellir ce lieu de délices, assemblage merveilleux de toutes les beautés de la nature & de l'art.

L'Auteur, ou plutôt le Créateur de tant de prodiges, égal à Hercule par sa valeur, & supérieur aux plus grands hommes par son génie, après des succès incroyables, étoit tombé dans une espece de manie. Il se croyoit transformé en bête, & il en avoit la férocité.

(a) Soixante stades.

from side to side, & by crossing each other, form'd much large divisions, in which were stately palaces, delightful gardens, & magnificent squares.

The *Euphrates* flow'd through the middle of the city; & over this river was a bridge, built with surprising art. At its two extremities were two palaces: the old one to the east, the new one to the west. Near the old palace was the Temple of *Belus*. From the center of this building rose a pyramid, six hundred foot high, & compos'd of eight towers, one above another. The uppermost was the holy place, where the principal mysteries were celebrated. From the top of this tower, the *Babylonians* observ'd the motion of the stars, which was their favourite study, & by which they made themselves famous in other nations.

At the other end of the bridge stood the new palace, which was eight miles (*a*) in circuit. Its famous hanging gardens, which were so many large terrasses one above another, rose like an amphitheatre to the height of the city walls. The whole mass was supported by divers arches cover'd with broad stones strongly cemented, & over them was first a layer of reed, mix'd with bitumen, then two rows of bricks, & over these were laid thick sheets of lead, which made the whole impenetrable to rain, or any moisture. The mould which cover'd all was of that depth, as to have room enough for the greatest trees to take root in it. In these gardens were long walks, which ran as far as the eye could reach; bowers, green plots, & flowers of all kinds; canals, basins, and aqueducts, to water and adorn this place of delights, a most surprising collection of all the beauties of nature & art.

The author, or rather the creator; of so many prodigies, equal to *Hercules* in bravery, & superior to the greatest men by his genius, was, after incredible successes, fallen into a kind of madness. He imagin'd himself transform'd into a beast, & had all the fierceness of one.

(*a*) LX *Stadium's*.

Cyrus ne fut pas plutôt arrivé à Babylone, qu'il alla trouver la Reine Amytis. Cette Princesse étoit plongée depuis près de sept ans dans une tristesse profonde ; mais elle commençoit à modérer sa douleur, parce que les Juifs qui étoient alors captifs dans la Ville, lui avoient promis la guérison du Roi dans peu de jours. La Reine attendoit ce moment heureux avec une vive impatience ; les prodiges qu'elle avoit vus opérer par Daniel, avoient attiré sa confiance.

Cyrus respecta l'affliction d'Amytis, & évita de lui parler du dessein principal de son voyage. Il sentit que la conjoncture n'étoit pas favorable pour traiter des affaires politiques ; il attendit la guérison du Roi sans l'espérer. Cependant il chercha à contenter la curiosité qu'il avoit d'apprendre la Religion & les mœurs des Israëlites.

Daniel n'étoit pas alors à Babylone ; il étoit allé visiter & consoler les Juifs répandus par toute l'Assyrie. Amytis donna à Cyrus la connoissance d'un illustre Hébreu nommé Eléazar, pour qui elle avoit beaucoup d'estime. Le Prince ayant su que le Peuple de Dieu ne regardoit point la frénésie du Roi comme une maladie naturelle, mais comme une punition divine, en demanda la cause à Eléazar.

Nabuchodonosor, dit le sage Hébreu, séduit par les impies qui l'entouroient, parvint enfin à un tel excès d'irréligion, qu'il blasphéma contre le Très-haut : & pour couronner son impiété, il fit de nos vases sacrés, & des richesses qu'il avoit rapportées de son expédition dans la Judée, une Statue d'Or d'une grandeur démesurée & ressemblante à lui-même. Il la fit élever, & consacrer dans la Plaine de Dura, & voulut qu'elle fut adorée par tous les Peuples qui lui étoient soumis.

Il fut averti par des songes divins, qu'il seroit puni de son idolâtrie & de son orgueil, même dès cette vie. Un Hébreu nommé Daniel, homme

As soon as *Cyrus* was arriv'd at *Babylon*, he went to see Queen *Amytis*. This Princess had, for near seven years, been in great sorrow; but she was beginning to moderate her grief, because the *Jews*, who were then captives in the city, had promis'd her that the King should be cur'd in a few days. She was waiting that happy moment with great impatience; the wonders which she had seen perform'd by *Daniel*, had made her confide in what he said.

Cyrus, from a respectful consideration of the affliction of *Amytis*, avoided speaking to her concerning the principal design of his journey. He was sensible that it was not a favourable conjuncture to treat of political affairs, & waited, like the Queen, for the King's cure, but not with the same hopes. In the mean while, he endeavour'd to satisfy his curiosity of knowing the Religion and manners of the *Israelites*.

Daniel was not then at *Babylon*, but was gone to visit & console the *Jews* dispers'd throughout *Assyria*. *Amytis* made *Cyrus* acquainted with an illustrious *Hebrew*, named *Eleazar*, for whom she had a particular esteem. The Prince being inform'd by him that the People of God did not look upon the King's frenzy as a natural distemper, but as a punishment from Heaven, enquir'd of him the cause of it.

Nabuchodonosor, said the Hebrew *sage*, being led away by impious men who were about him, came at length to such an excess of irreligion, that he blasphem'd against *the most High*; and to crown his impiety, he made, of our sacred vessels, & of the riches which he had brought from his expedition into *Judea*, a golden statue, of an enormous size, & resembling his own person. He had it erected, & consecrated, in the plain of *Dura*, and commanded that it should be ador'd, by all his subjects.

He was admonish'd by divine dreams, that he should be punish'd for his idolatry & pride in this life. A *Hebrew*, nam'd *Daniel*, a man

célèbre par sa science, par sa vertu, & par sa connoissance de l'avenir, lui expliqua ces songes, & lui annonça les jugemens de Dieu qui étoient prêts à éclater sur lui. Les paroles du Prophete firent d'abord quelque impression sur l'esprit du Roi ; mais entouré de profanes, qui méprisoient les Puissances célestes, il négligea le songe divin, & se livra de nouveau à son impiété.

Un an après, tandis qu'il se promenoit dans ses Jardins, admirant la beauté de ses ouvrages, l'éclat de sa gloire, & la grandeur de son Empire, il oublia qu'il étoit homme, & devint idolâtre de ses superbes imaginations. Une voix se fit entendre du Ciel, & prononça ces paroles : O Roi Nabuchodonosor, à toi s'adressent ces paroles. Votre Royaume passera en d'autres mains. Vous serez chassé de la compagnie des hommes. Vous habiterez avec les animaux. Vous brouterez l'herbe comme une bête pendant sept années entieres, jusqu'à ce que vous reconnoissiez que le Très-Haut a un pouvoir absolu sur les Royaumes, & qu'il les donne à qui il lui plait.
Sur le champ Dieu le frappa, & lui ôta la raison. Il fut saisi d'une maladie frénétique, & tomba dans des accès de fureur. On essaya en vain de l'enchaîner ; il rompit tous ses fers, & s'enfuit dans les montagnes comme un lion rugissant. Nul n'ose l'approcher sans courir risque d'être déchiré. Il n'y a que le jour du Sabbat où il ait des momens de repos, & des intervalles de raison * ; il tient alors des discours dignes de l'admiration des hommes. Il y a bientôt sept ans qu'il est dans cet état, & nous attendons dans peu de jours sa délivrance totale selon la prédiction divine.

Dans tous les Pays où j'ai passé, s'écria Cyrus en soupirant, je ne vois que *e tristes exemples de la foiblesse & des malheurs des Princes. En Egypte Apriès

* Voyez Megasth. & Abyden. cités par Joseph. Ant. L. 10. Chap. 11. & par Euseb. Præp. Evang. Liv. 9. Chap. 41.

famous for science, virtue, & his knowledge of futurity, explain'd to him those dreams, and denounc'd God's judgments upon him, which were ready to break forth.

The words of the Prophet made some impression upon the King's mind; but being surrounded by prophane men, who despis'd the heavenly Powers, he neglected the divine admonition, & gave himself up anew to his impiety.

At the end of the year, while he his walking in his gardens, admiring the beauty of his own works, the splendor of his glory, and the greatness of his Empire; he exalts himself above humanity, & becomes an idolater of his own proud imaginations. He hears a voice from Heaven; saying, *O King Nabuchodonosor, to thee it is spoken, The Kingdom is departed from thee, & they shall drive thee from men, & thou shall eat grass as the beasts of the field, till seven years are past, & until thou know that the Most High ruleth over all the Kingdoms of the Universe, & giveth them to whomsoever he will.*

In the same hour was the thing fulfil'd, & his reason was taken from him. He was seiz'd with a frenzy, & with fits of raging madness. In vain they attempted to hold him by chains; he broke all his fetters, & ran away into the mountains, roaring like a lion. No one can approach him, without danger. He hath no repose, except one day in the week, which is the *Sabbath*. Then his reason returns, & he holds discourses worthy of admiration *. It is now almost seven years that he has been in this condition; and we are expecting his total deliverance in a few days, according to the divine prediction.

Here *Cyrus* sigh'd, & could not forbear saying to *Araspes*: In alle the countries through which I pass, I see nothing but sad examples of the weakness & misfortunes of Princes. In *Egypt*, *Apries*

---

* See *Megast.* & *Abyden*, quoted by *Josephus Ant. B.* 10. *Chap.* 11. & by *Euseb. Prep. Evang. B.* 9. *Chap.* 41.

se laisse immoler par son amitié aveugle pour un favori perfide. A Sparte *deux jeunes Rois alloient perdre l'Etat sans la sagesse de* Chilon. A Corinthe *le sort funeste de* Périandre *& de sa famille, laisse à toute la postérité un exemple plein d'horreur des malheurs qu'entraîne la tyrannie.* A Athenes, Pisistrate *est détrôné deux fois, pour punition divine de ses artifices.* A Samos, Policrate *se laisse éblouir jusques à persécuter l'innocence.* En Crete *les successeurs de* Minos *ont anéanti le plus parfait de tous les Gouvernemens.* Ici Nabuchodonosor *attire la colere du Ciel par son impiété.* Grand Oromaze! n'avez-vous donc donné des Rois aux mortels que dans votre colere? La grandeur & la vertu sont-elles incompatibles?

Le matin du jour du Sabbat, Cyrus *accompagné d'*Eléazar*, vint au lieu où se tenoit le Roi de* Babylone. *Ils virent l'infortuné Prince descendre des montagnes, & se coucher sous des saules qui bordoient l'*Euphrate. *En l'approchant ils garderent le silence : il étoit étendu sur l'herbe, les yeux tournés vers le Ciel. Il poussoit de temps en temps des soupirs mêlés de larmes ameres. Au milieu de ses malheurs, on découvroit encore en lui un air de grandeur, qui marquoit que le Très-Haut en le punissant, ne l'avoit pas entièrement abandonné. On n'osoit lui parler par respect, ni interrompre la douleur profonde où il sembloit être plongé.*

Cyrus*, vivement frappé de la triste situation de ce grand Prince, demeura immobile. On voyoit en lui toutes les marques d'une ame saisie de terreur & de compassion. Le Roi de* Babylone *l'observa, & lui dit sans le connoître : Le Ciel me permet d'avoir des intervalles de raison pour me faire sentir que je ne la possede point en propre ; qu'elle me vient d'ailleurs, qu'un Etre supérieur me l'ôte, & me la rend quand il veut, & que celui qui la donne, est une*

THE TRAVELS OF CYRUS.

suffers himself to be made a sacrifice by his blind confidence in a perfidious favourite. At *Sparta*, two young Kings were going to ruin the state, if not prevented by the wisdom of *Chilo*. The fate of *Periander*, & his whole family at *Corinth*, will be a dreadful example to posterity of the miseries which tyrants & usurpers draw upon themselves. At *Athens*, *Pisistratus* is twice dethron'd, as a punishment from the Gods for his artifice. *Polycrates*, King of *Samos*, suffers himself to be impos'd upon so far, as to persecute innocence. At *Crete*, the successors of *Minos* have destroy'd the most perfect of all Governments. Here, *Nabuchodonosor* draws upon himself the wrath of Heaven, by his impiety. Great Oromazes! was is only in your anger then, that you gave Kings to mortals? Are grandeur & virtue incompatible?

The morning of the Sabbath, *Cyrus* accompany'd by *Eleazar*, went to the place which the King of *Babylon* frequented. They saw the unfortunate Prince come down from the hills, & lie down under some willows, which were upon the banks of the river. They approach him in silence: he was stretch'd upon the grass, his eyes turn'd towards Heaven, & sending forth from time to time deep sighs, accompany'd with bitter tears. In the midst of his misfortunes there was still upon his face one air of greatness, which shew'd, that *the most High*, in punishing, had not entirely forsaken him. They forbore, out of respect, to speak to him, or to interrupt the profound grief, in which he was plong'd.

Cyrus, deeply struck with the sad condition of this great Prince, stood immoveable, and on his countenance appeared all the tokens of a soul seiz'd with terror and compassion. The King of *Babylon* observ'd it, and without knowing who he was, said to him: Heaven suffers me to have intervals of reason, to make me sensible; that I do not possess it as a property; that a superior Being takes it from me, & restores it, when he pleases; & that he who gives it me is a

LES VOYAGES DE CYRUS.

Intelligence souveraine qui tient la Nature dans sa main, & qui peut l'arranger, ou la déranger comme il lui plaît.

Autrefois aveuglé par l'orgueil, & corrompu par la prospérité, je disois en moi-même, & à tous les faux amis qui m'environnoient : Nous sommes nés comme à l'aventure, & après la mort nous serons comme si nous n'avions jamais été: l'ame est une étincelle de feu qui s'éteindra lorsque notre corps sera réduit en cendres. Venez donc, jouissons des biens présens. Hâtons-nous d'épuiser tous les plaisirs. Enyvrons-nous des vins les plus exquis. Parfumons-nous d'huiles odoriférentes. Couronnons-nous de roses avant qu'elles se flétrissent. Que la force soit notre unique loi, & le plaisir la regle de toutes nos actions. Faisons tomber le juste dans nos pieges, parce qu'il nous deshonore par sa vertu. Interrogeons-le par les outrages & les tourmens, afin de voir s'il est sincere (a). *C'est ainsi que je blasphémois contre le Ciel. Voilà la source des malheurs qui m'accablent. Hélas ! je ne les ai que trop mérités.*

A peine a-t-il prononcé ces paroles, qu'il se leve, s'enfuit, & se cache dans la forêt voisine. Le discours de Nabuchodonosor *redoubla le respect de* Cyrus *pour la Divinité, & augmenta le desir qu'il avoit de s'instruire à fond de la Religion des* Hébreux. *Il vit souvent Eléazar, & entra peu à peu avec lui dans une liaison étroite. L'Eternel toujours attentif aux démarches de* Cyrus *qu'il avoit choisi pour la délivrance de son peuple, vouloit préparer ce Prince par les entretiens du sage* Hébreu, *à recevoir bientôt les instructions du Prophete* Daniel.

Depuis la captivité des Juifs, les Docteurs Hébreux répandus dans les Nations, s'étoient appliqués à l'etude des sciences profanes, & cherchoient à concilier la Religion avec la Philosophie. *Pour cet effet ils adoptoient ou abandonnoient le sens littéral des Livres sacrés, selon qu'il s'accordoit ou s'opposoit à leurs idées. Ils*

(a) Voyez la Sagesse, chap. 2.

sovereign Intelligence, who holds all Nature in his hand, & can dispose it in order, or overturn it, according to his pleasure.

Heretofore, being blinded by pride, & corrupted by prosperity, I said within my self, & to all the false friends who were about me: *We are born, as it were by chance, & after death we shall be, as if we had never been: The soul is a spark of fire, which goes out when the body is reduc'd to ashes; come, let us enjoy the present good; let us make haste to exhaust all pleasures, let us drink the most delicious wines, & perfume our selves with odoriferous oils; let us crown our selves with roses before they wither; let strenght be our only law, pleasure the rule of our duty; let us make the just fall into our snares, because he dishonours us by his virtue; let us try him with affronts & torments, that we may see whether he be sincere* (a). Thus it was that I blasphem'd against Heaven, & this is the source of my miseries. Alas! I have but too much deserv'd them.

Scarce had he pronounced these words, when he started up, ran away, & hid himself in the neighbouring forest. This sad spectacle augmented the respect *Cyrus* had for the Deity, and redoubled his desire of being fully instructed in the Religion of the *Hebrews*. He frequently saw *Eleazar*, with whom he came by degrees into a strict friendship. The *Eternal*, being watchful over *Cyrus*, whom he had chosen to bring about the deliverance of his People, thought fit, by his conversation with this *Hebrew* Sage, to prepare him to receive, soon after, the instructions of the Prophet *Daniel*.

Ever since the captivity of the *Israëlites*, the Hebrew Doctors, who were dispers'd in the several Nations, had apply'd themselves to the study of the profane sciences, & endeavour'd to reconcile Religion with philosophy. In order thereto, they embrac'd, or forsook the literal sense of the sacred books, according as it suited with their notions, or was repugnant to them. They

(a) *See Sap. Cap. 2.*

enseignoient que les traditions des Hebreux étoient souvent enveloppées d'allégories suivant l'usage des Orientaux, mais ils prétendoient les expliquer. C'est ce qui donna naissance depuis à la fameuse secte des Allégoristes.

Eléazar étoit du nombre de ces Philosophes. On le regardoit avec raison comme un des plus grands génies de son siecle. Il étoit versé dans toutes les sciences des Chaldéens & des Egyptiens ; il avoit eu plusieurs disputes avec les Mages de l'Orient, pour prouver que la Religion des Juifs étoit non-seulement la plus ancienne, mais aussi la plus conforme à la raison.

Cyrus ayant entretenu plusieurs fois le sage Hébreu de tout ce qu'il avoit appris en Perse, en Egypte & en Grece sur les grandes révolutions arrivées dans l'Univers, le pria un jour de lui expliquer la doctrine des Philosophes Hébreux sur les trois états du monde.

(a) Nous n'adorons, répondit Eléazar, qu'un seul Dieu, infini, éternel, immense. Il s'est nommé Celui qui est, pour marquer qu'il existe par lui-même, & que tous les autres Etres n'existent que par lui. Riche de ses propres richesses, heureux par sa félicité suprême, il n'avoit pas besoin de produire d'autres substances pour accroître sa gloire. Mais il a voulu, par un noble & libre effort de sa volonté bienfaisante, créer plusieurs ordres d'Intelligences pour les rendre heureuses.

L'homme forme d'abord l'idée de son ouvrage avant que de l'exécuter ; mais l'Eternel conçoit, produit, & arrange tout par le même acte sans travail & sans succession. Il pense, & tout d'un coup se présentent devant lui toutes les manieres par lesquelles il peut se peindre au dehors. Un monde d'idées se forme dans l'Entendement divin. Il veut, & soudain des Etres réels, semblables à ses idées, remplissent son immensité. La vaste Nature est produite, distincte & séparée de l'essence divine.

(a) Voyez la Mythologie des Rabins dans le Discours, pag. 127.

taught, that the *Hebrew* traditions were oftenwrap'd up in allegories, according to the eastern custom; but they pretended to explain them. This was what gave rise afterwards to that famous Sect among the *Hebrews* call'd the *Allegorists*.

Eleazar was of the number of those philosophers, & was, with reason, esteem'd one of the greatest genius's of his age. He was vers'd in all the sciences of the *Chaldeans* and *Egyptians*, & had had several disputes with the eastern *Magi*, to prove that the Religion of the *Jews* was not only the most ancient, but the most conformable to reason.

Cyrus having divers times discours'd with *Eleazar*, upon all he had learnt in *Persia*, *Egypt*, & *Greece*, concerning the great revolutions which had happen'd in the Universe: desir'd him ony day to explain to him the doctrine of the *Hebrew* philosophers, concerning the three states of the world.

(a) We adore, *answered* Eleazar, but one only *God*, infinite, eternal, immense. He has defin'd himself, HE WHO IS, to denote, that he exists of himself, and that all other beings exist only by him. Being rich by the riches of his own nature, and happy by his own supreme felicity, he had no need to produce other substances. Nevertheless, by a noble & free effort of his beneficent Will, he has created divers orders of Intelligences; to make them happy.

Man first forms the plan of his work before he executes it; but *the Eternal* conceives, produces, & disposes every thing in order, by the same act, without labour or succession. He thinks, & immediately all the possible ways of representing himself outwardly, appear before him. A world of ideas is form'd in the divine Intellect. He wills, & instantly real Beings, resembling those Ideas, fill his immensity. The whole Universe, & the vast extent of Nature, distinct from the divine essence, is produc'd.

(a) *See the Jewish Mythologie, in the disc. p. 271.*

Le Créateur s'est dépeint en deux façons, par de simples Tableaux, & par des images vivantes. De là deux sortes de créatures essentiellement distinguées, la Nature matérielle, & la Nature intelligente. L'une ne fait que représenter quelques perfections de son original ; l'autre le connoît, & en jouit. C'est ainsi qu'il y a une infinité de sphères remplies d'Intelligences qui les habitent.

Tantôt ces Esprits s'abyment dans leur origine, pour en adorer les beautés toujours nouvelles ; quelquefois ils admirent les perfections du Créateur dans ses ouvrages ; c'est leur double bonheur. Ils ne peuvent pas contempler sans cesse la splendeur de l'essence divine ; leur nature foible & finie demande qu'ils se voilent de temps en temps les yeux. Voilà pourquoi la Nature matérielle fut produite ; c'étoit pour le délassement des Intelligences.

Deux sortes d'Esprits perdirent ce bonheur par leur infidélité. Les uns appellés Chérubins, étoient d'un ordre supérieur ; ce sont à présent les Esprits infernaux. Les autres appellés Ischins, étoient d'une nature moins parfaite ; ce sont les ames qui habitent actuellement les corps mortels.

Le Chef des Chérubins approchoit plus près du trône que les autres Esprits. Comblé des dons les plus éminens du Très-Haut, il perdit sa sagesse par le vain amour de lui-même. Enivré de sa propre beauté, il se regarda, & s'éblouit par l'éclat de sa lumiere ; il s'énorgueillit d'abord, se révolta ensuite, & entraîna dans sa rebellion la plupart des Génies de son Ordre.

Les Ischins s'attachèrent trop aux objets matériels, ils oublierent dans la jouissance des plaisirs créés, la souveraine félicité des Esprits. Les premiers s'éleverent trop par vanité ; les autres s'abaisserent trop par volupté.

Alors une grande révolution arriva dans les Cieux. La sphere des Chérubins devint un cahos ténébreux, où ces Intelligences malheureuses déplorent sans consolation la félicité qu'elles ont perdue.

The Creator has represented himself two ways, by simple pictures, & by living images. Hence there are two sorts of creatures essentially different, material Nature, & intelligent Nature. The one represents only some perfections of its original; the other knows and enjoys it. There are an infinite number of spheres, full ou such intelligent Beings.

Sometimes these spirits plunge themselves into the unfathomable depths of the Divine Nature, to adore its beauties, which are ever new. At other times they admire the perfections of the Creator in his works: This is their two-fold happiness. They cannot incessantly contemplate the splendor of the divine Essence; their weak & finite nature requires that they should sometimes veil their eyes. This is the reason why the material World was created, for the diversion of the intellectual.

Two sorts of spirits lost this happiness by their disloyalty. The one, call'd *Cherubim*, were of a superior order, & are now infernal Spirits. The other call'd *Ischim*, were of a less perfect nature. These are the souls which actually inhabit mortal bodies.

The Chief of the *Cherubim* approach'd nearer to the Throne than the other Spirits. He was crown'd with the most excellent gifts of the Most High; but lost his wisdom by a vain complacency in himself. Being enamour'd with his own beauty, he beheld & consider'd himself, and was dazzled with the lustre of his own light. He first grew proud, then rebell'd, & drew into his rebellion all the *Genii* of his Order.

The *Ischim* became too much attach'd to material objects, & in the enjoyment of pleasures, forgot the supreme beatitude of spirits. The first were elated with pride, the second debas'd by sensuality.

Upon this there happen'd a great revolution in the Heavens. The sphere of the *Cherubim* became a dark *Chaos*, where those unhappy Intelligences deplore, without hope, the felicity they have lost by their own fault.

Les Ifchins moins coupables, parce qu'ils n'avoient péché que par foiblesse, furent condamnés par le Tout-Puissant à animer des corps mortels. Dieu permit qu'ils tombassent dans une espece de lethargie, pour oublier leur ancien état.

La Terre qu'ils habitoient, changea de forme; elle ne fut plus un lieu de délices, mais un exil pénible, où le combat continuel des élémens assujettit les hommes aux maladies & à la mort. Voilà le sens caché du grand Législateur des Hébreux, quand il parle du Paradis terrestre, & de la chûte de nos premiers Peres. Adam ne représente pas un seul homme, mais toute l'espece humaine. Chaque Nation a ses allégories, nous avons aussi les nôtres. Ceux qui s'arrêtent à la lettre, en sont blessés, & trouvent dans nos livres des expressions qui paroissent trop humaniser la Divinité; mais le vrai sage pénetre le sens profond, & y découvre les mysteres de la plus haute sagesse.

Les ames détachées de leur origine n'eurent plus entr'elles un principe d'union fixe. L'ordre de la génération, les besoins mutuels, & l'amour propre, devinrent ici-bas les seuls liens de notre société passagere, & prirent la place de la justice, de l'amitié & de l'amour de l'ordre, qui réunissent les Esprits célestes.

Il arriva plusieurs autres changemens dans ce séjour mortel, changemens conformes à l'état des ames qui souffrent, & méritent de souffrir, & qui doivent être guéries par leurs souffrances.

Enfin le grand Prophete que nous appellons le Messie, viendra rétablir l'ordre dans l'Univers. C'est lui qui est le Chef & le Conducteur de toutes les Intelligences. Il est le premier né de toutes les créatures. La Divinité s'est unie à lui d'une maniere intime dès le commencement des temps. C'est lui qui venoit entretenir nos premiers Peres sous une forme humaine. C'est lui qui apparut sur la montagne sainte à notre Législateur. C'est lui qui a parlé aux Prophetes sous une figure visible. C'est lui qu'on appelle par-tout le Desiré des Nations, parce-qu'il leur a été connu, quoiqu'imparfaitement, par une tradition antique dont elles ignorent l'origine

The *Ischim* being less guilty because they had sinn'd through weakness, were condemn'd by the Almighty to animate mortal bodies. God suffer'd them to fall into a kind of lethargy, that they might forget their former state.

The Earth, which they inhabited, chang'd its form: It was no longer a place of delights; the continual war of the elements subjected men to diseases and death. This is the hidden meaning of what the *Hebrew* Lawgiver wrote concerning the terrestrial Paradise, & the fall of our first Parents. *Adam* does not represent one single man, but all mankind. All other nations have their allegories, & we have ours. Those who stop at the letter, are offended at many expressions in our sacred books. But the true sage penetrates into their meaning, and discovers mysteries in them of the highest wisdom.

Souls, being once disunited from their origin, had no longer any fix'd principle of union. The order of generation, mutual wants, & self love, became, here below, the only bonds of our transient society, and took the place of justice, friendship, and the love of order, which unite the heavenly spirits.

Divers other changes happen'd in this mortal abode, suitable to the state of souls who suffer, & deserve to suffer, & are to be cur'd by their sufferings.

In the end, the great Prophet, whom we call the *Messiah*, will come & restore order in the universe. It is he who is the head, & the conductor of all intelligent natures. He is the first-born of all creatures. The Deity has united him to himself in an intimate manner, from the beginning of time. It is he who convers'd with our fathers under a human form. It is he who appear'd to our Lawgiver upon the holy Mount. It is he who spoke to the Prophets under a visible appearance. It is he who is call'd every where *the desire of Nations*; because he has been known to them, tho imperfectly, by an ancient tradition, with the origin of which they are unacquainted.

C'est lui enfin qui viendra triomphant sur les nues pour rétablir l'Univers dans sa splendeur & sa félicité primitive.

Voilà le plan général de la Providence. Le fondement de toute la Loi & de toutes les Prophéties, est l'idée d'une nature pure dès son origine, d'une nature corrompue par le péché, & d'une nature qui doit être renouvellée un jour. Ces trois grandes vérités nous sont dépeintes dans nos Livres sacrés sous plusieurs images différentes. La Captivité des Israëlites dans l'Egypte, leur voyage par le désert, & leur arrivée dans la terre de promission, nous représentent la chûte des ames, les peines qu'elles souffrent pendant cette vie mortelle, & leur retour dans la Patrie céleste.

Cyrus transporté, & presque hors de lui, n'osoit interrompre le Philosophe. Voyant enfin qu'il ne parloit plus, vous me donnez, lui dit-il, une plus haute idée de la Nature Divine que les Philosophes des autres Nations. Ils ne m'avoient représenté le premier Principe que comme une souveraine Intelligence qui a débrouillé le Cahos d'une matiere éternelle ; mais vous m'apprenez que Celui qui est, a non-seulement arrangé cette matiere, mais qu'il l'a produite, qu'il lui a donné l'être comme le mouvement, & qu'il a rempli son immensité de nouvelles substances aussi bien que de nouvelles formes. Les Amilictes, les Jynges, les Cosmogoges, tous les Génies qui habitent l'Empyrée, & toutes les Divinités subordonnées, qu'on adore dans d'autres pays, ne sont pas des parties de sa substance, mais des images de sa grandeur, & des productions de sa puissance. Vous ne me faites voir dans l'Univers qu'une seule Divinité suprême, qui donne l'existence, la raison, & la vie à tous les êtres. Voilà le Dieu d'Israël si supérieur à ceux de tous les autres Peuples.

Je vois de plus que vôtre Théologie est parfaitement conforme à la doctrine des Perses, des Egyptiens, & des Grecs sur les trois Etats du monde.

Zoroastre, instruit des sciences des Gymnosophistes, m'a parlé du premier Empire d'Oromaze, avant la révolte

To conclude, it is he who will come in triumph, upon the clouds, to reftore the Univerfe to its primitive fplendor & felicity.

You fee here the general plan of Providence. The foundation of the whole Law, & of all the Prophecies, is the idea of *a nature, pure in its original, corrupted by fin, and to be one day reftor'd.* Thefe three fundamental truths are reprefented in our facred books under various images. The bondage of the *Ifraelites* in *Egypt*, their journey through the defart, and their arrival in the promis'd land, reprefent to us the fall of fouls, the fufferings in this mortal life, and their return to the heavenly country from whence they came.

Cyrus, almoft tranfported with hearing this account, wou'd by no means interrupt the philofopher; but feeing that he had done fpeaking, he faid: you give me a much higher idea of the Divinity than the philofophers of other nations. They have reprefented the firft Principle to me, only as a fovereign Intellect, who feparated & reduc'd to order, the *Chaos* of eternal matter. But you teach me, that HE WHO IS, has not only regularly difpos'd that matter, but produc'd it; that he has given its being, as well as motion; & has fill'd his immenfity with new fubftances, as well as new forms. The *Amilictes*, *Jyngas*, *Cofmogoges*, all the *Genii* which inhabit the *Empyreum*, & all the fubordinate Divinities, ador'd in other countries, are not parts of his fubftance, but images of his greatnefs, & mere effects of his power. You fhew me, that in all nature there is but one fupreme Deity, who gives exiftence, life & reafon to all beings. This then is the God of *Ifrael*, fo fuperior to thofe of all other nations.

I fee likewife that your Theology is perfectly conformable to the Doctrine of the *Perfians*, *Egyptians*, & *Greeks*, concerning the three ftates of the world. . *Zoroafter*, being learned in the fciences of the *Gymnofophiftes*, fpoke to me of the firft Empire of *Oromazes*, before the rebellion of *Ari-*

d'Arimane, comme d'un état où les esprits étoient heureux & parfaits. En Egypte la Religion d'Hermès nous repréſente le regne d'Oſiris, avant que le monſtre Typhon eût percé l'œuf du monde, comme un état exempt de malheurs & de paſſions. Orphée a chanté la Siecle d'or, comme un état de ſimplicité & d'innocence. Chaque Nation forme une idée de ce monde primitif ſelon ſon génie. Les Mages, tous Aſtronomes, l'ont placé dans les Aſtres. Les Egyptiens, tous Philoſophes, en ont fait une République de Sages. Les Grecs qui aiment les images champêtres, l'ont dépeint comme un ſéjour de Bergers.

Je remarque encore que les Sybilles ont annoncé l'avénement d'un Héros qui doit deſcendre du Ciel, pour ramener Aſtrée ſur la terre. Les Perſes l'appellent Mythras, les Egyptiens Orus, les Grecs Jupiter Conducteur & Sauveur. Ils different, il eſt vrai, dans leurs peintures; mais tous conviennent des mêmes vérités. Tous ſentent que l'homme n'eſt plus ce qu'il étoit, & qu'un jour il prendra une forme plus parfaite. Le mal a commencé, le mal finira; Dieu ne peut pas ſouffrir une tache éternelle dans ſon ouvrage. Voilà le triomphe de la lumiere ſur les ténebres. Voilà le temps fixé par le deſtin, pour la deſtruction totale de Typhon, d'Arimane & du Pluton infernal. Voilà le période fixé & annoncé dans toutes les Religions, pour le rétabliſſement du Regne d'Oromaze, d'Oſiris, & de Saturne.

Cependant, continua Cyrus, il ſe préſente ici une grande difficulté que nul Philoſophe n'a pu me réſoudre. Je ne conçois pas comment le mal a pu arriver ſous le gouvernement d'un Dieu bon, ſage, & puiſſant. S'il eſt ſage, il a dû le prévoir. S'il eſt puiſſant, il a pu l'empêcher; s'il eſt bon, il a dû le prévenir. Montrez-moi de quoi juſtifier la Sageſſe éternelle. Pourquoi Dieu a-t-il créé des Etres intelligens capables du mal? Pourquoi leur a-t-il fait un don ſi funeſte?

La liberté, répond Eléazar, eſt une ſuite néceſſaire de notre nature raiſonnable. Etre libre, c'eſt pouvoir choiſir; choiſir, c'eſt préférer.

manius, as of a state in which spirits were happy & perfect. In *Egypt*, the Religion of *Hermes* represents the Reign of *Osiris*, before the monster *Typhon* broke through the mundane egg, as a state exempt from miseries & passions. *Orpheus* has sung the golden age as a state of simplicity & innocence. Each nation has formed an idea of this primitive world; according to its genius. The *Magi*, who are all astronomers, have plac'd it in the stars. The *Egyptians*, who are all philosophers, have fancy'd it a republick of sages. The *Greeks*, who delight in rural scenes, have describ'd it as country of shepherds.

I further observe that the *Sibyls* have foretold the coming of a Hero, who is to descend from Heaven, to bring back *Astræa* to the earth. The Persians, call him *Mythras*; the Egyptians, *Orus*; the Greeks, *Jupiter the Conductor*, & *Saviour*. It his true they differ in their descriptions, but all agree in the same truths. They are all sensible, that man is not now what he was, & believe that he wil one day assume a more perfect form. God cannot suffer an eternal blemish in his work. Evil had a beginning, & it wil have an end. Then will be the triumph of light over darkness. That is the time fix'd by destiny, for the total destruction of *Typhon*, *Arimanius*, & *Pluto*. That is the prescrib'd period for re-establishing the Reign of *Oromazes*, *Osiris* & *Saturn*.

Nevertheless, there arises one great difficulty, which no philosopher has yet been able to solve me. *I do not conceive how evil could happen under the government of a God, who is good, wise & powerful. If he be wise, he might foresee it. If he be powerful, he might have hinder'd it: and if he be good, he should have prevented it.* Help me to answer this great difficulty, so as to justify the eternal wisdom. *Why has God created free beings capable of evil? Why has he bestow'd on them so fatal a gift?*

Liberty, answered *Eleazar*, is a necessary consequence of our reasonable nature. To be free; is to be able to chuse; to chuse, is to prefer.

Tout Être capable de raisonner & de comparer, peut préférer & par conséquent choisir. Voilà la différence essentielle entre les corps & les esprits ; les uns sont transportés nécessairement par-tout où la force mouvante les pousse ; les autres ne se laissent mouvoir que par la raison qui les éclaire. Dieu ne pouvoit pas nous donner l'intelligence, sans nous donner la liberté.

Ne pouvoit-il pas, reprit Cyrus, nous empêcher d'abuser de notre liberté, en nous découvrant la vérité avec une évidence si parfaite, qu'il nous eût été impossible de nous méprendre ? Quand le Bien suprême se montre avec son attrait infini, il ravit tout l'amour de la volonté. Il fait disparoître tout autre bien, comme le grand jour dissipe les ombres de la nuit.

La lumiere la plus pure, repliqua Eléazar, n'éclaire point, quand on ne veut pas voir. Or toute Intelligence finie peut détourner ses yeux de la vérité. Je vous ai deja dit que les esprits ne peuvent pas contempler sans cesse la splendeur de l'Essence Divine ; ils sont de temps en temps obligés de se voiler les yeux. C'est alors que l'amour propre peut les séduire, & leur faire prendre un Bien apparent pour un Bien réel. Ce faux Bien peut les éblouir & les distraire du Bien véritable. L'amour de nous-mêmes est inséparable de notre nature. Dieu en s'aimant, aime essentiellement l'ordre, parce qu'il est l'ordre lui-même ; mais la créature peut s'aimer sans aimer l'ordre ; par là tout esprit créé est nécessairement & essentiellement faillible. Demander pourquoi Dieu a fait des Intelligences faillibles, c'est demander pourquoi il les a fait finies, c'est demander pourquoi il n'a pas créé des Dieux aussi parfaits que lui-même ? C'est vouloir l'impossible.

Dieu ne peut-il pas, dit enfin Cyrus, employer sa Toute-Puissance pour forcer des Intelligences libres à voir & goûter la vérité ?

Sous l'Empire de Dieu même, répond Eléazar, le despotisme & la liberté sont incompatibles. Le goût, la volonté & l'amour, ne se forcent point. Dieu fait tout ce qu'il veut dans le Ciel &

Every Being capable of reasoning & comparing can prefer, & consequently chuse. This is the essential difference between bodies & spirits; The one are necessarily transported where-ever the moving force carries them; The other are moved only by reason, which enlightens them. God could not give us intelligence, without giving us liberty.

But could he not, *reply'd Cyrus*, have hinder'd us from abusing our liberty, by shewing us truth with so clear an evidence, that it would have been impossible to mistake? When the sovereign beauty displays his infinitely attractive charms, they seize & engross the whole will, and make all inferior amiableness vanish, as the rising Sun dispels the shades of night.

The purest light, *answer'd Eleazar*, does not illuminate those who will not see. Now, every finite Intelligence may turn his eyes from the truth. I have already told you that spirits cannot incessantly contemplate the splendors of the divine Essence; they are oblig'd from time to time to cover their faces. 'T is then that self-love may seduce them & make them take an apparent good for a real one. And this false good may dazzle & draw them away from the true good. Self-love is inseparable from our nature. God, in loving *himself*, essentially loves *Order*, because he is *Order*; but the creature may love it self without loving *Order*; and hence every created spirit is necessarily and essentially fallible. To ask why God has made fallible Intelligences, is to ask why he as made them finite, or why he has not created Gods as perfect as himself? A thing impossible.

Can not God, *continued Cyrus*, employ his almighty power, to force free Intelligences to see & relish truth?

Under the Empire of God himself, *answer'd Eleazar*, despotick rule & liberty are incompatible. Inclination, will, & love, are never forc'd. God does every thing he pleases in Heaven and

sur la terre ; mais il ne veut pas employer sa puissance absolue, pour détruire la nature libre des Intelligences. S'il le faisoit, elles n'agiroient plus par choix, mais par force ; elles obéiroient, mais elles n'aimeroient pas. Or Dieu veut être aimé ; voilà le seul culte digne de lui. Il ne le demande pas pour son propre avantage, mais pour le bien de ses créatures. Il veut qu'elles soient heureuses, & qu'elles contribuent à leur bonheur ; qu'elles soient heureuses par amour, & par un amour de pur choix. C'est ainsi que leur mérite augmente leur félicité.

Je commence à vous entendre, dit Cyrus. Le mal moral ne vient point de l'Etre souverainement bon, sage & puissant, qui ne peut pas manquer à sa créature, mais de la foiblesse inséparable de notre nature bornée, qui peut se tromper & s'égarer. Expliquez-moi à présent quelle est la cause du mal physique. La bonté infinie de Dieu n'auroit-elle pas pu ramener à l'ordre ses Créatures criminelles, sans les faire souffrir ? Un bon pere auroit tort de se servir de punitions, s'il pouvoit gagner ses enfans par la douceur.

Je vous ai déjà dit, répondit Eléazar, que nous sommes capables d'un double bonheur. Si Dieu nous continuoit après notre révolte, la pleine jouissance des plaisirs créés, nous n'aspirerions plus à l'union avec le Créateur ; nous nous contenterions d'une félicité inférieure, sans chercher la suprême béatitude de notre nature. Le seul moyen d'empêcher à jamais des Etres libres de retomber dans le désordre, est de leur faire sentir pour un temps les funestes suites de leur égarement. Dieu doit à sa justice la punition des coupables, pour ne pas autoriser le crime ; mais il la doit aussi à sa bonté, pour corriger les criminels. Le mal physique est nécessaire pour guérir le mal moral, & la souffrance est l'unique remede du péché.

Je vous comprens, dit Cyrus, Dieu ne pouvoit pas priver les esprits de liberté sans les priver d'intelligence, ni les empêcher d'être faillibles sans les rendre infinis, ni

upon earth; but he will not employ his absolute power to destroy the free nature of intelligent beings. If he did so, they would act no longer from inclination & choice, but by force & necessity. They would obey, but they would not love. Now love is what God demands, and it is the only worship worthy of him. He does not require it for any advantage to himself, but for the good of his creatures. He will have them happy, & contribute to their own happiness; happy by love, & by a love of pure choice. It is thus that their merit augments their felicity.

I begin to understand you, *said Cyrus*. Moral evil does not come from the supremely good, wise, & powerful Being, who cannot be wanting to his creatures, but from the weakness inseparable from our limited nature, which may be dazzled and deceiv'd. *But what is the cause of natural evil? Might not the goodness of God have brought back his offending creatures to order, without making them suffer? A good father will never make use of punishments, when he can gain his children by mildness.*

I have already told you, *answer'd Eleazar*, that we are capable of a twofold happiness. If God, after our rebellion, continu'd to us the full enjoyment of created pleasure, we should never aspire to an union with the Creator; we should contend ourselves with an inferior happiness, without any endeavours to attain to the supreme beatitude of our nature. The only means to give free beings a dislike & detestation of their disorder, is to make them feel for a time, the fatal consequences of their wandering from him. God owes it to his justice to punish the guilty, that he may not countenance crimes; and his goodness likewise requires it, in order to correct & reform the criminal. *Natural evil is necessary to cure moral evil: suffering is the only remedy for sin..*

I comprehend you, *said Cyrus*. God could not deprive spirits of liberty, without depriving them of intelligence: nor hinder them from being fallible, without making them infinite: nor

F 6

les rétablir après leur chûte que par des peines expiatrices, sans blesser sa justice & sa bonté. Exempt de toutes sortes de passions, il n'a ni colere ni vengeance. Il ne châtie que pour corriger : il ne punit que pour guérir.

Oui, répondit Eléazar, tous souffriront plus ou moins, selon qu'ils se sont plus ou moins égarés. Ceux qui ne se sont jamais éloignés de leur devoir, surpasseront à jamais les autres en connoissance & en bonheur. Ceux qui tarderont à revenir de l'égarement, seront toujours inférieurs en perfection & en félicité. La réunion des esprits à leur premier Principe, ressemble au mouvement des corps vers leur centre ; plus ils en approchent, plus leur rapidité augmente. Voilà l'ordre établi par la Sagesse éternelle ; voilà la loi immuable de la Justice distributive, dont Dieu ne peut se dispenser sans manquer essentiellement à lui-même, sans autoriser la révolte, sans exposer tous les êtres finis & faillibles à troubler l'harmonie universelle.

La conduite de Dieu ne nous choque que parce que nous sommes finis & mortels. Elevons-nous au-dessus de ce lieu d'exil, parcourons toutes les régions célestes, nous ne verrons le désordre & le mal que dans ce coin de l'Univers. La Terre n'est qu'un atôme en comparaison de l'Immensité. Tous les siecles ne sont qu'un moment par rapport à l'Eternité. Ces deux infiniment petits disparoîtront un jour. Encore un moment, & le mal ne sera plus. Mais notre esprit borné, & notre amour propre nous grossissent les objets, & nous font regarder comme grand ce point qui sépare les deux éternités.

Voilà, continua Eléazar, tout ce que l'esprit de l'homme peut imaginer, pour rendre intelligibles les voies de Dieu. C'est ainsi que nous confondons la Raison par la Raison même. C'est par ces principes que nos Docteurs imposent silence aux Philosophes des Nations qui blasphément contre la Sagesse souveraine, à cause des maux & des crimes que nous voyons ici-bas. Au reste, notre Religion ne consiste pas dans ces spéculations. Elle est moins un systême philosophique, qu'un

restore them after their fall, but by expiatory pains, without violating his justice & goodness. Exempt from all passion, he has neither anger, nor revenge. He chastises, only to amend, & punishes, only to cure.

Yes, *answered Eleazar*, all will suffer more or less; as they are more or less gone astray. Those who have never departed from their duty, will for ever excel the rest in knowledge & in happiness. Those who delay their return to it, will be always inferior to the others in perfection & felicity. The return of spirits to their first principle, resembles the motion of bodies towards their center; the nearer they approach to it, the more their velocity augments. This is the order establish'd by eternal Wisdom, the immutable law of distributive justice; from which God cannot deviate, without being essentially wanting to himself, contenancing rebellion, and exposing all finite and fallible beings to the danger of disturbing the universal harmony.

The conduct of God shocks us, only because we are finite & mortal. Let us raise our thoughts above this place of exile, let us run over all the celestial regions, we shall see disorder & evil no where but in this corner of the Universe. The Earth is but an atom in comparison of immensity. The whole extent of time is but a moment in respect of Eternity. These two infinitely small points will one day disappear. Yet a little moment, & evil will be no more. But our limited minds, and our self-love magnify objets, & make us look upon that *point*, which divides the two eternities, as something great.

This, *continu'd Eleazar*, is what the understanding of man can answer, to justify the ways of God. It is thus that we confound reason by reason it self. It is by these principles that our doctors silence the philosophers of the gentiles, who blaspheme against the sovereing Wisdom, because of the evils & crimes which happen here below. But yet our Religion does not consist in these speculations. It is not so much a philosophical system, as a

établissement surnaturel. Daniel vous en instruira. Il est aujourd'hui le Prophete du Très-Haut. L'Eternel lui montre quelquefois l'avenir comme présent, & lui prête sa puissance pour opérer des prodiges. Il doit revenir bientôt à Babylone. Il vous fera voir les Oracles contenus dans nos Livres sacrés, & vous apprendra les desseins de Dieu sur vous.

C'est ainsi qu'Eléazar instruisit Cyrus. Le Philosophe Hébreu fatiguoit en vain son esprit pour approfondir les mysteres impenétrables de la Sagesse Divine. Ce qu'il y avoit de défectueux dans ses opinions, fut bientôt redressé par les instructions plus simples & plus sublimes de Daniel, qui revint à Babylone peu de jours après.

C'étoit le temps marqué par les Prophetes pour la délivrance de Nabuchodonosor ; sa frénésie cessa, & la raison lui fut rendue. Avant que de rentrer dans sa Capitale, il voulut rendre un hommage public au Dieu d'Israël dans le même lieu où il avoit fait éclater son impieté.

Il ordonna à Daniel d'assembler les Princes, les Magistrats, les Gouverneurs des Provinces, tous les Grands de Babylone, & de les conduire dans la Plaine de Dura, où il avoit fait élever quelques années auparavant la fameuse Statue d'or. Revêtu de sa Robe Impériale, il monta sur une éminence, d'où il pouvoit être vu de tout le peuple. Il n'avoit plus rien de féroce, ni de sauvage ; malgré l'état affreux où l'avoient réduit ses souffrances, on découvroit sur son visage un air tranquille & majestueux. Il se tourna vers l'Orient, il ôta son diadème, & se prosterna le visage contre terre, en prononçant trois fois le redoutable nom de JEHOVAH.

Après avoir adoré l'Eternel pendant quelque temps dans un profond silence, il se leva, & parla ainsi : Peuples assemblés de toutes les Nations, c'est ici que vous avez vu autrefois les marques éclatantes de mon orgueil insensé ; c'est ici que je voulus usurper les droits de la Divinité, & vous forcer d'adorer l'ouvrage de mes mains.

supernatural establishment. *Daniel* will instruct you in it. He is now the Prophet of *The Most High*. The *Eternal* shews him oftentimes futurity as present, & lends him his power to work prodigies. He is soon to return to *Babylon*. He will shew you the Oracles contain'd in our sacred Books, and teach you what are the purposes for which God intends you.

It was in this manner that the *Hebrew* philosopher instructed *Cyrus*; vainly striving to fathom the unsearchable depths of Divine Wisdom. What was defective in his opinions, was set right by the more simple & sublime instructions of *Daniel*, who came back to *Babylon* a few days after.

Now was the time fix'd by the Prophets for the deliverance of *Nabuchodonosor*; His frenzy ceas'd, & his reason was restor'd to him. Before he return'd to his capital, he resolv'd to pay a publick homage to the God of *Isreal*, in the same place where he had given the notorious instance of his impiety.

He order'd *Daniel* to assemble the Princes, Magistrates, Governors of Provinces, & all the Nobles of *Babylon*, & to conduct them to the plains of *Dura*, where he had some years before erected the famous golden Statue. Cloath'd with his Imperial Robe, he mounts upon an eminence, from whence he may be seen by all the people. He has no longer any thing fierce or savage in his look: notwithstanding the dreadful condition to which his sufferings had reduc'd him, his countenance has a serene & majestick air. He turns towards the East, takes off his Diadem, prostrates himself with his face to the earth, & pronounces three times the tremendous name of *JEHOVAH*.

After having ador'd the *ETERNAL* for some time in a profound silence, he rises, & says: People of all nations assembled together, it was here that you formerly beheld the extravagant marks of my impious & abominable pride. It was here, that I usurp'd the rights of the Divinity, & would force you to worship the work of mens hands.

Pour punir cet excès d'irreligion, le Très-Haut m'a condamné à brouter l'herbe avec les animaux pendant sept années entieres. Les temps sont accomplis. J'ai levé mes yeux vers le Ciel, j'ai reconnu la puissance du Dieu d'Israël. Le bon sens & l'esprit me sont rendus. Votre Dieu (continua-t-il en se tournant vers Daniel) est véritablement le Dieu des Dieux, & le Seigneur des Rois. Tous les habitans de l'Univers sont devant lui comme un néant. Il fait tout ce qu'il lui plaît dans le Ciel & sur la Terre. Sa sagesse égale sa puissance, & toutes ses voies sont pleines de justice. Il humilie les superbes quand il veut, & releve ceux qu'il avoit humiliés. Apprenez, Princes, apprenez, Peuples, apprenez tous à rendre hommage à sa grandeur & à sa gloire !

A ces mots l'assemblée poussa des cris de joie, & remplit l'air d'acclamations en l'honneur du Dieu d'Israël. Nabuchodonosor fut reconduit avec pompe à sa Capitale, & reprit le gouvernement de son Royaume. Il éleva Daniel aux plus grandes dignités, & les Juifs furent honorés des premieres charges dans toutes les Provinces de son Empire.

Peu de jours après Amytis présenta Cyrus à Nabuchodonosor. Le Roi des Assyriens reçut le jeune Prince avec tendresse, & l'écouta favorablement.

Cependant les Grands de Babylone qui entroient dans le Conseil du Roi, représenterent vivement, qu'il seroit dangereux d'irriter la Cour d'Ecbatane dans un temps où les forces de l'Etat avoient été très-diminuées par les troubles survenus pendant la maladie du Roi ; que la bonne politique demandoit qu'on fomentât les désordres des Medes & des Perses, afin que ces deux ennemis pussent s'affoiblir mutuellement ; & qu'enfin le Roi pourroit profiter de leur division pour étendre ses conquêtes.

Nabuchodonosor revenu de ces fausses maximes par les malheurs qu'il avoit éprouvés, ne se livra point aux projets ambitieux de ses Ministres. Cyrus profita de ces dispositions pour faire connoître au Roi

The Most High, to punish this excess of irreligion, condemned me to eat grass with the beasts for seven whole years. The times are accomplish'd. I have lifted up my eyes to Heaven, & acknowledg'd his power. My reason & my understanding are restored. Your God, (*continued he,* turning towards *Daniel,*) is in truth the GOD OF GODS, & KING OF KINGS. All the inhabitants of the Earth are, before him, as nothing, & he does according to his will both in Heaven & in Earth. His wisdom is equal to his power, & all his ways are full of justice. Those that walk in pride he is able to abase, & he raises again those whom he had humbled. O Princes & People, learn to render homage to his Greatness!

At these words the assembly sent up shouts of joy, & fill'd the air with acclamations, in honour of the God of *Israel.* *Nabuchodonosor* was conducted back with pomp to his Capital, & resum'd the government of his Kingdom. Soon after, he rais'd *Daniel* to the highest dignities, & the *Jews* were honour'd with the first posts troughout his vast Empire.

Some days after, *Amytis* presented *Cyrus* to *Nabuchodonosor*, who receiv'd the young Prince in a most friendly manner, and gave him a favourable hearing.

However, the Nobles of *Babylon*, who sat in the King's council, represented to him in very strong terms, that it might be dangerous to provoke the *Median* court, at the present juncture, when the forces of the Kingdom were much lessen'd, & its treasure exhausted by the late troubles during the King's illness; and that it would be better pollicy to foment the divisions between the *Medes* & *Persians*, in order to make them mutually weaken each other's strength, & so give the King of *Babylon* a fair occasion of extending his conquests.

But *Nabuchodonosor*, who by the misfortunes he had suffer'd, was cur'd of all such false maxims, did not hearken to the ambitious projects of his ministers. And *Cyrus* observing his good dispositions, took that opportunity to lay before him

les avantages qu'il trouveroit dans une alliance avec Cambyse. Il fit sentir à Nabuchodonosor que les Medes étoient les seuls rivaux de sa puissance en Orient ; qu'il étoit de son intérêt de ne pas laisser accabler les Perses ; mais plutôt de s'en faire des amis qui serviroient de barriere à son Empire contre les entreprises de Cyaxare ; & qu'enfin la Perside, par sa situation, étoit un pays très-propre à faire passer les Babyloniens dans la Médie, en cas que ce Prince ambitieux voulût les attaquer.

Le Prince de Perse parla dans les Assemblées publiques & particulieres avec tant d'éloquence & de force, il montra pendant le cours de cette négociation qui dura plusieurs mois, tant de candeur & de bonne foi ; il ménagea les Grands avec tant de délicatesse & de prudence, qu'il gagna tous les esprits. L'alliance fut jurée d'une maniere solemnelle, & Nabuchodonosor y demeura fidele tout le reste de sa vie.

Cyrus impatient de voir les Livres sacrés des Juifs qui contenoient des Oracles sur sa grandeur future, entretenoit tous les jours Daniel. Le Prophete de son côté ne cherchoit qu'à instruire le jeune Prince de la Religion des Hébreux. Daniel ouvrit enfin les Livres d'Isaïe qui avoit annoncé Cyrus par son propre nom, cent-cinquante ans avant sa naissance, comme un Prince que Dieu destinoit à être le Conquérant de l'Asie, & le Libérateur de son Peuple.

Cyrus fut saisi d'étonnement & de respect, en voyant une prédiction si claire & si circonstanciée ; chose inconnue chez les autres Peuples, où les Oracles sont toujours obscurs & équivoques.

Eléazar, dit-il au Prophete, m'a deja montré que les grands principes de votre Théologie sur les trois états du monde, s'accordent avec ceux des autres Nations. Il m'a donné l'idée d'un Dieu Créateur que je n'ai point trouvée chez les autres Philosophes. Il a levé

the advantages he might find by an alliance with *Cambyses*. He represented to him, that the *Medes* were the only rivals of his power in the East; that it could not be for the interest of the King of *Babylon*, to let them grow more considerable, by subjecting & oppressing the *Persians*; but that he should rather make the latter his friends, who might serve as a barrier to his Empire against the entreprizes of the *Median* Prince; and in fine, that *Persia* lay very convenient for the *Babylonian* Troops to march through it into *Media*, in case *Cyaxares* should resolve upon a rupture.

The *Prince* of *Persia* spoke both in publick & private assemblies, with so much eloquence & strength of reason; he shew'd during the course of his negotiation, which lasted some months, so much candor and truth; he manag'd the nobles with so much prudence and dexterity, that in the end he brought them all over. An alliance was sworn in a solemn manner: & *Nabuchodonosor* continued faithful to it the rest of his life.

Cyrus being impatient to see the sacred books of the *Jews*, which contain'd predictions relating to his future greatness: convers'd every day with *Daniel*; & the Prophet endeavoured to instruct the young Prince in the Jewish religion. He at length open'd the books of *Isaiah*, which mention'd *Cyrus* by name, a hundred & fifty years before his birth, as a Prince whom God had destin'd to be the Conqueror of *Asia*, & deliverer of his People.

Cyrus was seiz'd with astonishment, to see so clear & circumstantial a prediction; a thing unknown in other nations, where the Oracles were always obscure & doubtful.

Eleazar, *said he to the Prophet*, has already shewn me, that the great principles of your Religion concerning *the three states of the World*, agree with those of other nations. He has given me the idea of a GOD-CREATOR, which I have not found among the other philosophers. He has answer'd

LES VOYAGES DE CYRUS.

toutes mes difficultés sur l'origine du mal, par la nature libre des esprits. Il ferme la bouche à l'impiété par ses raisonnemens sublimes sur la préexistence des ames, sur leur chûte volontaire, & sur leur réparation finale. Mais il ne m'a point parlé de l'établissement surnaturel de votre Religion. Je vous conjure par le Dieu que vous adorez, de répondre à mes questions. Votre tradition a-t-elle la même source que celle des autres Peuples ? Vous a-t-elle été transmise par un canal plus sûr ? Votre Législateur étoit-il un simple Philosophe, ou un Homme Divin ?

Je sais, répondit Daniel, tous les efforts qu'ont fait nos Docteurs pour accommoder la Religion au goût des Sages de la terre. Mais ils s'égarent, & se perdent dans une foule d'opinions incertaines. L'origine & la durée du mal sous l'Empire d'un Créateur bon, sage & puissant, est une enigme qui a toujours exercé l'esprit des Savans. C'est en vain qu'on s'efforce d'en donner l'explication. Les Philosophes Chaldéens, Egyptiens, Grecs, comme aussi nos Hébreux, se sont embrouillés & confondus par la multiplicité de leurs raisonnemens sur cette matière. Il y a toujours quelque endroit par où la vérité leur échappe. Qui peut comprendre les desseins de Dieu, ou pénétrer dans ses desseins secrets ? Nos pensées sont foibles, & nos conjectures trompeuses ; le corps appesantit l'ame, & cette demeure terrestre abbat l'esprit qui veut s'élever trop haut.

Le desir de tout pénétrer, de tout expliquer, & de tout ajuster à nos idées imparfaites, est la plus dangereuse maladie de l'esprit humain. Le plus sublime effort de notre foible raison, est de se taire devant la Raison souveraine. Laissons à Dieu le soin de justifier un jour les voies incompréhensibles de sa Providence. Notre orgueil & notre impatience font que nous ne voulons pas attendre ce dénouement ; nous voulons devancer la lumiere, & nous la perdons de vue.

all my difficulties about the origin of evil, by the free nature of spirits. He confounds impiety by his sublime ideas concerning the pre-exiftence of souls, their voluntary fall, & their total restoration. But he has said nothing to me of the supernatural establishment of your Law. I conjure you, by the God whom you adore, to answer my queftions. *Has your Tradition the same source with that of other nations? Has it been transmitted to you by a purer channel? Was your Lawgiver a mere philosopher, or a Divine person?*

I know, answer'd Daniel, all the endeavours which our Doctors use, to sute Religion to the tafte of the Philofophers. But they go aftray, & lofe themselves in a maze of uncertain opinions. The origin & continuance of evil, under the government of a good, wife, & powerful Creator, is an *ænigma* which has always exercis'd the speculations of the learned. It is vain & fruitlefs to attempt to explain it. The *Chaldean*; the *Egyptian*, the *Greek*, & even our *Hebrew* philofophers, are puzzled & confounded by the multiplicity of their own reafonings upon this matter. They wafte themfelves in toiling about thofe intricate queftions, without being able to unravel them. Who can know the defigns of God, or penetrate into his fecret purpofes? Our thoughts are weak, and our conjectures vain; The body weighs down the foul, & will not fuffer it to reach thofe heights to which it fondly afpires.

The curiofity of prying into every thing, explaining every thing, and adjufting it to our weak ideas, is the moft dangerous difeafe of the human mind. The moft fublime act of our feeble reafon, is to be filent before the *Sovereign Reafon*; to fubmit, & to leave to God the care of juftifying, one day, the incomprehenfible ways of his providence. Our pride & impatience will not fuffer us to wait for this unravelling; we would go before the light, & by fo doing we lofe the ufe of it.

Oubliez donc toutes les spéculations subtiles des Philosophes. Je veux vous parler un langage plus simple & plus certain. Je ne vous proposerai que des faits palpables, dont les yeux, les oreilles, & tous les sens de l'homme sont juges.

Vous avez appris par la doctrine universelle de toutes les Nations, que la nature humaine est déchue de la pureté de son origine. En cessant d'être juste, elle cessa d'être immortelle. Les souffrances succéderent au crime, & les hommes furent condamnés à un état malheureux, pour les faire soupirer sans cesse après une meilleure vie.

Pendant les premiers temps qui ont suivi cette chûte, la Religion n'étoit point écrite; sa morale se trouvoit dans la raison même, & la tradition des Anciens transmettoit à la postérité la connoissance des Mysteres. Il étoit alors aisé de conserver cette tradition dans sa pureté, parce que les mortels vivoient plusieurs siecles.

Les connoissances sublimes de ces premiers hommes n'ayant servi qu'à les rendre plus criminels, toute la race humaine fut détruite, hors la seule famille de Noë, afin d'arrêter le cours de l'impiété, & la multiplication des vices. Les Cataractes du Ciel s'ouvrirent, les eaux sortirent des abymes, & produisirent un déluge universel, dont il reste encore quelques vestiges dans la tradition de presque toutes les Nations. La premiere constitution de l'Univers, changée d'abord par la chûte de l'homme, fut affoiblie de nouveau par cette inondation. Les sucs de la terre furent altérés, les herbes & les fruits n'eurent plus leur premiere force. L'air chargé d'une humidité excessive, fortifia les principes de la corruption, & la vie des hommes fut abrégée.

Les Descendans de Noë s'étant répandus par toutes les régions de la terre, oublierent bientôt cet effet terrible de la colere de Dieu, & se livrerent à toute sorte de crimes.

Ce fut alors que l'Eternel voulut se choisir un Peuple, pour être le dépositaire de la Religion, de la morale, & de toutes les vérités divines, afin d'empêcher qu'elles

Forget therefore all the fubtile fpeculations of the doctors. I shall fpeak to you a more fure & fimple language. I shall propofe nothing to you but palpable facts, of which the eyes, ears, and all the fenfes of men are judges.

You have already learn'd by the univerfal doctrine of all nations, that man is fallen from the purity of his original. In ceafing to be juft; he ceas'd to be immortal. Sufferings follow'd clofe upon crimes, & men were condemn'd to a ftate of pain & mifery, to make them long perpetually for a better life.

For fome ages after the fall, Religion was not written: the moral part of it was found in reafon it felf, & the myfteries of it were tranfmitted by tradition from the ancients. As men liv'd then feveral ages, it was eafy to preferve that tradition in its purity.

But the fublime knowledge of the firft men having ferv'd only to make them more criminal, the whole race of mankind, except the family of *Noah*, was deftroy'd, in order to ftop the courfe of impiety, & the multiplying of vices. The fountains of the great abyfs were broke open, & the waters cover'd the earth with an univerfal deluge, of which there are yet fome traces in all nations. The conftitution of the world which had been chang'd by the fall, was impair'd a new. The juices of the earth were impoverifh'd & fpoilt by this inundation, the herbs & fruits had no longer the fame virtue. The air, loaded with an exceffive moiflure, ftrengthned the principles of corruption, and the life of man was fhortned.

The defcendants of *Noah*, who fpread themfelves over the face of the whole earth, quickly forgot this terrible effect of the Divine indignation; they corrupted their ways, & gave themfelves up to all wickednefs.

It was then that the ETERNAL chofe a peculiar People to be the depofitary of Religion, morality, & all divine truths, the they might

ne fuſſent dégradées & perduës par l'imagination, les paſſions, & les vains raiſonnemens des hommes.

Abraham mérita par ſa foi & par ſon obéïſſance, d'être le Chef & le Pere de ce peuple heureux. Dieu lui promit que ſa poſtérité ſeroit multipliée comme les étoiles du Ciel, qu'elle poſſéderoit un jour la terre de Chanaan, & que le Deſiré des Nations en naîtroit dans la plénitude des temps.

La famille naiſſante de ce Patriarche, foible dans ſes commencemens, deſcend en Egypte, s'y accroît, excite la jalouſie des Egyptiens & devient eſclave. Epurée pendant quatre ſiecles par toutes ſortes de malheurs, Dieu ſuſcite enfin Moyſe pour la délivrer.

Le Très-Haut, après avoir éclairé notre Libérateur par les lumieres les plus pures, lui prête ſa Toute-Puiſſance pour prouver ſa miſſion divine par les merveilles les plus éclatantes; la Nature entiere eſt changée & dérangée à tout moment.

Le ſuperbe Roi d'Egypte refuſe d'obéir aux ordres du Tout-Puiſſant. Moyſe remplit ſa Cour des ſignes effroyans de la vengeance céleſte. Il leve ſa main, & tout le Royaume eſt témoin de ſa redoutable puiſſance. Les rivieres ſe changent en fleuves de ſang: une foule d'inſectes venimeux porte les maladies & la mort ſur les plantes, les animaux, & les hommes; le tonnerre mêlé d'une pluie de grêle répand par-tout la déſolation & la mort; une obſcurité profonde qui ſuccede aux éclairs, efface pendant trois jours entiers les lumieres du Ciel; un Ange exterminateur détruit dans une ſeule nuit tous les premiers nés de l'Egypte.

Le Peuple de Dieu ſort enfin de ſon exil. Pharaon le pourſuit avec une armée formidable. Une colonne de feu nous éclaire pendant la nuit, & un nuage épais couvre notre marche pendant le jour. Moyſe parle, la mer ſe ſepare en deux, nos Peres la traverſent

not

not be debas'd, & entirely obscur'd, by the imagination, passions, & vain reasonings of men.

Abraham, by his faith & obedience, was found worthy to be the head & the father of this happy People. THE MOST HIGH promised him, that his posterity should be multiplied as the stars of Heaven; That they should one day possess the land of *Canaan*; and that of his seed should come the *Messiah*, in the fulness of time.

The rising family of this Patriarch, feeble in its beginnings, go down to *Egypt*, where they become very numerous, awaken the jealousy of the *Egyptians*, & are reduced to a state of slavery. But having been tried and purified by all sorts of afflictions, for the space of 400 years, God raises up *Moses* to deliver them.

THE MOST HIGH, having first inspired our Deliverer with the greatest wisdom, lends him his almighty power to prove his divine mission by the most signal wonders. These wonders are nothing less than a frequent and instantaneous changing of the order & course of nature.

The haughty King of *Egypt* refuses to obey the orders of the ALMIGHTY. *Moses* terrifies his court with repeated signs of the vengeance of heaven. He stretches out his arm, & the whole Kingdom feels its dreadful power. Rivers are turn'd into blood; swarms of venomous insects spread every where diseases & death; prodigious lightnings, with storms of hail, destroy men, beasts & plants; a thick darkness hides for three days all the luminaries of Heaven: & an exterminating Angel destroys in one night all the first born of *Egypt*.

At length the People of God leave the land of their captivity. *Pharaoh* pursues them with a formidable army. A pillar of fire is our guide by night, & a thick cloud by day conceal our march from the pursuers. *Moses* speaks, the sea divides, the *Israelites* go through it

à pied sec ; soudain les vagues impétueuses se réunissent avec fureur pour abymer la Nation infidele.

Les Israëlites errent pendant quarante ans dans le désert, où ils éprouvent la faim, la soif, & l'intempérie des saisons. Ils murmurent contre Dieu. Moyse parle de nouveau : une nourriture miraculeuse descend du Ciel ; des rochers arides deviennent des fontaines d'eau vive ; la terre s'entr'ouvre, & engloutit ceux qui refusent de croire sans voir l'accomplissement des promesses. C'est dans ce désert affreux que Dieu parle au cœur humain, qu'il publie lui-même sa Loi sainte, & qu'il dicte tous les rits & les statuts de notre Religion. Il appelle notre Conducteur sur le sommet du Mont Sinaï ; la montagne s'ebranle ; l'Eternel fait entendre sa voix au milieu des tonnerres & des éclairs, il déploie son pouvoir redoutable pour frapper des esprits moins sensibles à l'amour qu'à la crainte.

Cependant la bonté de Dieu n'éclate pas avec moins de majesté que sa puissance. Celui que les Cieux & la Terre ne peuvent contenir, veut habiter d'une maniere sensible parmi les enfans d'Israël, & diriger lui-même tous leurs pas. Un Temple mobile s'éleve par son ordre : l'Arche d'Alliance est construite : l'Autel est sanctifié par la présence de la gloire du Très-Haut. Les rayons d'une lumiere céleste environnent le Tabernacle, & du milieu des Chérubins le Seigneur gouverne son Peuple, & lui fait connoître à tous momens ses volontés.

Moyse écrit par l'ordre de Dieu même notre Loi, & notre histoire, preuves éternelles de la bonté souveraine & de notre ingratitude. Il met ce Livre peu avant sa mort entre les mains de tout le peuple. Il falloit le consulter à chaque instant pour connoître non-seulement la Religion, mais aussi les Loix Politiques. Chaque Hébreu est obligé de le lire une fois par an, & de le transcrire au moins

on dry ground, & are no sooner pass'd than the sea returns to its strength, & its impetuous waves swallow up the infidel nation.

Our fathers wander 40 years in the desert, where they suffer hunger, thirst, & the inclemency of the seasons. They murmur against God. *Moses* speaks again: a miraculous food descends from Heaven; dry rocks become fountains of fresh water; the earth opens & swallows up those, who refuse to believe the promises; unless they see their accomplishment.

It is in solitude that God speaks to the heart of man; and it was in this desert, that he himself publish'd his holy Law, & dictated all the rites, statutes, & sacrifices of our Religion. He calls up our Conductor to the top of mount *Sinai*; the mountain trembles, & the voice of the ETERNAL is heard in thunders & lightnings, He displays his dreadful power to make an impression upon hearts, more disposed to be affected by fear than love.

But GOD appears no less in the wonders of his goodness than in those of his power. The High & Lofty one, who inhabits Eternity; & whom the Heaven of Heavens cannot contain, condescends to dwell in a visible manner amongst the children of *Israel*; & to direct them in all their ways. A moveable Sanctuary is form'd & erected by his order; the Ark of the Covenant is made & placed in it, & the Altar is sanctified by the presence of the glory of THE MOST HIGH. The rays of a Heavenly light encompass the Tabernacle; God fits between the Cherubim, & from thence declares his will.

After this, our great Lawgiver, by the command of God himself, commits to writing our Law and our History, the everlasting proofs of his supreme goodness, & of our ingratitude. *Moses*, before his death, puts this Book into the hands of all the people. It was necessary at every instant to consult it, in order to know, not only the religious, but civil Laws. Each *Hebrew* is obliged to read it over once a year, & to transcribe the whole, at least

G 2

une fois pendant sa vie. On ne pouvoit altérer ni corrompre ces Annales sacrées, sans que l'imposture fût découverte & punie comme un crime de leze-majesté divine, & comme un attentat contre l'autorité civile.

Moyse meurt ; nos Peres sortent du désert. La Nature obéit à la voix de Josué notre nouveau Conducteur : les fleuves remontent vers leur source, le Soleil suspend son cours, les murs des plus fortes Villes s'écroulent à l'approche de l'Arche, les Idoles se brisent à son aspect, les Nations les plus belliqueuses sont dispersées devant les Armées triomphantes des Hébreux, qui se rendent enfin maîtres de la Terre promise.

A peine ce Peuple ingrat & léger est-il établi dans ce pays de délices, qu'il s'ennuie de vivre sous les Loix de Dieu, & veut être gouverné comme les autres Nations. L'Eternel lui accorde un Roi dans sa colere. Le premier de nos Monarques est rejetté pour sa désobéïssance. David regne selon le cœur de Dieu, il étend ses conquêtes, & le trône est affermi dans sa Maison ; mais il n'est permis qu'à Salomon son fils, le plus sage & le plus pacifique de nos Princes, d'élever un Temple superbe à Jérusalem. Le Dieu de Paix fixe son séjour sur la montagne de Sion : Le miracle de l'Arche se perpétue, la Majesté divine remplit le lieu saint ; & du sanctuaire redoutable on entend tous les jours des Oracles qui répondent à la voix du Pontife.

Pour rappeller à tout moment la mémoire de tant de prodiges, & pour en démontrer la vérité à tous les siecles futurs, Moyse, Josué, nos Juges & nos Monarques établissent des Fêtes solemnelles, & des Cérémonies augustes. Une Nation entiere concourt hautement, universellement, successivement, à rendre témoignage à ces miracles par des monumens continuels de génération en génération. Tandis que les Israëlites demeurent fideles, le Dieu des Armées les protege & les rend invincibles selon ses promesses ; mais aussi-tôt qu'ils se laissent corrompre, il les livre en proie à leurs ennemis. Il les châtie cependant en pere, sans les abandonner entiérement. Dans chaque siecle il suscita

once in his life. It was impossible to alter or corrupt these sacred Annals, without the imposture's being discovered & punish'd as high treason against God and an attempt against the civil authority.

Moses dies: our fathers leave the desert. Nature is obedient to the voice of *Joshua*, our new Conductor; Rivers run back to their fountain-head; the Sun suspends its course; the walls of a strong city fall down at the approach of the Ark: & the most courageous & warlike nations fly before the triumphant armies of *Israel*, who at length take possession of the promis'd Land.

Scarce is this ungrateful and inconstant People settled in that land of delights, but they grow weary of being under the immediate government of JEHOVA, & are desirous of having a King to go before them, like the nations about them. God gives them a King in his anger & the *Hebrew* Government becomes Monarchical. The wisest and most pacifick of our princes erects a magnificent Temple at *Jerusalem*. The God of peace fixes his habitation upon mount *Sion*. The miracle of the Ark is perpetuated; the glory of the Divine Majesty fills the Sanctuary, & Oracles are heard from the most holy place, as often as the High Priest goes thither to enquire of the Lord.

In order to perpetuate the memory of so many miracles, & to demonstrate the truth of them to all future ages, *Moses*, *Joshua*, our *Judges* & our *Kings* establish solemn festivals and august Ceremonies. A whole nation concurs loudly, & successively to give testimony to them by the most publick and lasting monument.

While the *Israelites* persevere in their obedience, THE LORD OF HOSTS is their Protector, and renders them invincible as he had promised; but as soon as they depart from the Law of their God, he gives them up a prey to their enemies. Nevertheless he chastises them like a father, & does not utterly forsake them. In every age he raises up

des Prophetes qui nous menacent, nous éclairent, & nous corrigent. Ces Sages séparés de tous les plaisirs terrestres, s'unissent à la vérité suprême. Les yeux de l'ame, fermés depuis l'origine du mal, s'ouvrent dans ces Hommes divins, pour pénétrer dans les conseils de la Providence, & pour en connoître les secrets. Les Jugemens de Dieu éclatent plusieurs fois sur les Hébreux indociles, & plusieurs fois la Nation choisie ramenée par les Prophetes, reconnoît le Dieu de ses Peres. Elle cede enfin au malheureux penchant qu'ont tous les mortels de corporaliser la Divinité, & de se former un Dieu semblable à leurs passions. Le Très-Haut fidele dans ses menaces comme dans ses promesses, nous a soumis depuis plusieurs années au joug de Nabuchodonosor. Jérusalem a été désolée, & le saint Temple démoli. Nous errons vagabonds, captifs & éplorés sur les rives de l'Euphrate, dans un silence morne, quand nous pensons à Sion.

Dieu s'étant servi de ce Conquérant pour accomplir ses desseins éternels, l'a humilié & terrassé dans sa colere. Vous avez vu sa punition & sa délivrance. Cependant la mesure de la justice divine n'est pas encore remplie sur la race d'Abraham. C'est vous, ô Cyrus, qui êtes destiné par le Tout-Puissant pour être son Libérateur. Jérusalem se repeuplera, la Maison du Seigneur sera rebâtie ; & la gloire de ce nouveau Temple, qui doit être honoré un jour de la présence du Messie, surpassera de beaucoup la magnificence du premier.

Quel est donc, dit alors Cyrus, [étonné de ce récit & ne pouvant encore comprendre la grandeur & la dignité de la Loi des Hébreux] le dessein de cette Loi, dictée par DIEU même avec tant de pompe, conservée par vos Peres avec tant de soins & renouvellée par vos Prophetes au milieu de

Prophets, who threaten, instruct, & reform us. These Sages being separated from all terrestrial pleasures, unite themselves to the sovereign Truth. The eyes of the soul which have been shut since the origin of evil, are open'd in these Divine men to look into the counsels of Providence, & to know all its secrets.

The heavy judgments of God fall often upon the stubborn & untractable *Hebrews*, and as often this chosen People is brought back by the Prophets to own & adore the God of their fathers. At length they are wholly carried away by that wretched inclination in all mortals to *Corporalize* the Deity, & to form to themselves a God with passions like their own. The God of *Abraham*, faithful in his threatnings as in his promises, has humbled us for many years under the yoke of *Nabuchodonosor*. *Jerusalem* is become desolate, & the holy Temple a heap of stones. Vagabonds and captives in a strange land, we wander upon the banks of the *Euphrates*, and silently mourn, when we remember *Sion*.

But God having first rais'd up that proud Conqueror to accomplish his eternal purposes, then abased him in his anger. You have been witness both of his punishment & of his deliverance, Nevertheless the measure of the Divine judgments upon the race of *Abraham* is not yet fill'd up: It is you, O *Cyrus*, who are ordain'd by THE MOST HIGH to be their Deliverer. *Jerusalem* will be repeopled, the house of the Lord rebuilt; and the glory of the latter Temple, which will one day be honoured with the presence of the *Messiah*, shall be greater than the glory of the former.

The Prince of *Persia* was astonish'd at this account, but did not yet comprehend the grandeur & dignity of the *Hebrew* Law; & therefore said to *Daniel*, But what is the design of this Law, dictated by God himself with so much pomp, preserved by your fore-fathers with so much care, renew'd & confirm'd by your Prophets with so

tant de prodiges ? En quoi differe-t-elle de la Religion
des autres Peuples ?

Le deſſein de la Loi & des Prophetes, reprit Daniel,
de nos cérémonies, de notre culte, de nos ſacrifices, eſt
de montrer que toutes les créatures étoient pures dès leur
origine, n'ayant rien de contagieux ou de mortel en
elles ; que tous les hommes naiſſent à préſent malades,
corrompus, ignorans juſqu'à ne pas connoître leur maladie ; & enfin que la nature humaine ne peut être réta-
blie dans ſa perfection que par l'avénement du Meſſie.

Ces trois idées dont les traces ſe remarquent dans
toutes les Religions, ont été tranſmiſes de ſiecle en ſiecle
depuis le déluge juſqu'à nous. Noë les enſeigna à ſes
enfans, dont la poſtérité les répandit par toute la terre.
Mais en paſſant de bouche en bouche elles ont été al-
térées & obſcurcies par l'imagination des Poëtes, par la
ſuperſtition des Prêtres, & par le génie différent de chaque Peuple. On en voit des veſtiges plus marqués parmi
les Orientaux & les Egyptiens, parce qu'Abraham a été
célebre dans l'Aſie, & que le Peuple de Dieu a été
long-temps captif ſur les bords du Nil. Mais ces vérités
antiques n'ont été conſervées pures & ſans mélange que
dans les Oracles écrits par notre Légiſlateur, par nos
Hiſtoriens & par nos Prophetes.

Ce n'eſt pas tout. Il y a un myſtere propre à notre
Religion ſeule, dont je ne vous parlerois point, ô Cyrus,
ſi vous n'étiez l'Oint du Très-Haut, & ſon ſerviteur
choiſi pour la délivrance de ſon Peuple.

Les Propheties annoncent deux avénemens du Meſſie:
l'un dans la ſouffrance, l'autre dans la gloire. Le
GRAND EMMANUEL paroîtra ſur la terre dans un état
d'abaiſſement, pluſieurs ſiecles avant que de paroître
ſur les nues dans l'éclat de ſon triomphe: Il expiera le
crime par le ſacrifice de lui-même, avant que de rétablir
l'Univers dans ſa premiere ſplendeur.

many miracles? In what does it differ from the Religion of other nations?

The design of the Law & the Prophets, reply'd *Daniel*, of the ceremonies, sacrifices, & all the parts of our worship, is to shew, that all creatures were pure in their original, & had nothing contagious or mortal in them; That all men are at present born sick, corrupt, & ignorant, even to the degree of not knowing their disease; & that human nature cannot be restor'd to its perfection but by the coming of a *Messiah*.

These three Principles, the traces of which are to be observ'd in all Religions, have been transmitted from age to age, from the Deluge to our time. *Noah* taught them to his Children, whose posterity spread them afterwards over all the earth. But in passing from mouth to mouth, they have been alter'd & obscur'd, by the imagination of the Poets, the superstition of the Priests, & the different genius of each nation. We find more remarkable foot steps of them among the eastern Nations & the *Egyptians*, than any where else; because *Abraham*, our first Patriarch, was famous in *Asia*; & because the People of God were a long time in captivity, on the banks of the *Nile*. But these ancient truths have been no where preserv'd in their perfect purity, except in the Oracles written by our Law-giver, our Historians, & our Prophets.

But this is not all of. There is a mystery peculiar to our Religion, which I would not speak to you of, O *Cyrus*, if you were not the Anointed of THE MOST HIGH, & his servant, chosen for the deliverance of his people.

The Prophecies mention two comings of the *Messiah*: One in *suffering*; the other in *glory*. The *desire of all Nations* will, many ages before his triumphant appearance in the clouds, live here upon earth in a state of humiliation. He will expiate sin by the sacrifice of himself, before he restores the Universe to its primitive splendor.

Dieu n'a pas besoin d'une victime sanglante pour appaiser sa colere : mais il blesseroit sa justice, s'il pardonnoit au criminel sans montrer son horreur pour le crime. C'est pour concilier la justice divine avec sa clémence, que le Messie viendra. L'Homme-Dieu descendra sur la terre pour faire voir par ses souffrances l'opposition infinie de l'Eternel au renversement de l'ordre.

Je vois de loin ce jour qui sera la joie des Anges, & la consolation des Justes. Toutes les Puissances Célestes seront présentes à ce Mystere, & en adoreront la profondeur. Les Mortels n'en verront que l'écorce & le dehors, les souffrances d'un homme triste & accablé d'afflictions : mais nous serons guéris par ses blessures.

Les Hébreux qui n'attendent qu'un Messie triomphant, ne comprendront point ce premier avénement. Les faux Sages de toutes les Nations qui ne jugent que par les apparences, blasphémeront contre ce qu'ils ignorent. Les Justes même ne verront pendant cette vie que comme dans un énigme, la beauté, l'étendue & la nécessité de ce grand sacrifice.

Enfin le Messie viendra dans sa gloire pour renouveller la face de l'Univers. Alors tous les Esprits du Ciel, de la Terre & des Enfers, fléchiront le genou devant lui. Alors les Prophéties s'accompliront dans toute leur plénitude.

Le Prince de Perse ébranlé par la force du discours de Daniel, balançoit en lui-même. Il sentoit que toutes les lumieres de Zoroastre, d'Hermès, d'Orphée, de Pythagore, n'étoient que des traces imparfaites, & des rayons échappés de la tradition des Hébreux. Il n'avoit rencontré dans la Perse, dans l'Egypte, dans la Grece, & chez les autres Peuples, que des opinions obscures, incertaines & vagues ; il trouvoit chez les Juifs des Livres, des Prophéties, des Prodiges dont on ne pouvoit contester l'autorité. Cependant il ne voyoit la vérité qu'à travers un nuage : son esprit étoit éclairé, mais son cœur n'étoit pas encore touché ;

God has no need of a bloody victim to appease his wrath; But he would offend his justice, if he pardon'd the criminal without shewing his abhorrence of the crime. It is to reconcile the divine justice & mercy, that the *Messiah* will come. The great EMANUEL, God-Man, will descend upon earth, to shew by his sufferings the infinite aversion of THE MOST HIGH, to the violation of order.

I see from far that day which will be the consolation of the Just, and the joy of Angels. All the heavenly Powers, all the Spirits who inhabit immensity, will be present at this Mystery, & adore its depth. Mortals will see nothing but the shell & the outside, the sufferings of *a Man of sorrows, & acquainted with grief: But we shall be healed by his wounds.*

Those *Jews* who expect only a triumphant *Messiah*, will not comprehend this first advent. The pretenders to wisdom in all nations, who judge only by appearances, will blaspheme against what they understand not. Nay, *the most just among men will, in this life, see only as in a mist, the beauty, extent, & necessity, of that great sacrifice.*

At length the *Messiah* will come in his glory, to renew the face of the earth, & restore the Universe to its primitive brightness. Then all spirits, in Heaven, on Earth, and in Hell below, will bow the knee before him: And the Prophecies will be accomplish'd in their full extent.

The Prince of *Persia* was struck by this discourse, & wavered in his thoughts. He perceived that all the discoveries made by *Zoroaster*, *Hermes*, *Orpheus*, & *Pythagoras*, were but imperfect traces and detached rays of the tradition of the *Hebrews*. In *Persia*, *Egypt*, *Greece*, & in all other nations, he had found only obscure, uncertain, and loose opinions: But with the *Jews* he found Books, Prophecies, & Miracles, the authority of which was incontestable. Nevertheless, he saw the truth only as through a cloud; his heart was not yet touch'd; he

il attendoit l'accomplissement des prédictions d'Isaïe. Daniel connut les différens mouvemens qui l'agitoient, & lui dit :

Ô Cyrus ! la Religion n'est pas un système d'opinions philosophiques, ni une Histoire merveilleuse d'événemens surnaturels ; mais une science de sentiment que Dieu ne révèle qu'aux âmes pures, à celles qui cherchent la vérité non pour la posséder, mais pour être possédées d'elle. Il faut qu'une puissance supérieure à l'homme descende en vous, s'en empare, & vous enleve à vous-même. Alors vous sentirez par le cœur ce que vous ne faites qu'entrevoir à présent par les foibles lumieres de l'esprit. Ce temps n'est pas encore venu, mais il viendra un jour (a). En attendant ce moment heureux, qu'il vous suffise de savoir que le Dieu d'Israël vous aime, qu'il marchera devant vous, & qu'il accomplira par vous toutes ses volontés. Hâtez-vous de justifier ses Oracles, & retournez promptement en Perse où votre présence est nécessaire.

Le jeune Héros quitta bientôt Babylone. L'année suivante Nabuchodonosor mourut ; & ses Successeurs violerent l'alliance jurée entre les Assyriens & les Perses.

Cyrus employa vingt années entieres à faire la guerre aux Assyriens, & à leurs Alliés. Il conquit d'abord les Lydiens, soumit les Peuples de l'Asie Mineure, rendit tributaires la Cappadoce, l'Arménie & l'Hyrcanie, & marcha ensuite vers la Haute Asie. Après l'avoir réduite sous sa puissance, il s'avança vers Babylone, qui étoit la seule Ville qui lui résistât.

Les différens Peuples de l'Orient voyant sa modération au milieu des triomphes, s'empresserent à se soumettre à sa domination. Il s'attira tous les cœurs par son humanité, & fit plus de conquêtes par la douceur que par ses armes. Toujours invincible & toujours généreux, il ne subjugua les Nations que pour travailler à leur bonheur, & n'employa jamais son autorité que pour faire fleurir la justice & les bonnes loix.

(a) Vid. Theodoret. de fide.

THE TRAVELS OF CYRUS.

waited for the accomplishment of *Isaiah*'s predictions. *Daniel* was not ignorant of the fluctuation of his mind, & said to him:

O *Cyrus*, Religion is not a system of philosophical opinions, nor yet a history of miracles, or supernatural events; but a practical science, which God reveals only to pure minds, to those who seek truth, not to possess it, but to be possessed by it. To know the secrets of Religion, to feel its energy, a power superior to man, must descend into your heart, become absolute master of it, & ravish you from your self. The time for this is not yet come, but it approaches.(a). Until that happy moment be content with knowing that the God of *Israel* loves you, will go before you, & will accomplish his will by you. Make haste to verify his Oracles, & return with speed to *Persia*, where your presence is necessary.

The young Here, soon after, left *Babylon*; & the year following *Nabuchodonosor* dy'd. His successors broke the alliance sworn between the *Assyrians* & the *Persians*.

Cyrus spend twenty whole years in war with the *Assyrians* & their allies: He first conquer'd *Lydia*, subdu'd the nations in *Asia Minor*, brought *Cappadocia*, *Armenia*, & *Hyrcania* under tribute, & then march'd into *Upper-Asia*, which having subdued he marched to *Babylon*, the only place which held out against him.

The several nations of the East, observing his moderation in the midst of triumphs, willingly submitted to his Empire; & the conquests, made by his humanity, were more numerous than those of his sword. Being ever as generous as invincible, he made no other use of victory than to render the vanquish'd happy, & employ'd his power only to make justice flourish, & to establish & maintain the most excellent laws.

(a) *St Theodoret de fide*.

La prise de Babylone le rendit enfin Maître de l'Orient depuis le fleuve Indus jusqu'à la Grece, & depuis la Mer Caspienne jusqu'aux extrémités de l'Egypte. Voyant alors l'entier accomplissement des Oracles d'Isaïe, son cœur fut pénétré des vérités que Daniel lui avoit enseignées, tous ses nuages se dissiperent, il reconnut hautement le Dieu d'Israël, & délivra les Hébreux de leur captivité par cet Edit qu'il fit publier dans toute l'étendue de son vaste Empire :

Voici ce que dit Cyrus, Roi de Perse : *Le Seigneur, le Dieu du Ciel m'a donné tous les Royaumes de la Terre, & m'a commandé de lui bâtir une Maison dans la Ville de Jérusalem qui est en Judée. O vous qui êtes son Peuple, que votre Dieu soit avec vous ! Allez à Jérusalem, & rebâtissez la maison du Seigneur Dieu d'Israël;* LUI SEUL EST DIEU.

F I N.

THE TRAVELS OF CYRUS.

The taking of *Babylon* made him master of all the East, from the river *Indus* to *Greece*, and from the *Caspian* sea to the extremities of *Egypt*. Seeing then the entire accomplishment of *Isaiah*'s prediction, his heart became affected with the truths he had learnt from *Daniel*; the mist before his eyes was dispell'd; & he openly own'd the God of *Israel* by this solemn Edict, which was publish'd throughout the whole extent of his vast Dominions.

Thus saith *Cyrus*, King of *Persia*. The Lord God of Heaven hath given me all the Kingdoms of the Earth; & he hath charg'd me to build him a House at *Jerusalem*, which is in *Judah*. Whoever among you is of his People, his God be with him: and let him go up to *Jerusalem*, & build the House of the Lord God of *Israel*. HE IS THE GOD.

DISCOURS
SUR
LA THÉOLOGIE
ET
LA MYTHOLOGIE
DES
ANCIENS.

A DISCOURSE UPON THE THEOLOGY AND MYTHOLOGY OF THE ANCIENTS.

MON premier dessein avoit été d'insérer dans mon Livre des Notes détachées : mais comme la lecture de ces remarques critiques détourne trop l'attention de l'histoire principale, j'ai cru devoir les réunir dans un Discours suivi, que je divise en deux parties.

Dans la premiere je montrerai que les Philosophes de tous les temps & de tous les pays, ont eu l'idée d'une Divinité Suprême, distincte & séparée de la matiere.

La seconde servira à faire voir que les vestiges des principaux dogmes de la Religion révélée, sur les trois états du Monde, se rencontrent dans la Théologie de toutes les Nations.

PREMIERE PARTIE.

De la Théologie des Anciens.

JE commence d'abord par les Mages ou les Philosophes Persans. Selon le témoignage d'Hérodote (*c*), les anciens Perses n'avoient ni statues, ni temples, ni autels. » Ils appellent folie, dit cet Auteur, de
» croire comme les Grecs, que les Dieux ont une
» figure, & une origine humaine. Ils montent sur
» les plus hautes montagnes pour y sacrifier. Il n'y a
» chez eux ni libations, ni musique, ni offrandes.
» Celui qui fait le sacrifice, mene la victime dans un
» lieu pur, & invoque le Dieu auquel il veut sacrifier,
» ayant la tête couronnée de myrthe. Il n'est
» pas permis au Sacrificateur de prier pour lui en

(*a*) Herod. Clio Liv. 1, p. 56, §. 132. Edit. de Francf. 1608.

My first design was to intersperse some Notes in the body of the book; but as the attending to such critical Remarks would divert the mind too often from the principal story, I thought it would be more agreable to the reader to digest them into he form of a Discourse, which I divide into two parts.

In the first I shall shew, that the Philosophers of all ages and all countries have had a notion of a SUPREME DEITY *distinct and different from Matter*.

From the second it will appear, that there are traces of the principal doctrines of *revealed Religion* with regard to the *three states of Nature*, to be found in the Mythology of all Nations.

PART. I.

Of the Theology of the Ancients.

To begin with the *Magi* or *Persian* Philosophers: according to the testimony of *Herodotus* (a), the ancient *Persians* had neither statues, nor temples, nor altars. " They think it ridiculous, says this Au-
" thor, to fancy, like the *Greeks*, that the Gods have
" an human shape, or derive their original from
" men. They chuse the highest mountains for
" the place of their sacrifice. They use neither
" libations nor musick, nor hallow'd bread;
" but when any one has a mind to sacrifice, he
" leads the victim into a clean place, and wearing
" a wreath of myrtle about his head, invokes
" the God to whom he intends to offer it. The
" priest is not allow'd to pray for his own

(a) *Her. Clio lib. 1. p. 36. §. 131. Edit. Francf. 1608.*

« particulier ; mais il doit avoir pour objet le bien de
» toute la Nation, & il se trouve ainsi compris avec
» tous les autres.

Strabon (a) rend le même témoignage aux anciens Perses. « Ils n'érigeoient ni statues, ni autels, dit cet His-
» torien. Ils sacrifioient dans un lieu pur & fort élevé,
» où ils immoloient une victime couronnée. Quand le
» Mage en avoit divisé les parties, chacun prenoit
» sa portion. Ils ne laissoient rien pour les Immortels,
» disant que Dieu ne veut autre chose que l'ame de la
» victime.

Les Orientaux persuadés de la Métempsycose, croyoient
que la victime étoit animée d'une intelligence, dont les
peines expiatrices finissoient par le sacrifice.

Il est vrai que les Perses, ainsi que les autres Païens,
adoroient le Feu, le Soleil & les Astres ; mais on verra
qu'ils les regardoient uniquement comme des Images visibles, & des symboles d'un Dieu Suprême, qu'ils
croyoient être le seul Maître de la Nature.

Plutarque nous a laissé dans son traité d'Isis &
d'Osiris, un fragment de la Théologie des Mages. Cet
Historien Philosophe nous assure qu'ils définissoient le
grand Dieu Oromaze, le Principe de lumière, qui a
tout opéré, & tout produit (b). Ils admettoient encore
un autre Dieu, mais subalterne, qu'ils nommoient
Mythras, ou le Dieu Moyen (c). Ce n'étoit pas un
Etre co-éternel avec la Divinité suprême, mais la premiere production de sa Puissance, qu'il avoit préposée
pour être le Chef des Intelligences.

La plus belle définition de la Divinité qui se trouve
parmi les Anciens, est celle de Zoroastre. Elle nous a
été conservée par Eusèbe dans sa Préparation Evangéli-
que. Cet Auteur n'étoit pas trop favorable aux Païens.

(a) Strabon liv. 15, p. 712. Edit. de Paris, 1620.
(b) Plut. de Isid & Osir. Edit. de Paris, 1624, p. 170.
(c) Μεσίτης ἐσσε.

" private good, but for that of the nation in gene-
" ral, each particular member finding his benefit
" in the prosperity of the whole.

Strabo (a) gives the same account of the ancient Persians. " They neither erected statues nor altars, " says this historian. They sacrificed in a clean place, " and upon an eminence, where they offered up a " victim crowned. When the priest had cut it into " small pieces, every one took his share. They left " no portion of it for the Deities, saying, that God " desires nothing but the soul of the victim.

The *Eastern* people, full of the notion of trans-migration, imagined that the victim was animated by a soul in a state of punishment, whose expiatory pains were completed by the sacrifice.

The *Persians* indeed, as well as other *Pagans*, worshipped the fire, the Sun, and the stars: but we shall see that they consider'd them only as visible imagines and symbols of a supreme God, whom they believed to be the Sovereign Lord of nature.

Plutarch has left us in his treatise of *Isis* and *Osiris*, a fragment of the Theology of the *Magi*. This philosophical historian assures us, that they called the Great God, *Oromazes*, or *the Principle of Light, that produced every thing, and worketh all in all* (b). They admitted however another God, but of an inferior nature and order, whom they called (c) *Mythras* or the *Middle God*. They did not think him a being co-eternal with the supreme Divinity, but the first production of his power, the chief of all spirits, and placed by him in authority over them. This will appear from the following passages.

The finest definition we have of the Deity among all the writtings of the ancients, is that of *Zoroaster*. It has been transmitted down to us by *Eusebius* in his *Præparatio Evangelica*: an author so far from being over favourable to the Pagans,

(a) *Strabo lib. 15. p. 732. Ed. Paris, 1620.*
(b) *Plut. de Isid. & Osir. Edit. Paris, 1624. p. 1.*
(c) Μεσιτης Θεος.

Il cherchoit sans cesse à dégrader leur Philosophie. Cependant il dit avoir lu mot pour mot les paroles suivantes dans un Livre de Zoroastre qui existoit de son temps, & qui avoit pour titre, Recueil sacré des Monumens Persans.

« (a) Dieu est le premier des incorruptibles, éternel,
» non engendré. Il n'est point composé de parties. Il
» n'y a rien de semblable ni d'égal à lui. Il est Au-
» teur de tout bien, désintéressé : le plus excellent de tous
» les Etres excellens, & la plus sage de toutes les In-
» telligences ; le Pere de la justice & des bonnes loix ;
» instruit par lui seul, suffisant à lui-même, & le pre-
» mier producteur de la Nature ».

Les Auteurs modernes des Arabes & des Persans, qui nous ont conservé ce qui reste de l'ancienne doctrine de Zoroastre parmi les Guebres & les Ignicoles, assurent que les premiers Mages n'admettoient qu'un seul Principe Eternel.

Abulfeda, cité par le célebre Docteur Pocok, dit que selon la primitive doctrine des Perses, (b) » Dieu étoit
» plus ancien que la lumiere & les ténebres, qu'il avoit
» existé de tout temps, dans une solitude adorable,
» sans compagnon & sans rival.

Saristhani, cité par M. Hyde, » dit que les pre-
» miers Mages (c) ne regardoient pas le bon & le
» mauvais principe, comme co-éternels l'un & l'autre,
» mais qu'ils croyoient que la lumiere étoit éternelle,
» & que les ténebres avoient été produites par l'infidélité
» d'Ahriman chef des Génies.

Telle est la Théologie des anciens Perses, que j'ai mise dans la bouche de Zoroastre.

M. Bayle dit dans son Dictionnaire, que les anciens Perses étoient tous Manichéens. Il auroit sans doute

(a) Euseb. Præp. Evang. liv. 1. p. 42. Edit. de Paris.
(b) Pocok Spicil. Hist. Arab. p. 146.
(c) Hyde, Relig. vet. Pers. chap. 8. p. 161. & chap. 22. pag. 290.

that he makes it his bufinefs continually to expofe and degrade their philofophy. And yet he fays, that he had read the following words *verbatim* in a book of *Zoroafter* that was exftant in his time, and known by the title of *The Sacred Collection of* Perfian *Monuments*.

(a) "God is the firft of all incorruptible beings, "eternal and unbegotten. He is not compounded "of parts. There is none like nor equal to him. "He is the author of all good, and entirely defin- "terefted; the moft excellent of all excellent beings, "and the wifeft of all intelligent natures; the Father "of equity, the Parent of good laws, felf-inftructed, "felf-fufficient, and the firft former of Nature.

The modern Writers among the *Arabians* and *Perfians*, who have preferved to us what remains are left of the ancient doctrine of *Zoroafter* among the *Guebrii* or worshippers of fire, maintain, that the firft *Magi* admitted only one eternal Principle of all things.

Abulfeda, cited by the famous Dr. *Pocok*, fays, that according to the primitive doctrine of the *Perfians* (b), "God was prior to both light and "darknefs, and had exifted from all eternity in an "adorable folitude, without any companion or "rival.

Sariftani, quoted by Dr. *Hyde*, fays, "That the "firft *Magi* (c) did not look upon the good and "evil Principles as both of them co-eternal, but "thought that the light was indeed eternal, and "that the darknefs was produced in time by the "difloyalty of *Ahriman*, Chief of the *Genii*.

Such was the Theology of the ancient *Perfians*, which in the foregoing work I have put in the mouth of *Zoroafter*.

M. *Bayle* fays in his Dictionary, that the ancient *Perfians* were all *Manichæans*. However he came to entertain this notion, he muft certainly

(a) Eufeb. Præp. Evang. lib. 1. p. 42. Edit. Paris.
(b) Pocok. Spicil. Hift. Arab. p. 146.
(c) Hyde, Relig. vet. Perfar. cap. 8. p. 161. & cap. 22. p. 290.

abandonné ce sentiment, s'il avoit consulté les Auteurs originaux. C'est ce que ce célebre Critique ne faisoit pas toujours. Il avoit un génie capable de tout approfondir ; mais il écrivoit quelquefois à la hâte, & se contentoit d'effleurer les matieres les plus graves. D'ailleurs on ne peut justifier cet Auteur d'avoir trop aimé l'obscurité désolante du Pyrrhonisme. Il semble dans ses Ouvrages être toujours en garde contre les idées satisfaisantes sur la Religion. Il montre avec art & subtilité tous les côtés obscurs d'une question ; mais il en présente rarement le point lumineux, d'où sort l'évidence. Quels éloges n'eût-il pas mérités, s'il avoit employé ses rares talens plus utilement pour le genre humain ?

Les Egyptiens avoient à peu près les mêmes principes que les Orientaux. Rien n'est plus absurde que l'idée qu'on nous donne ordinairement de leur Théologie. Rien aussi n'est plus outré que le sens allégorique que certains Auteurs ont voulu trouver dans leurs Hiéroglyphes.

D'un côté il est difficile de croire que la nature humaine puisse jamais être assez aveugle pour adorer des insectes, des reptiles, & des plantes qu'on voit naître & périr tous les jours, sans y attribuer certaines vertus divines, ou sans les regarder comme des symboles de quelque puissance invisible. Dans les pays les plus barbares, on trouve quelque connoissance d'un Etre supérieur, qui fait l'objet de la crainte, ou de l'espérance des Sauvages les plus grossiers. Quand on supposeroit qu'il y a des peuples tombés dans une ignorance assez profonde pour n'avoir aucun sentiment de la Divinité, il est certain que l'Egypte ne sauroit être accusée de cette ignorance. Tous les Historiens sacrés & profanes parlent de ce peuple comme de la plus sage de toutes les Nations ; & l'un des éloges que le Saint Esprit donne à Moyse & à Salomon, c'est qu'ils étoient instruits dans toutes les Sciences des Egyptiens. L'Esprit Divin auroit-il loué ainsi la sagesse d'une Nation

have

have given it up, if he had confulted the original authors: a method which that famous critick did not always take. He had a genius capable of going to the bottom of any fubject whatever: but he wrote fometimes in a hurry, and treated fuperficially the gravest and most important subjects. Besides, there is no clearing him from the charge of loving too much the difmal obfcurity of Scepticifm. He is always upon his guard against the pleafing ideas of immortality. He shews with art and fubtlety all the dark fides of a queftion: but he very rarely reprefents it in that point of light, which shines with evidence. What encomiums would he not have merited, had he employed his admirable talents more for the benefit of mankind?

The *Egyptians* had much the fame Principles as the oriental nations. There is nothing more abfurd than the notion generally given us of their Theology. Nor is any thing more extravagant than the allegorical fenfe which certain authors fancy they have difcovered in their Hieroglyphicks.

On one hand, it is hard to believe that human nature could ever fink fo low as to adore infects, reptiles, and plants, which they foe produced, growing, and dying every day, without afcribing certain divine virtues to them, or confidering them as fymbols of fome invifible Power. In the moft barbarous countries we ftill find fome knowledge of a fuperior Being, which is the object of the hope and fear of the moft ftupid favages. But though we should fuppofe there are fome nations in the world funk into fo grofs an ignorance as to have no notion of a Deity, yet it is certain that *Egypt* cannot be charged with this ignorance. All hiftorians, as well facred as profane, agree in fpeaking of this people as the wifeft of all nations; and one of the encomiums that the holy Spirit gives to *Mofes* and *Salomon*, is, that *they were learned in all the wifdom of the* Egyptians. Would the holy Ghoft ever have fpoken in fuch a manner of a nation

tombée dans une barbarie assez grossiere pour adorer les oignons, les crocodiles & les reptiles les plus méprisables ?

D'un autre côté certains Auteurs modernes veulent trop exalter la Théologie des Egyptiens, & trouver dans leurs Hiéroglyphes tous les mysteres du Christianisme. Après le Déluge, Noë ne laissa point sans doute ignorer à ses enfans les grands principes de la Religion sur les trois états du Monde. Cette tradition a pu se répandre de génération en génération parmi tous les Peuples de la terre. Mais il ne faut pas conclure de là que les Païens eussent des idées aussi claires sur la Nature divine, & sur le Messie, qu'en avoient les Juifs. Cette supposition, loin de rendre hommage aux Livres sacrés, les dégrade. Je tâcherai de garder le juste milieu entre ces deux extrémités.

Plutarque dans son Traité d'Isis & d'Osiris (a), nous apprend que la Théologie des Egyptiens avoit deux significations. L'une sainte & symbolique, l'autre vulgaire & littérale; & par conséquent que les figures des animaux qu'ils avoient dans leurs Temples, & qu'ils paroissoient adorer, n'étoient que des Hiéroglyphes, pour représenter les attributs divins.

Suivant cette distinction, il dit qu'Osiris signifie le Principe actif ou le-Très-saint (b); Isis, la sagesse ou le terme de son opération; Orus, la premiere production de sa puissance, le modele selon lequel il a tout produit, ou l'archétype du monde.

Il seroit téméraire de soutenir que les Païens aient jamais eu aucune connoissance d'une Trinité de Personnes distinctes, dans l'Unité indivisible de la Nature Divine. Mais il est constant que les Chaldéens & les Egyptiens croyoient que tous les attributs de la Divinité

(a) Plut. de Isid. & Osir. p. 354.
(b) Ibid. pag. 373. & suiv.

that was fallen into so senseless and barbarous an ignorance, as to worship onions, crocodiles, and the most despicable reptiles?

On the other hand, there are certain modern writers who exalt the Theology of the *Egyptians* too high, and fancy that they find in their Hieroglyphicks all the mysteries of the Christian Religion. After the Deluge, *Noah* doubtless would not leave his children ignorant of the great Principles of Religion, with regard to the *three states of Mankind*, and that tradition might have been spread from generation to generation over all the nations of the world. But we should not infer from thence, that the Heathens had as clear notions of the divine Nature, and the *Messias*, as the *Jews* had themselves. Such a supposition, far from doing honour to Holy Writ, would only derogate from its dignity. I shall endeavour to keep the just medium between these two extremes.

Plutarch in his treatise of *Isis* and *Osiris*, tells us (a). "That the Theology of the *Egyptians* had two "meanings; the one holy and symbolical; the other "vulgar and literal; and consequently that the figu-"res of animals which they had in their Temples, "and which they seemed to adore, were only so "many Hieroglyphicks to represent the Divine "attributes.

Pursuant to his distinction, he says, that *Osiris* signifies the active principle, or the most holy Being (b): *Isis* the wisdom or rule of his operation. *Orus* the first production of his power, the model or plan by which he produced every thing, or the Archetype of the World.

It would be rash to assert, that the Pagans ever had any knowledge of a Trinity of distinct Persons in the indivisible Unity of the Divine Nature. But it is plain that the *Chaldeans* and *Egyptians* believed that all the Attributes of the Deity

(a) *Plut. de Isid. & Osir.* p. 354.
(b) *Ibid.* p. 373, 374, 375.

H 2

THEOLOGIE ANCIENNE.

pouvoient se réduire à trois : Puissance, Intelligence & Amour. Ils distinguoient aussi trois sortes de Mondes : le Monde sensible, le Monde aërien, & le Monde éthéréen. Dans chacun de ces Mondes ils reconnoissoient encore trois principales propriétés, Figure, Lumiere & Mouvement ; Matiere, Forme & Force (*a*). C'est pour cela que les anciens Philosophes regardoient le nombre de trois comme mystérieux.

En lisant avec attention le *Traité* de Plutarque, les *Ouvrages* de Jamblique, & tout ce qui nous reste sur la Religion des Orientaux & des Egyptiens, on verra que la Mythologie de ces peuples regarde principalement les opérations internes, & les Attributs de la Divinité ; comme celle des Grecs, ses opérations externes, ou les propriétés de la Nature. Les Orientaux & les Egyptiens avoient l'esprit plus subtil & plus métaphysique que les Grecs & les Romains. Ces derniers aimoient mieux les sciences qui sont du ressort de l'imagination & du sentiment. Cette clef peut servir beaucoup à l'intelligence des anciennes Mythologies.

Plutarque conclut ainsi de son traité d'Isis & d'Osiris (*b*) : » Comme l'on dit que celui qui lit les Ou-
» vrages de Platon, lit Platon, & celui qui joue la
» Comédie de Ménandre, joue Ménandre : de même
» les Anciens ont appellé du nom de Dieux les dif-
» férentes productions de la Divinité «. Plutarque avoit dit plus haut » qu'il faut prendre garde de ne
» pas transformer, dissoudre & dissiper la Natu-
» re divine en rivieres, en vents, en végétations,
» en formes & en mouvemens corporels ; ce seroit res-
» sembler à ceux qui croient que les voiles, les cables,
» les cordages & l'ancre sont le Pilote ; que le fil,
» la trame & la navette sont le Tisserand. Par cette
» conduite insensée on blasphémeroit contre les Puis-
» sances célestes, en donnant le nom de Dieu à des

(*a*) Voyez Athan. Kirch. Œdip. Ægypt. tom. 1. p. 144. & suiv. & tom. 2, p. 132.
(*b*) Pag. 377, 378.

might be reduced to three, *Power*, *Understanding*, and *Love*. They distinguished also three sorts of Worlds, the *sensible* World, the *aërial* World, an l the *etherial* World. In each of these Worlds they asserted likewise three principal properties, *Figure*, *Light*, and *Motion*: *Matter*, *Form*, and *Activity* (a): and on this account the ancient philosophers looked upon the number *three* as mysterious.

If any man reads with attention the aforementioned tract of *Plutarch*, the works of *Jamblichus*, and what accounts are left of the Religion of the *Orientals* and *Egyptians*, he will easily see that the Mythology of those nations chiefly regards the *internal operations*, and the *Attributes of the Deity*, as that of the *Greeks* does his *external operations*, or the *properties of Nature*. The *Orientals* and *Egyptians* had a more refining and metaphysical genius than the *Greeks* and *Romans*, who were fondest of the sciences that depend on *imagination* and *sense*. This key may contribute a great deal towards understanding the ancient Mythologies.

Plutarch concludes his treatise of *Isis* and *Osiris* in this manner: (b) " As he who reads the works of
" *Plato* may be said to read *Plato*, and he who acts
" the comedy of *Menander* may be said to act
" *Menander*; so the Ancients gave the name of Gods
" to the various productions of the Deity. *Plutarch*
had said a little before, " That care should be taken
" not to transform, dissolve and scatter the Divine
" Nature into rivers, winds, vegetables, or bodily
" forms and motions. This would be as ridiculous
" as to imagine, that the sails, the cables, the
" rigging and the anchor are the pilot; or that the
" tread, the woof, and the shuttle are the wea-
" ver. Such senseless notions are an indignity to
" the Heavenly Powers, whom they blaspheme
" whilst they give the name of Gods to beings

(a) See *Athan. Kirch. Œlip. Egypt. tom.* 1, p. 144.
&c. 10 p. 151, & *tom.* 2, p. 132.
(b) *Pag.* 377, 378.

THEOLOGIE ANCIENNE.

» *natures insensibles, inanimées & corruptibles. Rien*
» *de ce qui n'a point d'ame*, poursuit-il, *rien de ma-*
» *tériel & de sensible ne peut être Dieu. Il ne faut pas*
» *croire non plus que les Dieux soient différens selon*
» *les différens Pays*, Grecs & Barbares, Septentrio-
» naux & Méridionaux. *Comme le Soleil est commun*
» *à tous, quoiqu'on l'appelle de divers noms en divers*
» *lieux : de même il n'y a qu'une seule Intelligence*
» *souveraine, & une même Providence qui gouverne*
» *le monde, quoiqu'on l'adore sous différens noms, &*
» *quoiqu'elle ait établi des Puissances inférieures pour*
» *ses Ministres* «. Voilà, selon Plutarque, la doctrine
des premiers Egyptiens *sur la Nature Divine*.

Origene qui étoit contemporain de Plutarque, suit les mêmes principes dans son Livre contre Celse. Ce Philosophe païen se vantoit de connoître la Religion Chrétienne, parce qu'il en avoit vu quelques cérémonies, mais il n'en pénétroit point l'esprit. Origene s'exprime ainsi (a) : » En Egypte *les Philosophes ont une*
» *science sublime & cachée sur la Nature Divine,*
» *qu'ils ne montrent au peuple que sous l'enveloppe*
» *de fables & d'allégories*. Celse ressemble à un homme
» *qui ayant voyagé dans ce pays, & qui n'ayant ja-*
» *mais conversé qu'avec le vulgaire grossier, croiroit*
» *entendre la Religion Egyptienne. Toutes les Nations*
» Orientales, ajoute-t-il, *les* Perses, *les* Indiens,
» *les* Syriens *cachent des mysteres secrets sous leurs*
» *fables religieuses. Le Sage dans toutes ces Religions*
» *pénetre le sens, tandis que le vulgaire n'en voit que*
» *le symbole extérieur & l'écorce.*

Ecoutons à présent Jamblique qui avoit étudié à fond la Religion des Egyptiens. Il vivoit

(a) Origen, contra Celf. 1, p. 11.

"of an infensible, inanimate, and corruptible natu-
"re. Nothing, as he goes on, that is without a soul,
"nothing that is material and to be perceived by
"our senses, can be God. Nor yet must we ima-
"gine that there are different Gods according to
"the different countries of *Greeks* and *Barbarians*,
"*Northern* and *Southern* people. As the Sun is com-
"mon to all the world, tho' called by different
"names in different places; so there is but one sole
"supreme Mind or Reason, and one and the same
"Providence that governs the world, tho' he is
"worshipped under different names, and has ap-
"pointed some inferior Powers for his Ministers".
Such, according to *Plutarch*, was the doctrine of
the first *Egyptians* with regard to the Divine Nature.

Origen, who was cotemporary with *Plutarch*, follows the same principles in his books against *Celsus*, a pagan philosopher, who pretended to understand Christianity, because he knew some ceremonies of that Religion, tho' he never entered into the spirit of it. Now *Origen* expresses himself in this manner: (a) "The *Egyptian* philosophers have
"sublime notions with regard to the Divine Nature,
"which they keep secret, and never discover to
"the people but under a veil of fables and allego-
"ries. *Celsus* is like a man who has travelled into
"that country; and tho' he has conversed with
"none but the ignorant vulgar, yet takes it into
"his head, that he understands the *Egyptian* Reli-
"gion. All the *Eastern* nations, continues he,
"the *Persians*, the *Indians*, the *Syrians* conceal se-
"cret mysteries under their religious fables. The
"wise men of all those Religions see into the sense
"and true meaning of them, whilst the vulgar go
"no further than the exterior symbol, and see only
"the bark that covers them.

Let us next hear the testimony of *Jamblichus*, who had studied the Religion of the *Egyptians*, and understood it thorouhgly. He lived

(a) *Origen contra Celf. lib.* 1, *p.* 11.

au commencement du troisieme siecle, & étoit disciple du fameux Porphyre, selon le témoignage de St. Clément (a) & de St. Cyrille d'Alexandrie (b). On lisoit encore alors plusieurs Livres Egyptiens qui n'existent plus aujourd'hui. Ces Livres étoient respectés à cause de leur antiquité. On les attribuoit à Hermès Trismégiste, ou à quelqu'un de ses premiers disciples. Jamblique avoit lu ces Livres que les Grecs avoient fait traduire. Voici ce qu'il dit de la Théologie qu'ils enseignoient :

» Selon les Egyptiens, le premier Dieu exista dans
» son unité solitaire avant tous les Etres (c). Il est la
» source & l'origine de tout ce qui est intelligent ou
» intelligible. Il est le premier principe, suffisant à
» lui-même, incompréhensible, & le Pere de toutes les
» essences.

» Hermès dit encore, continue Jamblique, que ce
» Dieu suprême a préposé un autre Dieu nommé Emeph,
» comme chef de tous les Esprits Ethéréens, Empyréens
» & Célestes ; que ce second Dieu qu'il appelle Con-
» ducteur, est une Sagesse qui transforme & qui con-
» vertit en elle toutes les Intelligences. Il ne préfere
» à ce Dieu Conducteur que le premier Intelligent &
» le premier Intelligible, qu'on doit adorer dans le
» silence. Il ajoute que l'Esprit Producteur a diffé-
» rens noms, selon ses différentes propriétés ou opé-
» rations ; qu'on l'appelle en langue Egyptienne Amoun,
» en tant qu'il est sage ; Ptha, en tant qu'il est la
» vie de toutes choses ; & Osiris, en tant qu'il est
» l'auteur de tout bien.

Telle est, selon Jamblique, la doctrine des Egyptiens : par là il est manifeste qu'ils admettoient un seul Principe, & un Dieu mitoyen semblable au Mythras des Perses.

(a) Strom. liv. 6, p. 133.
(b) Contra Julian. liv. 1.
(c) Jamblich. de Myst. Ægypt. Edit. de Lyon, 1552, p. 153, 154.

in the beginning of the third century, and was a disciple of the famous *Porphyry*, as both St. *Clement* (a) and St. *Cyril* of *Alexandria* (b) assure us. There were at that time a great many *Egyptian* books extant, which have been since lost. Several of these were highly respected for their antiquity, and ascribed to *Hermes Trismegistus*, or one of his first disciples. *Jamblichus* had read these books, which had been translated by the *Greeks*; and this is the account that he gives of the Theology which they taught.

"According to the *Egyptians*, the first God exi-
" sted in his solitary unity before all beings (c).
" He is the fountain and original of every thing
" that either has understanding or is to be under-
" stood. He is the first principle of all things,
" self sufficient, incomprehensible, and the Father
" of all essences.

Hermes says likewise, as *Jamblichus* goes on to tell us " that this supreme God has constituted
" another God, called *Emeph*, to be head over all
" spirits, whether *Ethereal*, *Empyreum*, or *Celestial*;
" and that this second God, whom he stiles the
" *Guide*, is a Wisdom that transforms and converts
" into himself all spiritual beings. He makes nothing
" superior to this *God-Guide*, but only the first *Intel-*
" *ligent*, and first *Intelligible*, who ought to be adored
" in silence. He adds, " That the Spirit which pro-
" duceth all things, has different names according to
" its different properties and operations; that he is
" called in the *Egyptian* language *Amoun*, as he is
" wise ; *Ptha*, as he is the life of all things ; and
" *Osiris*, as he is the author of all good."

Such, according to *Jamblichus*, was the doctrine of the *Egyptians* ; and it is evident from thence, that they admitted only one Principle, and a middle God, like the *Mythras* of the *Persians*.

(a) *Strom. L. 6. p. 133.*
(b) *Contra Julian. lib. 1.*
(c) *Jambl. de Myst. Ægypt. Ed. Lugd. 1552, p. 143*

THÉOLOGIE ANCIENNE.

L'idée d'un Esprit préposé par la Divinité suprême pour être le chef & le conducteur de tous les Esprits, est très-ancienne. Les Docteurs Hébreux *croyoient que l'ame du Messie avoit été créée dès le commencement du monde, & préposée à tous les ordres des Intelligences. Cette opinion étoit fondée sur ce que la Nature finie ne peut pas contempler sans cesse les splendeurs de l'Essence Divine ; qu'elle est obligée d'en détourner quelquefois la vue, pour adorer le Créateur dans ses productions, & que dans ces momens il falloit un chef qui conduisît les Esprits par toutes les régions de l'immensité, pour leur en montrer les beautés & les merveilles.*

Pour connoître à fond la Théologie des Orientaux *& des* Égyptiens *, examinons celle des* Grecs *& des* Romains *qui en dérive originairement. Les Philosophes de la Grece alloient étudier la sagesse en* Asie *& en* Égypte. Thalès *,* Pythagore *,* Platon *y ont puisé leurs plus grandes lumieres. Les traces de la Tradition Orientale sont presque effacées aujourd'hui ; mais on nous a conservé plusieurs monumens de la Théologie des* Grecs. *Jugeons des maîtres par leurs disciples.*

Il faut distinguer les Dieux des Poëtes d'avec ceux des Philosophes. La Poésie divinise toutes les différentes parties de la Nature, & donne tour à tour de l'esprit aux corps, & du corps aux Esprits. Elle exprime les opérations & les propriétés de la matiere par les actions & les passions des Puissances invisibles, que les Païens supposoient conductrices de tous les mouvemens & de tous les événemens qu'on voit dans l'Univers. Les Poëtes passent subitement de l'allégorie au sens littéral, & du sens littéral à l'allégorie, des Dieux réels aux Dieux fabuleux ; c'est ce qui cause le mélange de leurs images, l'absurdité de leurs fictions, & l'indécence de leurs expressions justement condamnées par les Philosophes.

Malgré cette multiplicité de Dieux subalternes, ces Poë-

ANCIENT THEOLOGY. 179

The notion of a Spirit conftituted by the fupreme God, to be the head and guide of all Spirits, is very ancient. The *Hebrew* doctors believed that the foul of the Meffias was created from the beginning of the world, and appointed to prefide over all the orders of Intelligences. This opinion was founded on a notion, that finite natures cannot inceffantly contemplate the brightnefs and glories of the Divine Effence, and muft neceffarily fometimes turn off their view, and adore the Creator in his works; that at fuch times there muft be an head to lead Spirits, thro' all the regions of immenfity, and shew them all its beauties and wonders.

To have a more perfect knowledge of the Theology of the *Orientals* and *Egyptians*, it may not be improper to examine that of the *Greeks* and *Romans*, which is derived originally from it. The philofophers of *Greece* went to ftudy wifdom in *Afia* and *Egypt*. *Thales*, *Pythagoras*, *Plato*, drew the beft of their knowledge from thence. The traces of the *Oriental* tradition are now indeed in a manner worn out; but as there are feveral monuments of the Theology of the *Greeks* ftill preferved, we may judge of the mafters by their difciples.

We muft however diftinguish between the Gods of the poëts, and thofe of the philofophers. Poëtry deifies all the various parts of nature, and gives fpirit to bodies, as well as body to fpirits. It expreffes the operations and properties of matter by the actions and paffions of fuch invifible Powers, as the Pagans fuppofed to be directors of all the motions and events that we fee in the Univerfe. The poëts pafs in a moment from allegory to the literal fenfe & from the literal fenfe to allegory; from real Gods to fabulous Deities: and this occafions that jumble of their images, that abfurdity in their fictions, and that indecorum in their expreffions, which are fo juftly condemned by the philofophers.

Notwithftanding this multiplication of inferior Deities, thefe poëts however acknowledged, that

THÉOLOGIE ANCIENNE.

les reconnoissoient cependant qu'il n'y avoit qu'une seule Divinité suprême. C'est ce que nous allons voir dans les très-anciennes Traditions qui nous restent de la Philosophie d'Orphée. Je suis bien éloigné de vouloir attribuer à ce Poëte les Ouvrages qui portent son nom. Je crois avec le célèbre Grotius, que les Pythagoriciens qui reconnoissoient Orphée pour leur maître, sont les Auteurs de ces Livres. Quoi qu'il en soit, comme ces Ecrits sont plus anciens qu'Hérodote & Platon, & qu'ils étoient fort estimés parmi les Païens, nous pouvons juger par les fragmens qui nous en restent, de l'ancienne Théologie des Grecs.

Voici l'abrégé que fait Timothée le Cosmographe, de la doctrine d'Orphée. Cet abrégé nous a été conservé dans Suidas (a), Cedrenus (b), & Eusèbe.

» Il y a un Etre inconnu, qui est le plus élevé &
» le plus ancien de tous les Etres, & le Producteur
» de toutes choses, même de l'Ether, & de tout ce
» qui est au-dessous de l'Ether. Cet Etre sublime est
» Vie, Lumiere, & Sagesse; ces trois noms marquent
» la même & unique Puissance qui a tiré du néant
» tous les Etres visibles & invisibles.

Il paroît par ce passage que l'idée de la Création, c'est-à-dire de la production des substances, n'étoit pas inconnue aux Philosophes Païens. Nous la trouverons bientôt dans Platon.

Proclus nous a conservé encore ce merveilleux passage de la Théologie d'Orphée (c) : » L'Univers a été
» produit par Jupiter. L'Empyrée, le profond Tartare,
» la Terre & l'Océan, les Dieux immortels & les
» Déesses, tout ce qui est, tout ce qui a été, tout ce
» qui sera, étoit contenu originairement dans le sein
» fécond de Jupiter, & en est sorti. Jupiter est le pre-
» mier & le dernier, le commencement & la fin. Tous
» les Etres émanent de lui. Il est le Pere primitif ».

(a) Suidas de Orph. p. 150.
(b) Cedrenus, p. 47.
(c) Proclus de Timæo, p. 95.

there was but one only supreme God. This will appear from the very ancient Traditions which we still have left of the philosophy of *Orpheus*. I am very far from thinking that *Orpheus* was the author of those works which go under his name. I believe with the famous *Grotius*, that those books were wrote by the *Pythagoreans*, who professed themselves Disciples of *Orpheus*. But whoever is the author of these writings, 't is certain that they are older than *Herotodus* and *Plato*, and were in great esteem among the Heathens; so that by the fragments of them still preserved, we may form a judgment of the ancient Theology of the *Greeks*.

I shall begin with the abridgment which *Timotheus* the cosmographer gives us of the doctrine of *Orpheus*. This abridgment is preserved in *Suidas* (a), *Cedrenus* (b) and *Eusebius*.

" There is one unknown Being exalted above
" and prior to all beings, the Author of all things
" even of the *æther*, and every thing that is
" below the *æther*. This exalted Being is *life*,
" *light*, and *wisdom*; which three names express
" only one and the same Power, which had created
" all beings, visible and invisible, out of nothing.

It appears by this passage, that the doctrine of the *Creation*, that is, of the production of substances, was not unknown to the Heathen philosophers. We shall soon find it laid down in *Plato*.

Proclus has transmitted down to us this extraordinary passage of the Theology of *Orpheus* (c).
" The Universe was produced by *Jupiter*. The *Em-*
" *pyræum*, the deep *Tartarus*, the *Earth*, and the
" *Ocean*, the immortal Gods and Goddesses; all
" that is, all that has been, and all that shall be,
" was contained originally in the fruitful bosom of
" *Jupiter*. *Jupiter* is the first and the last, the
" beginning and the end. All beings derive their
" origin from him. He is the primitive Father,

(a) *Suidas de Orph. p. 150.*   (b) *Cedrenus, p. 47.*
(c) *Proclus de Timæo, p. 95.*

182   THEOLOGIE ANCIENNE.

» & la Vierge immortelle. Il est la vie, la cause &
» la force de toutes choses. Il n'y a qu'une seule
» Puissance, un seul Dieu, & un seul Roi universel de
» tout.

Je finis la Théologie d'Orphée par ce passage fameux
de l'Auteur des Argonautiques, qui a suivi la doctrine
d'Orphée (a). » Nous chanterons d'abord un Hymne sur
» l'ancien Cahos; comment le ciel, la mer & la terre
» en furent formés. Nous chanterons aussi l'Amour
» parfait, sage & éternel, qui a débrouillé ce Cahos
» (b).

Il paroît par la doctrine de la Théogonie, ou la
naissance des Dieux, qui est la même que la Cosmogonie,
ou la génération de l'Univers, que les anciens Poëtes
rapportoient tout à un premier Etre de qui tous les
autres émanoient. Le Poëme de la Théogonie d'Hésiode (c) parle de l'Amour comme du premier Principe qui
débrouilla le Cahos (d). » De ce Cahos sortit la Nuit ;
» de la Nuit l'Ether, de l'Ether la Lumière ; en-
» suite les Etoiles, les Planetes, la Terre, enfin les
» Dieux qui gouvernent tout.

Ovide parle aussi le même langage dans le premier
Livre de ses Métamorphoses: (e) » Avant qu'il y eût,
» dit-il, une Mer & une Terre ; avant qu'il y eût un
» Ciel qui enveloppât le monde, toute la Nature étoit
» une masse informe & grossiere que l'on nomme le
» Cahos. Les semences de toutes choses étoient
» dans une perpétuelle discorde ; mais une Divi-
» nité bienfaisante termina tous ces différents.
» Il est évident par ces paroles que le Poëte Latin, qui a suivi la tradition Grecque, distingue

Pour les Notes, Voyez pag. 183.

"and the immortal Virgin. He is the life, the
"cause, and the energy of all things. There is
"but one only Power, one only God, and one
"sole universal King of all.

I shall conclude the Theology of *Orpheus* with a famous passage of the author of the *Argonautica*; who is looked upon to be a disciple of his (a).
"We will sing first an Hym upon the ancient
"*Chaos*, how the heavens, the sea, and the earth
"were formed out of it. We will sing likewise that
"eternal, wise, and self-perfect Love, which redu-
"ced this *Chaos* into order (b).

'Tis clear enough from the doctrine of the Theogony, or birth of the Gods, which is the same as the Cosmogony, or generation of the Universe, that the ancient poets ascribed it entirely to a first Being, from whom all other beings derived theirs. The Poëm of the *Theogonia*, which is ascribed to *Hesiod* (c), speaks of Love as the first principle which brought the *Chaos* into order; (d) "and
"from that *Chaos* sprung the night, from the
"night the æther, from the æther the Light; then
"the stars, the planets the earth, and at last the
"Deities who govern all.

Ovid speaks likewise to the same effect in the first Book of his *Metamorphoses* (e). "Before there
"was a sea and an earth, says he, before there
"was any Heaven to cover the world, universal
"Nature was but one indigested sluggish mass,
"called a *Chaos*. The seeds of all things jumbled
"together were in a perpetual discord, till a bene-
"ficent Deity put an end to the difference ". Words which shew plainly that the *Latin* Poet, who followed the *Greek* tradition, makes a distinction

(a) *Argon. apud Steph. p. 7 &. Edit. Fugger, An.* 1566.
(b) ↓ 423. Πρες βιτατὸν τὸ καὶ αυτοτελῆ τολυμητιν ἔρωτα.
(c) *Hesiod. The g. Edit. Steph.* ↓ 120.
(d) ↓ 120, Η δ'ερος ὃς κάλλιρος ἐν ἀθανάτοισι θεοισι.
(e) *Ovid. Metam. l. 1. p. 1.*

THÉOLOGIE ANCIENNE.

» entre le Cahos, & Dieu qui le débrouilla avec intel-
» ligence.

Je dois remarquer ici cependant que la Mythologie Grecque & Romaine *sur le Cahos*, est bien plus imparfaite que celle des Orientaux & des Egyptiens, qui nous enseignent qu'un état heureux & parfait a précédé le Cahos; que le bon Principe n'a pu rien produire de mauvais; que son premier ouvrage ne pouvoit pas être la confusion & le désordre; & enfin que le mal physique n'a été qu'une suite du mal moral. L'imagination des Poëtes Grecs enfanta d'abord la monstrueuse doctrine de Manès *sur les deux* Principes co-éternels; une intelligence souveraine, & une Matiere aveugle; la Lumiere, & les Ténebres; un Cahos informe, & une Divinité qui le débrouille.

Je quitte Hésiode & Ovide, pour parler de la Théologie d'Homere & de Virgile *son imitateur*. Quiconque lira attentivement ces deux Poëtes Epiques, verra que le merveilleux qui regne dans leurs Fables, est fondé sur ces trois principes. 1. Qu'il y a un Dieu suprême qu'ils appellent par-tout le Pere & le Maître Souverain des Hommes & des Dieux, l'Architecte du monde, le Prince & le Gouverneur de l'Univers, le premier Dieu & le grand Dieu. 2. Que toute la Nature est remplie d'Intelligences subalternes qui sont les Ministres de cette Divinité suprême. 3. Que les biens & les maux, que les vertus & les vices, que les connoissances & les erreurs viennent de l'action & de l'inspiration différente des bons & des mauvais Génies qui habitent l'air, la terre & le ciel.

Les Poëtes Tragiques & Lyriques parlent comme les Poëtes Epiques. Euripide reconnoît hautement la dépendance de tous les Etres d'un seul Principe:
» O Pere & Roi des Hommes & des Dieux! dit-
» il, pourquoi croyons-nous, misérables mortels,

between the *Chaos* and God who by his wisdom brought it out of confusion into order.

I ought however in this place to observe, that the *Greek* and *Roman* Mythology in relation to the *Chaos* is much more imperfect than that of the *Orientals* and the *Egyptians*, who tell us, that there was an happy and perfect state of the world, prior to the *Chaos*; that the good Principle could never produce any thing evil; that his first work could not be confusion and disorder; and in a word, that physical evil is nothing else but a consequence of moral evil. T was the imagination of the *Greek* poets that first brought forth the monstrous *Manichaean* doctrine about two co-eternal Principles, a supreme Intelligence and a blind matter, light and darkness, an indigested *Chaos*, and a Deity to range it in order.

I pass from *Hesiod* and *Ovid* to speak of the Theology of *Homer* and his imitator *Virgil*. Let any one read these two epick poets with a proper attention, and he will see that the *marvellous* which runs thro' their fable is founded upon these three Principles. 1. That there is one supreme God, whom they every where call the Father, and the Sovereing Lord of Men and Gods, the Architect of the World, the Prince and Governour of the Universe, the First God, and the Great God. 2. That universal Nature is full of subordinate Spirits, who are the Ministers of that supreme God. 3. That good and evil, virtue and vice, knowledge and error, arise from the different influence and inspiration of the good and evil *Genii*, who dwell in the air, the sea, the earth, and the heavens.

The tragick and lyrick Poets express themselves after the same manner as the epick poets. *Euripides* expressly acknowledges the dependence of all beings upon one sole Principle : " O Fa-
" ther, and King of Men and Gods! says he-
" why do we miserable mortals fancy that we

» *savoir ou pouvoir quelque chose ? Notre sort dépend*
» *de votre volonté* (a).

Sophocle *nous représente la Divinité comme une Intelligence souveraine qui est la Vérité, la Sagesse, & la Loi éternelle de tous les Esprits* (b) » *La nature mortelle*, dit-il, *n'a point engendré les loix : elles descendent du Ciel même.* Jupiter Olympien *en est le seul* » *Pere.*

Pindare *dit* (c) » *que* Chiron *apprenoit à* Achille *à* » *adorer au-dessus de tous les autres Dieux*, Jupiter » *qui lance la foudre.*

Plaute *introduit un Dieu subalterne parlant ainsi :* (d) » *Je suis citoyen de la Cité céleste, dont* Jupiter, *pere* » *des Dieux & des Hommes, est le chef. Il comman-* » *de aux Nations, & nous envoie par tous les Royau-* » *mes pour connoître les mœurs & les actions, la piété* » *& la vertu des hommes. C'est en vain que les Mor-* » *tels tâchent de le corrompre par les offrandes & les* » *sacrifices. Ils perdent leurs peines, car il a en horreur* » *le culte des impies.*

» Muses, *dit* Horace, *célébrez en premier lieu, se-* » *lon la coutume de nos peres, le grand* Jupiter *qui* » *gouverne les mortels & les immortels, la terre, les* » *mers, & tout l'Univers. Il n'y a rien de plus grand* » *que lui, rien de semblable, rien d'égal à lui* (e).

Je finis ce que j'ai à citer des Poëtes par ce passage merveilleux de Lucain. Lorsque Caton arrive au Temple de Jupiter Ammon, après avoir traversé les déserts de la Lybie, Labiénus veut lui persuader de consulter l'Oracle. Voici la réponse que le Poëte met dans la bouche de ce Philosophe Héros (f) : » *Pourquoi*

 Pour les Notes, Voyez pag. 187.

ANCIENT THEOLOGY. 187

" know or can do any thing ? Our fate depends
" upon your will (a).

Sophocles reprefents the Deity to us as a fovereign Intelligence, which is the Truth, the Wifdom, and the eternal Law of all Spirits (b). 'Tis not, fays he, to any mortal nature, that laws owe their origin. They come from above. They come down from Heaven itfelf. The *Olympian Jupiter* alone is the Father of them.

Pindar fays (c), that *Chiron* taught *Achilles* to adore *Jove*, who lances the thunder, as fuperior to all the other Deities.

Plautus introduces an inferior Deity fpeaking in this manner (d) : " I am a Citizen of the celeftial
" City, of which *Jupiter*, the Father of Gods and
" Men, is the Head. He commands the Nations,
" and fends us over all Kingdoms to take an ac-
" count of the conduct and actions, the piety and
" virtue of Men. In vain do Mortals endeavour
" to bribe him with their oblations and facrifices.
" They lofe their pains, for he abhors the worfhip
" of impious perfons.

" O Mufe, fays *Horace*, purfuant to the cuftom
" of our anceftors, celebrate firft the Great *Jove*,
" who rules over Gods and men, the earth, the
" feas, and the whole Univerfe. There is nothing
" greater than he, nothing that is like, nothing
" that is equal to him (e).

I fhall conclude my quotations out of the poëts with a furprifing paffage of *Lucan*. When *Cato*, after croffing the defarts of *Lybia*, arrives at the Temple of *Jupiter Ammon*, *Labienus* is for perfuading him to confult the Oracle. Upon which occafion the poët put this anfwer into the mouth of that philofophical Hero : " (f) Why do

(a) *Eurip. Supplic. Ad.* 3. 733, &c. *Edit. Cant.*
(b) *In Œdip. Tyran.* (c) *Pyth. Ode* 6. 7. 26 ; *Ed. Ozon.*
(d) *Plaut. Rudens.* (e) *Lib.* 1. *Ode* 12. -
(f) *Lucan lib.* 9. v. 566.

THEOLOGIE ANCIENNE.

» me proposez-vous, ô Labiénus, de demander à l'O-
» racle si l'on doit mieux aimer mourir libre les armes à
» la main, que de voir la Tyrannie triompher dans sa Pa-
» trie ? si cette vie mortelle n'est que le retardement d'u-
» ne immortalité heureuse ? si le crime peut nuire à
» un homme de bien ? si la vertu ne nous rend point su-
» périeurs aux malheurs, & si la vraie gloire dépend
» des succès ? Nous savons déja ces vérités, & l'O-
» racle ne peut pas nous faire des reponses plus claires,
» que celles que Dieu nous fait à tout moment dans le
» fond de notre cœur. Nous sommes tous unis à la
» Divinité, elle n'a pas besoin de paroles pour se faire
» entendre, & elle nous a dit en naissant tout ce que
» nous avons besoin de savoir. Elle n'a pas choisi les
» sables arides de la Lybie pour y ensevelir la vérité,
» afin qu'elle ne soit entendue que d'un petit nombre
» de personnes. Elle se fait connoître à tous. Elle rem-
» plit tous les lieux, la Terre, la Mer, l'Air, le Ciel.
» Elle habite sur-tout dans l'ame des justes. Pourquoi
» la chercher plus loin ?

Passons des Poëtes aux Philosophes, & commençons
par Thalès Milésien, Chef de l'Ecole Ionique (a). Il
vivoit plus de six cens ans avant l'Ere Chrétienne. Nous
n'avons aucun de ses ouvrages ; mais voici quelques-unes
de ses maximes, qui nous ont été conservées par les
Auteurs les plus respectables de l'Antiquité.

» Dieu est le plus ancien de tous les Etres. Il a
» produit l'Univers plein de merveilles (b). Il est l'Intelli-
» gence qui a débrouillé le Cahos (c). Il est sans commence-
» ment & sans fin, & rien ne lui est caché (d). Rien ne peut
» résister à la force du Destin ; mais ce Destin n'est autre

Pour les Notes, Voyez pag. 189.

" you *Labienus*, propose to me to ask the Oracles
" whether we should chuse to die in a state of free-
" dom with swords in our hands, rather than see Ty-
" ranny enslave our Country? whether this mortal
" life be only a *remora* to a more lasting one?
" whether violence can hurt a good man? whether
" virtue does not make us superior to misfortunes,
" and whether true glory depends upon success?
" We know these truths already, and the Oracle
" cannot give us clearer answers than what God
" makes us feel every moment in the bottom of
" our heart. We are all united to the Deity. He
" has no need of words to convey his meaning
" to us; and he told us at our birth every thing
" that we have occasion to know. He hath not
" chosen the parched sands of *Lybia* to bury truth
" in those desarts, that it might be understood only
" by a small number. He makes himself known
" to all the world, he fills all places, the earth,
" the sea, the air, the heavens. He makes his
" particular abode in the soul of the just. Why
" then should we seek him elsewhere?

Let us pass from the poët to the philosophers, and begin with *Thales* the *Milesian*, Chief of the *Ionick* School (a), who lived above six hundred years before the birth of Christ. We have none of his works now left; but we have some of his maxims, which have been transmitted down to us by the most venerable writers of antiquity.

" God is the most ancient of all Beings. He is
" the Author of the Universe, which is full of
" wonders (b). He is the Mind which brought the
" *Chaos* out of confusion into order (c). He is
" without beginning and without ending, and
" nothing is hid from him (d). Nothing can resist
" the force of Fate; but this Fathe is nothing but the

(a) *Flor. Olymp.* 40.
(b) *Diog. Laërt. Vita. Thal. lib. 1.*
(c) *Cicero de Nat. Deor. lib. 1. p. 1113 Ed. Amst. 1661.*
(d) *St. Clement. Alex. Strom. 5.*

» *que la raison immuable, & la puissance éternelle de*
» *la Providence* (a).

Ce qu'il y a de plus surprenant en Thalès, c'est sa définition de l'ame. Il l'appelle » un Principe, ou une
» Nature qui se meut elle-même (b), *pour la distin-*
» *guer de la Matiere*.

Pythagore (c) est le second grand Philosophe après Thalès, & le Chef de l'Ecole Italique.

On sait l'abstinence, le silence, la retraite & la grande pureté de mœurs qu'il exigeoit de ses disciples. Il avoit senti que l'esprit seul ne peut atteindre à la connoissance des choses Divines, à moins que le cœur ne soit épuré de ses passions. Voici les idées qu'il nous donne de la Divinité.

» Dieu n'est ni sensible, ni passible : mais invisible,
» purement intelligible (d), & souverainement intelli-
» gent (e). Par son corps il ressemble à la lumiere, & par
» son ame à la vérité (f). Il est l'Esprit universel qui
» pénetre, & qui se répand par toute la Nature. Tous les
» Etres reçoivent leur vie de lui (g). Il n'y a qu'un seul
» Dieu, qui n'est pas, comme quelques-uns se l'imagi-
» nent, placé au-dessus du monde, hors de l'enceinte de
» l'Univers : mais étant tout entier en soi, il voit tous
» les Etres qui remplissent son immensité. Principe uni-
» que, lumiere du ciel, Pere de tous, il produit tout,
» il arrange tout ; il est la raison, la vie, & le mouve-
» ment de tous les Etres (h).

Il enseignoit qu'outre le premier Principe, il y avoit trois sortes d'Intelligences, les Dieux, les Héros, & les Ames (i). Il regardoit les premiers

Pour les Notes, Voyez pag. 191.

" immutable Reason, and eternal Power of Provi-
" dence (a).

What is still more surprising in *Thales*, is his definition of the soul: He calls it a " *self moving*
" *Principle* (b), thereby to distinguish it from
" Matter.

Pythagoras (c) is the second great philosopher after *Thales*, and chief of the *Italick* School.

Every body knows the abstinence, silence, retirement, and great purity of morals which he required of his disciples. He was very sensible, that human understanding alone could never attain to the knowledge of divine things, unless the heart was purged of its passions. Now these are the notions which he has left us of the Deity.

" God is neither the object of sense, nor subject
" to passion; but invisible, only intelligible (d),
" and supremely intelligent (e). In his body he is
" like the light, and in his soul he resembles truth (f).
" He is the universal Spirit that pervades and dif-
" fuseth itself over all Nature. All beings receive
" their life from him (g). There is but one only
" God, who is not, as some are apt to imagine,
" seated above the world, beyond the orb of the
" Universe; but being himself all in all, he sees all
" that beings that fill his immensity. The only prin-
" ciple, the light of heaven, the Father of all,
" he produces every thing, he orders and disposes
" every thing; He is the reason, the life, and the
" motion of all Beings (h).

He taught that besides the first Principle, there were three sorts of intelligent beings, *Gods*, *Heroes*, and *Souls* (i). He considered the first as

(a) *Stob. Eccl. Phys. cap. 8.*
(b) *Plut. de Plac. Phil. lib. 4. cap. 2. Stob. Eccl. Phys. cap. 40.*
(c) *Flor. Olymp. 60.* (d) *Plut. Vita Numa.*
(e) *Diog. Laërt. lib. 12.* (f) *Vita Pyth. Porphyr.*
(g) *Lact. Inst. lib. 5.*
(h) *Cohort. 1. ad Græc. p. 18. St. Just.*
(i) *Diog. Laërt. lib. 8.*

THEOLOGIE ANCIENNE.

comme les images inaltérables de la Souveraine intelligence, les Ames humaines comme les moins parfaites des substances raisonnables, & les Héros comme des Etres mitoyens placés entre les deux, pour élever les Ames à l'union Divine (a).

Il nous représente ainsi l'Immensité comme remplie d'Esprits de différens ordres (b). Thalès avoit la même idée. Ces deux Sages avoient puisé cette doctrine en Egypte, où l'on croyoit que c'étoit borner la Puissance Divine, que de la supposer moins féconde en intelligence, qu'en objets matériels.

C'est là le vrai sens de cette fameuse expression attribuée aux Pythagoriciens, que l'Unité a été le Principe de toutes choses, & que de cette Unité étoit sortie une Dualité infinie. On ne doit pas entendre par cette Dualité les deux Principes de Manès; mais un Monde d'Intelligences & de Corps, qui est l'effet dont l'Unité est la cause. C'est là le sentiment de Porphyre (c). Il doit être préféré à celui de Plutarque, qui veut attribuer à Pythagore le système Manichéen, sans en donner aucune preuve.

Pythagore définissoit l'Ame comme Thalès, un Principe qui se meut lui-même (d). » Il soutenoit de plus » qu'en sortant du corps, elle se réunit à l'Ame du » Monde (e); qu'elle n'est pas un Dieu, mais l'ouvrage » d'un Dieu éternel (f), & qu'elle est immortelle à » cause de son principe (g).

Ce Philosophe croyoit que l'homme étoit composé de trois parties: de l'Esprit pur, d'une matiere éthérée, qu'il appelloit le char subtil de l'Ame, & d'un corps mortel ou grossier. Il étoit encore redevable de cette idée aux Egyptiens, qui l'avoient donnée peut-être aux Hébreux,

Pour les Notes, Voyez pag. 193.

the unalterable Images of the Sovereign Mind; human souls as the least perfect of reasonable substances; and Heroes as a sort of middle beings placed between the two others, in order to raise up Souls to the divine union (a).

Thus he represents to us the Divine Immensity as filled with Spirits of different orders (b). *Thales* had the same notion, a notion which those two philosophers had learned in *Egypt*, where they thought it was to stint the Divine power to suppose it less productive in intelligent beings, than in material ones.

This is the true sense of that famous expression ascribed to the *Pythagoreans*, that Unity was the Principle of all things, and that *from this Unity there sprung an infinite Duality*. We are not by this *Duality* to understand two Persons of the Christian Trinity, nor the two Principles of the *Manichees*: but a world of intelligent and corporeal substances, which is the effect whereof Unity is the cause. This is the sentiment of *Porphyry*, (c) and it ought to be preferred before that of *Plutarch*, who is for ascribing the *Manichean* system to *Pythagoras*, without producing for it any proof.

Pythagoras agreed with *Thales* in defining the Soul to be a self-moving Principle (d). " He maintained " further, that when it quits the body, it is reuni- " ted to the Soul of the World (e); That it is not a " God, but the work of an eternal God (f), and that " it is immortal on account of its principle (g).

This Philosopher was of opinion, that Man was composed of three parts, of a *pure Spirit*, of an *ethereal matter*, which he called the *subtile vehicle* of Soul, and of a *mortal* or gross *body*. He was indebted likewise for this notion to the *Egyptians*, from whom 't is likely the *Hebrews* have

(a) *Hierocl. Com. in Carm. Aurea Pyth.* (b) *Laert. de Pyth. Cic. de Leg. l. 2, p. 1197.* (c) *Porphyr. Vita Pyth.*
(d) *Pluc. Plat. Phil. l.4.cap.2.* (e) *Cicer. de Seneĉt. c. 21.*
(f) *Id. de Nat. Deor. l. 2.*
(g) *Tufc. lib. 1. & de Confol. p. 1100.*

Vol. II. I

dont la Théologie diſtingue l'Eſprit (a) pur, le Corps (b) céleſte, & le Corps (c) terreſtre.

Les Pythagoriciens appellent ſouvent le char ſubtil ou le corps céleſte, l'Ame, parce qu'ils la regardent comme la vertu active qui anime le corps terreſtre. C'eſt ce qui fait croire à ceux qui n'approfondiſſent point leur Philoſophie, qu'ils regardoient la ſubſtance penſante comme matérielle. Rien n'eſt plus faux. Ils diſtinguoient toujours entre l'entendement ou l'Eſprit pur, & l'Ame ou le Corps éthéréen. Ils regardoient l'un comme la ſource de nos penſées, l'autre comme la cauſe de nos mouvemens, & les croyoient deux ſubſtances différentes. Anaxagore, comme nous verrons bientôt, redreſſa cette erreur.

Les anciens Poëtes Grecs avoient déguiſé cette opinion. Ils appelloient le corps céleſte le Simulacre, l'Image ou l'Ombre, parce qu'ils s'imaginoient que ce corps ſubtil, en deſcendant du Ciel pour animer le corps terreſtre, en prenoit la forme, comme la fonte prend celle du moule où on la jette. Ils diſoient qu'après la mort, l'Eſprit revêtu de ce char ſubtil s'envoloit vers les régions de la Lune, où ils avoient placé les Champs Elyſées. Selon eux, il arrivoit là une ſeconde mort par la ſéparation de l'Eſprit pur d'avec ſon char. L'un ſe réuniſſoit aux Dieux, & l'autre reſtoit dans le ſéjour des Ombres. « C'eſt pour cela qu'Ulyſſe dit dans l'Odyſſée, » qu'il apperçut dans les Champs Elyſées le divin Her-» cule, c'eſt-à-dire ſon image, continue le Poëte ; » car pour lui il eſt avec les Dieux Immortels, & aſſiſte » à leurs feſtins (d).

Pythagore n'adoptoit point la fiction poétique de la ſeconde mort. Il enſeignoit que le pur Eſprit & ſon char ſubtil étant nés enſemble, étoient inſéparables, & retournoient après la mort à l'Aſtre d'où ils étoient deſcendus.

Pour les Notes, Voyez pag. 195.

learned in their Divinity to diftinguish the pure (a) Spirit, the animal (b) Soul, and the terreftrial (c) Body. The *Pythagoreans* fpeaking of the fubtile vehicle or the celeftial body, frequently call it *the Soul*; becaufe they confider it as the active power which animates the terreftrial body. This has made fuch as do not thoroughly underftand their Philofophy, imagine, that they believed *the thinking Subftance*, to be material; whereas nothing is more falfe. They always diftinguifhed between the Underftanding or the *pure Spirit*, & the *animal Soul* or *ethereal Body*. They confidered the one as the fource of our thoughts, the other as the caufe of our motions. They believed them to be two different fubftances. *Anaxagoras*, as we shall foon fee, rectified this error.

The old *Greek* Poëts had dreffed up this opinion in a different guife. They called the ethereal body, the Image, or the Shadow; becaufe they fancy'd that this fubtile body, when it came down from Heaven to animate the terreftrial body, affumed its form, juft as melted metal takes that of the mold in which it is caft. They faid, that after death, the Spirit ftill clothed with this fubtile vehicle, flew up to the regions of the Moon, where they placed the *Elyfian* fields. And there, as they imagined, a fort of fecond death enfued by the feparation of the *pure Spirit* from its *vehicle*. The one was united to the Gods, the other ftaid in the abode of the Shades. This is the reafon why *Ulyffes* fays in the *Odyffeis*, " That he faw in the *Elyfian* fields the divine Her-" cules; *i. e.* his Image, fays the Poët; as for " him, he his with the immortal Gods, and affifts " at their banquets (d).

Pythagoras did not adopt the poëtick fiction of a fecond death. He held, that the pure Spirit, and its fubtile vehicle being born together, were infeparable, and returned after death to the Star from whence they defcended.

(a) Πνεῦμα. (b) Ψυχὴ. (c) Σῶμα.
(d) *Odyff.* L. 11. p. 167.

Je ne parle point ici de la Métempsycose ; elle ne regardoit que les Ames qui s'étoient dégradées & corrompues dans les corps mortels. J'en parlerai dans la seconde partie de ce Discours.

Je finis l'article de Pythagore par le sommaire que Saint Cyrille fait de la doctrine de ce Philosophe. » Nous » voyons clairement, dit ce Pere, que Pythagore soute- » noit qu'il y avoit un seul Dieu, principe & cause de » toutes choses, qui éclaire tout, qui anime tout, de » qui tout émane, qui a donné l'être à tout, & qui est » l'origine du mouvement (a).

Après Pythagore vient Anaxagore (b), de la Secte Ionique, né à Clazomene, & maître de Periclès, Héros Athénien. Ce Philosophe fut le premier après Thalès dans l'Ecole Ionique, qui sentit la nécessité d'introduire une souveraine Intelligence pour la formation de l'Univers. Il rejetta avec mépris, & réfuta avec force la doctrine de ceux qui soutenoient que la Nécessité (c) aveugle, & les mouvemens fortuits de la matiere avoient produit le monde. Il tâcha de prouver qu'une Intelligence pure & sans mélange préside à l'Univers.

Selon le rapport d'Aristote, les raisonnemens d'Anaxagore étoient fondés sur ces deux principes : 1. » que l'i- » dée de la matiere ne renfermant pas celle de force, le » mouvement ne peut pas être une de ses propriétés. Il » faut, par conséquent, disoit-il, chercher ailleurs la » cause de son activité. Or ce principe actif, en tant » que cause du mouvement ; il l'appelloit l'Ame, » parce qu'il anime l'Univers (d).

2. » Il distinguoit entre ce Principe universel du » mouvement, & le Principe pensant ; il appelloit ce

Pour les Notes, Voyez pag. 197.

I do not speak here of Transmigration, which only related to such Souls as were degraded and corrupted in mortal bodies. I shall treat of it in the second part of this Discourse.

I cannot conclude this article of *Pythagoras* better than with the summary which St. *Cyril* gives us of the doctrine of this Philosopher. " We see plainly, " says that father, that *Pythagoras* maintained, " that there was but one God, principle & cause " of all things, who enlightens every thing, who " animates every thing, from whom every thing " proceeds, who has given being to all things, " and is the source of all motion (a).

After *Pythagoras* comes *Anaxagoras* (b) of the *Ionick* Sect, born at *Clazomena*, & master to *Pericles* the *Athenian* Hero. This Philosopher was the first after *Thales* in the *Ionick* School who perceived the necessity of introducing a supreme intelligence for the formation of the Universe. He rejected with contempt, & with great strength of reason refuted the doctrine of those who held, that (c) a blind Necessity, & the casual motions of matter had produced the World. He endeavoured to prove, that a pure & uncompouded Spirit presides over the Universe.

According to *Aristotle's* account, the reasoning of *Anaxagoras* was founded upon these two principles: " 1. That the idea of matter not including that " of active force, motion could not be one of its " properties. We must therefore, said he, seek " somewhere else to find out the cause of its acti- " vity. Now this active principle, as it was *the cau-* " *se of motion*, he called *the Soul*, because it anima- " tes the Universe (d).

" 2. He distinguished between this universal " principle of motion, & the *thingking Principle*

(a) *St. Cyril. contra Julian. Lib.* 1, p. 85.
(b) *Flor. Olymp.* 80.
(c) *Plut. Vita Peric.*
(d) *Arist. de Anim. lib.* 1. *cap.* 2. p. 619. *Ed. Paris* 1619.

" dernier l'Entendement (a). Il ne voyoit rien dans la
" matiere qui fût semblable à cette propriété ; de là il
" concluoit qu'il y avoit dans la Nature une autre subs-
" tance, que la matiere. Mais il ajoutoit que l'Ame
" & l'Esprit étoient la même substance, qu'on distin-
" guoit selon les opérations, & que de toutes les Essen-
" ces, elle étoit la plus simple, la plus pure, & la plus
" exempte de mélange.

Ce Philosophe passoit à Athenes pour un Athée, parce qu'il nioit que les Astres & les Planetes fussent des Dieux (b). Il soutenoit que les premiers étoient des Soleils, & les autres des Mondes habitables. Le Système de la pluralité des Mondes est très-ancien.

Platon (c) accuse Anaxagore d'avoir expliqué tous les Phénomenes de la Nature par la Matiere & le Mouvement. Descartes n'a fait que renouveller ce sentiment. Il me semble que c'est avec grande injustice qu'on attaqueroit le Philosophe de Clazomene, ou son imitateur, puisque l'un & l'autre pose pour principe que le mouvement n'est pas une propriété de la matiere, & que les loix du mouvement sont établies avec connoissance & dessein. En supposant ces deux principes, il me paroît que c'est avoir une idée plus noble & plus digne de la Divinité, de soutenir qu'étant présente à son ouvrage, elle donne la vie, l'être & le mouvement à toutes les créatures, que d'imaginer avec les Péripatéticiens des Intelligences subalternes, des formes substantielles, des Etres mitoyens & indéfinissables, qui produisent tous les différens arrangemens de la matiere. Aristote & son Ecole en multipliant les causes secondes, ont dérobé à la Cause premiere sa puissance & sa gloire.

Socrate (d) suit de près Anaxagore. On dit vulgairement qu'il a été Martyr de l'Unité Divine, pour avoir re-

" which laſt he called the *Underſtanding* (a). He ſaw
" nothing in Matter that had any reſemblance to
" this property; and from thence he inferred, that
" there was in Nature another ſubſtance beſides
" matter. But he added, that the *Soul* & *Spirit* were
" one & the ſame ſubſtance, diſtinguiſhed by us only
" in regard of its different operations, & that of all
" eſſences it was the moſt ſimple, the moſt pure, &
" the moſt exempt from all mixture & compoſition.

This Philoſopher paſſed at *Athens* for an Atheiſt, becauſe he denied that the Stars and Planets were Gods (b). He maintained, that the firſt were Suns, & the latter habitable Worlds. So very ancient is the Syſtem of a plurality Worlds, which has been generally thought to be modern.

Plato (c) accuſes *Anaxagoras* of having explained all the *Phænomena* of Nature by Matter & Motion. *Deſcartes* has only revived this opinion. I cannot but think it very unjuſt to attack the Philoſopher of *Clazomena* or his follower on this account, ſince they both lay it down for a principle, that motion is not a property of matter, & that the laws of motion are ſettled with thought & deſing. Suppoſing theſe two principles, he gives us a nobler idea, & one every way more worthy of the Deity, who maintains, that God being always himſelf preſent to his work, gives life, being & motion to all creatures, than he who imagines with the *Peripateticks*, that certain inferior Spirits, ſubſtantial forms, or middle beings, which they cannot define, produce all the various modifications & arrangements of matter. *Ariſtotle* & his School, by multiplying ſecond cauſes have in ſome meaſure deprived the firſt cauſe of his power & glory.

Socrates (d) follows cloſe after *Anaxagoras*. The common notion is, that he was a Martyr for the unity of the Godhead, in having refuſed

(a) *Ibid. pag. 620.*
(b) *Plat. de Legib. l. 10. p. 886.* (c) *Plat. in Phæd. p. 73.*
(d) *Flor. Olymp. 90.*

I 4

fusé son hommage aux Dieux de la Grece ; mais c'est une erreur. Dans l'apologie que Platon fait de ce Philosophe, Socrate reconnoît des Dieux subalternes, & enseigne que les Astres & le Soleil sont animés par des Intelligences, auxquelles il faut rendre un culte divin. Le même Platon dans son Dialogue sur la Sainteté (a), nous apprend que Socrate ne fut point puni pour avoir nié qu'il y eût des Dieux inférieurs, mais parce qu'il déclamoit hautement contre les Poëtes qui attribuoient à ces Divinités des passions humaines & des crimes énormes.

En supposant plusieurs Divinités inférieures, Socrate n'admettoit cependant qu'un seul Principe éternel. Xénophon nous a laissé un excellent abrégé de la Théologie de ce Philosophe. C'est peut-être le plus important morceau qui nous reste de l'Antiquité. Il contient les entretiens de Socrate avec Aristodeme, qui doutoit de l'existence de Dieu. Socrate lui fait remarquer d'abord tous les caracteres de dessein, d'art & de sagesse répandus dans l'univers, & sur-tout dans la mécanique du corps humain (b). » Croyez-vous, dit-il ensuite à
» Aristodeme, croyez-vous que vous soyez le seul être
» intelligent ? Vous savez que vous ne possédez qu'une
» petite parcelle de cette matiere qui compose le monde,
» une petite portion de l'eau qui l'arrose, une étincelle
» de cette flamme qui l'anime. L'intelligence vous appar-
» tient-elle en propre ? L'avez-vous tellement retirée
» & renfermée en vous-même, qu'elle ne se trouve nulle
» part ailleurs ? Le hazard fait-il tout, sans qu'il y ait
» aucune sagesse hors de vous ?

Aristodeme ayant repliqué qu'il ne voyoit point ce sage Architecte de l'Univers, Socrate lui répond : » Vous ne voyez pas non plus l'ame qui gou-
» verne votre corps, & qui regle tous ses mouve-
» mens ; vous pourriez aussi-bien conclure que vous

' Pour les Notes, Voyez pag. 201.

ANCIENT THEOLOGY.

to pay his homage to the Gods of *Greece*; but it is a miſtake. In the apology that *Plato* makes for this Phi-loſopher, *Socrates* acknowledgeth certain ſubordinate Deities, & teaches that the Stars and the Sun are animated by Intelligences who ought to be worſhipped with divine honours. The ſame *Plato* in his Dialogue upon Holineſs, (a) tells us, that *Socrates* was not puniſhed for denying that there were inferior Gods, but for declaiming openly againſt the Poëts, who aſcribed humain paſſions and enormous crimes to thoſe Deities.

Socrates however, whilſt he ſuppoſed ſeveral inferior Gods, admitted all the while but only one eternal Principle. *Xenophon* has left us an excellent abridgment of the Theology of that Philoſopher. 'T is perhaps the moſt important piece we have left of antiquity. It contains the converſation of *Socrates* with *Ariſtodemus*, who doubted of the exiſtence of God. *Socrates* makes him at firſt take notice of all the characters of deſign, of art, & of wiſdom that appear all over the univerſe, & particularly in the mechaniſm of the human body. » (b) Do you be-
» lieve, ſays he then to *Ariſtodemus*, can you believe
» that you are the only intelligent being? You
» know that you poſſeſs but a little particle of that
» matter which compoſes the world, a ſmall por-
» tion of that water which moiſtens it, a ſpark of
» that flame which animates it. Is underſtanding
» peculiar to you alone? Have you ſo engroſſed &
» confined it to yourſelf, that it is to be found no
» where elſe? Does blind chance work every thing,
» & is there no ſuch thing as wiſdom beſides what
» you have?

Ariſtodemus having reply'd, that he did not ſee that wiſe Architect of the Univerſe; *Socrates* anſwers him, » Neither do you ſee the ſoul which go-
» verns your own body, and regulates all its
» motions: you might as well conclude, that you

(a) *Plat. Eutyth. pag.* 5. & 6.
(b) *Xen. Mem. So. Ed. Baſil.* 1479. *lib.* 1. *pag.* 473.

I. 5

» ne faites rien avec deſſein & raiſon, que de ſoutenir
» que tout ſe fait par hazard dans l'Univers.

Ariſtodeme ayant reconnu un Etre ſouverain, doute
cependant de la Providence, parce qu'il ne comprend pas
comment elle peut tout voir d la fois. Socrate lui re‑
plique : » Si l'Eſprit qui réſide dans votre corps le meut
» & le diſpoſe ſelon ſa volonté, pourquoi la Sageſſe
» Souveraine qui préſide à l'Univers, ne peut-elle pas
» auſſi régler tout comme il lui plaît ? Si votre œil
» peut voir les objets à la diſtance de pluſieurs ſtades,
» pourquoi l'œil de Dieu ne peut-il pas tous voir d la
» fois ? Si votre Ame peut penſer en même temps à ce
» qui eſt d Athenes, en Egypte, & en Sicile, pourquoi
» la Sageſſe Divine ne peut-elle pas avoir ſoin de tout,
» étant préſente par-tout à ſon ouvrage ?

Socrate ſentant enfin que l'incrédulité d'Ariſtodeme
venoit plutôt de ſon cœur que de ſon eſprit, conclut
par ces paroles : » O Ariſtodeme, appliquez-vous ſin‑
» cèrement à adorer Dieu, il vous éclairera, & tous
» vos doutes ſe diſſiperont bientôt !

Platon (*), diſciple de Socrate, ſuit les mêmes prin‑
cipes. Il vivoit dans un temps où la doctrine de Démo‑
crite avoit fait de grands progrès à Athenes. Le deſſein
de toute ſa Théologie, eſt de nous donner des ſentimens
nobles de la Divinité ; de nous montrer que les Ames
n'ont été condamnés à animer des corps mortels que
pour expier les fautes commiſes dans un état précédent ;
& d'enſeigner enfin que la Religion eſt le ſeul moyen de
nous rétablir dans notre premiere grandeur. Il mépriſe
ſous les dogmes de la ſuperſtition Athénienne, & tâche
d'en purger la Religion. Le principal objet de ce Philo‑
ſophe eſt l'homme immortel. Il ne parle de l'homme
politique, que pour montrer que le plus court chemin de

Pour la Note, Voyez pag. 203.

ANCIENT THEOLOGY. 103

" do nothing yourself with design an reason, as
" maintain that every thing is done by blind chan-
" ce in the Universe.

Aristodemus at length acknowledging a supreme
Being, is still in doubt as to Providence; not being
able to comprehend how the Deity can see every
thing at once. *Socrates* replies: " If the Spirit that
" resides in your body moves and disposes it at its
" pleasure, why should not that Sovereign Wisdom
" which presides over the Universe, be able like-
" wise to regulate and order every things as he plea-
" ses? If your eye can see objects at the distance of se-
" veral furlongs, why should not the eye of God
" be able to see every thing at once? If your Soul
" can think at the same time upon what is at
" *Athens*, in *Egypt*, & in *Sicily*; why should not
" the Divine Mind be able to take care of every
" thing, being every where present to his work?

Socrates perceiving at last that the infidelity of
Aristodemus did not arise so much from his reason
as from his heart, concludes with these words:
" O *Aristodemus*, apply yourself sincerely to worship
" God: he will enlighten you, & all your doubts
" will soon be removed !

Plato (*), a disciple of *Socrates*, follows the same
principles. He lived at a time when the doctrine
of *Democritus* had made great progress at *Athens*.
The design of all his Theology is to give us noble
sentiment of the Deity; to shew us that Souls were
condemned to animate mortal bodies, only in order
to expiate faults they had committed in a preexis-
tent state; and in fine, to teach that Religion
is the only way to restore us to our first glory and
perfection. He despises all the tenets of the *Athenian*
superstition, and endeavours to purge Religion of
them. The chief object of this Philosopher is *man
in his immortal capacity*. He speaks of him in his *politick one*, only to shew that the shortest way to

(*) *Olymp.* 100.

THÉOLOGIE ANCIENNE.

l'immortalité est de remplir pour l'amour du beau les devoirs de la société civile.

Platon, dans un de ses Dialogues, définit Dieu, la Cause productrice qui fait exister ce qui n'étoit pas auparavant (a). Il semble par là qu'il ait eu une idée de la création. La Matiere, selon lui, n'étoit éternelle que parce qu'elle étoit produite de tout temps. Il ne l'a jamais regardée comme indépendante de Dieu, ni comme une émanation de sa substance, mais, comme une véritable production (b). Il est vrai que dans son Timée Locrien (c) il appelle quelquefois la substance divine une matiere incréée ; mais il la distingue toujours de l'Univers sensible, qui n'en est qu'un effet & une production.

Il n'est pas surprenant que Platon aidé de la seule lumiere naturelle ait connu la création. Cette vérité [quelqu'incompréhensible qu'elle paroisse à l'entendement fini] ne renferme aucune contradiction. En effet quand Dieu crée, il ne tire pas l'être du néant, comme d'un sujet sur lequel il opere ; mais il fait exister ce qui n'étoit pas précédemment. L'idée de puissance infinie suppose nécessairement celle de pouvoir produire de nouvelles substances, aussi-bien que de nouvelles formes. Faire exister une substance qui n'existoit pas auparavant, ne paroît pas plus inconcevable que de faire exister une forme qui n'étoit pas auparavant ; puisque dans l'un & dans l'autre cas on produit un Être nouveau. Ce passage du néant à l'être embarrasse également dans tous les deux.

Pour les Notes, Voyez pag. 203.

immortality is to discharge all the duties of civil and social life for the love of virtue.

Plato in one of is Dialogues defines God, *the efficient Cause which makes things exist that had no beings before* (a). A definition which shews that he had an idea of the creation. Matter, in his way of thinking, was not eternal in any sense but as it was created from eternity. He never thought it either independent upon God, or any emanation of his substance, but real production (b). Speaking indeed of the Divine substance in his *Timæus Locrus*, he calls it *an uncreated matter* (c); but he distinguishes it always from the sensible Universe, which he considers merely as an affect and a production.

Nor is it surprising that *Plato*, who had only the light of nature to instruct him, should be convinced of the creation. That truth [however incomprehensible it may appear to finite minds] does yet imply no contradiction. In reality, when God creates, he does not draw a being out of nothing, as out of a subject upon which he works; but he makes something exist which did not exist before. The idea of infinite power necessarily supposes that of being able to produce new substances, as well as news forms. To make a *substance* exist which did not exist before, has nothing in it more inconceivable than the making a *form* exist which was not before; for in both cases there is a new being produced; and whatever difficulties there are in conceiving the passage *from nothing to being*, they are as puzzling in the one as in the other.

(a) Ποιητιὸν πᾶσαν ἔφαμεν εἶναι δύναμιν, ἢ τὶς ἐν αἰτία γίγνηται τοῖς μὴ πρότερον οὖσιν ὕστερον γίγνεσθαι. Plat. Sophist. p. 189, Ed. Franc. 1602.

(b) Cic. Tusc. Quæst. lib. 1. p. 1040. Possumusne dubitare quin mundo præsit aliquis Effector ut Platoni videtur, vel Moderator tanti operis ut Aristoteli placet?

(c) Ἰδέαν ὅλαν διέθηταν τὶ ἐκγονον τούτων. Plat. Tim. Loc. pag. 1097.

Or comme on ne nie pas qu'il y ait une force mouvante, quoiqu'on ne conçoive pas comment elle agit ; de même il ne faut pas nier qu'il y ait une puissance créatrice, parce que nous n'en avons pas une idée claire.

Revenons à Platon. (a) " Il appelle Dieu le souve-
" rain Architecte qui a créé l'Univers & les Dieux, &
" qui fait tout ce qu'il lui plaît dans le Ciel, sur la Ter-
" re, & aux Enfers.

Il considere la Divinité dans sa solitude éternelle avant la production des êtres finis. Il dit souvent d'après les Egyptiens " *que cette premiere source de la Divinité*
" *est environnée de ténebres épaisses ; que nul mortel ne*
" *peut les pénétrer ; & qu'il ne faut adorer ce Dieu*
" *caché que dans le silence* ". *C'est ce premier Principe qu'il appelle en plusieurs endroits l'Etre, l'Unité, le Bien souverain ;* (b) *le même dans le monde intelligent, que le Soleil dans le monde visible. C'est selon Platon, cette fontaine de la Divinité que les Poëtes nommoient Cœlus.*

Ce Philosophe nous représente ensuite le premier Etre comme sortant de son unité pour considerer toutes les differentes manieres par lesquelles il peut se dépeindre au-dehors. Par là se forme dans l'entendement divin, le monde intelligible, contenant les idées de toutes choses & les vérités qui en résultent. Platon fait toujours une distinction entre le Bien suprême, & cette Sagesse qui n'en est que l'émanation. " Ce qui nous présente la vérité,
" dit-il, & ce qui nous donne la raison, est le bien
" suprême. Cet Etre est la cause & la source de la
" vérité (c) ; il l'a engendrée semblable à lui-même.
" (d) Comme la lumiere n'est pas le Soleil, mais son
" émanation ; de même, la Vérité n'est pas le premier
" Principe, mais son émanation. Comme le Soleil non-

Pour les Notes, Voyez page. 207.

ANCIENT THEOLOGY.

As therefore it cannot be denied but that there is a *moving power*, though we do not conceive how it acts: so neither must we deny that there is a *creating power*, because we have not a clear idea of it.

To return to *Plato* (a). " He calls God the su-
" preme Architect, who created the Heavens, the
" Earth, and the Gods, and who does whatever
" he pleases in Heaven, in Earth, & in the Shades
" below.

He considers the Deity in his eternal solitude before the production of finite beings. He says frequently like the *Egyptians*, " That this first source
" of the Deity is surrounded with thick darkness,
" which no mortal can penetrate, & that this inac-
" cessible God is only to be adored by silence.
'T is this first Principle wich he calls in several places *the Being, the Unity, the supreme Good* (b); the same in the intelligent world, that the Sun is in the visible world. 'T is in *Plato's* opinion, this fountain of the Deity that the Poëts called *Cœlus*.

This Philosopher afterwards represents to us this first Being as sallying out of his unity to consider all the various manners by which he might represent himself exteriorly, & thus the intelligible world, comprehending the ideas of all things, & the truths which result thence, was formed in the Divine understanding. *Plato* always distinguishes between the supreme Good, & that Wisdom which is only an emanation from him. " That which offers us
" truth, says he, & that which gives us reason is
" the *supreme Good*. He is the cause and source
" of Truth; (c) he hath begotten it like himself.
" (d) As the light is not the Sun, but an
" emanation of it; so Truth is not the first
" Principle, but his emanation. As the Sun not

(a) *Plat. de Rep. lib.* 10. *p.* 749. (b) *De Rep. l.* 6. *p.* 686.
(c). *De Rep. lib.* 6. *p.* 687.
(d) *Ibid.* Τοῦτον τοίνυν φαναι με λέγειν τὸν τοῦ ἀγαθοῦ ἔκγονον ὃν τἀγαθὸν ἐγέννησεν ἑαυτῷ.

» seulement éclaire les corps, & les rend visibles; mais
» encore qu'il contribue à leur génération & à leur ac-
» croissement; de même le Bien suprême fait non-seule-
» ment connoître les créatures, mais il leur donne aussi
» leur être & leur existence ». C'est cette émanation qu'il
appelle Saturne, ou le fils de Cœlus.

Il considere enfin la Cause productrice comme animant l'Univers & lui donnant la vie & le mouvement. Dans le dixieme Livre de ses Loix (a) il prouve que la cause du mouvement ne peut pas être corporelle, parce que la matiere n'est point active par elle-même, & suppose un autre principe pour la mouvoir. Il nomme ce premier Moteur l'Ame du Monde, & Jupiter ou le fils de Saturne. On voit par là que la Trinité de Platon ne renferme que trois Attributs de la Divinité, & nullement trois Personnes.

Aristote, Disciple de Platon & Prince des Philosophes Péripatéticiens, appelle Dieu » (b) l'Etre Eternel
» & Vivant; le plus noble de tous les Etres, une substan-
» ce totalement distincte de la matiere, sans étendue,
» sans division, sans parties, & sans succession; qui
» comprend tout par un seul acte, qui demeurant im-
» mobile en soi remue tout, & qui possede en lui-même
» un bonheur parfait, parce qu'il se connoît lui-même,
» & se contemple avec un plaisir infini.

Dans sa Métaphysique il pose pour principe » que
» Dieu (c) est une Intelligence souveraine, qui agit avec
» ordre, proportion & dessein; & qu'il est la source du
» bon, du beau, & du juste.

Dans son Traité de l'Ame, il dit » que l'Intel-
» lect suprême (d) est par sa nature le plus
» ancien de tous les Etres, qu'il a une domination
» souveraine sur tout ». Il dit ailleurs (e), » que le

Pour les Notes, Voyez pag. 209.

ANCIENT THEOLOGY.

" only gives light to bodies, & makes them visible, " but contributes likewise to their generation & " growth; so the supreme Good not only gives " knowledge to creatures, but gives them their " being and existence too ", This emanation he calls *Saturn*, or the son of *Cœlus*.

In short, he considers the productive Cause of all things, as animating the Universe, & giving it life & motion. In the tenth book of his Laws, (a) he proves that the cause of motion cannot be corporeal because matter is not active in its nature; & supposes another principle to put it in motion. This first Mover he calls the Soul of the World, & *Jupiter*, or the son of *Saturn*. So that it is plain from hence, that the Trinity of *Plato* comprehends only three Attributes of The Deity, and not three Persons.

Aristotle, *Plato*'s disciple, & Prince of the *Peripatetick* Philosophers, calls God (b) " the eternal " & living Being, the most noble of all Beings, " a Substance entirely distinct from matter, without " extension, without division, without parts, and " without succession; who understands every thing " by one single act, & continuing himself immovea-" ble, gives motion to all things, & enjoys in " himself a perfect happiness, as knowing & con-" templating himself with infinite pleasure.

In his Metaphysiks he lays it down for a principle, that God (c) " is a supreme Intelligence which " acts with order, proportion & design; & is the " source of all that is good, excellent, and just.

In his Treatise of the Soul, he says, " that " the *supreme Mind* (d) is in its nature prior to all " beings, that he has a sovereign dominion over " all ". And in other places he says, " (e) that the

(a) *Lib.* 10, *pag.* 951, 952.
(b) *Arist.* Ed. *Paris* 1629, Metaph. lib. 14, cap. 7, p. 1000.
(c) *Metaph.* l. 14. c. 10. p. 1005. (d) *Id. de Anim* l. 1. c. 7.
p. 628. (d) *Mil.* l. 1. c. 2, 3, pag. 844, 845.

» *premier principe n'eſt ni le Feu, ni la Terre, ni l'Eau,*
» *ni rien de ſenſible ; mais que l'Eſprit eſt la cauſe de l'U-*
» *nivers, & la ſource de tout l'ordre & de toutes les beau-*
» *tés, auſſi-bien que de tous les mouvemens & de toutes*
» *les formes qu'on y admire.*

Ces paſſages prouvent qu'Ariſtote ne ſoutenoit l'éternité du monde que comme d'une émanation poſtérieure en nature à l'Intelligence Divine, qui étant tout acte & toute énergie ne pouvoit pas demeurer dans l'oiſiveté.

Outre cette ſubſtance premiere & éternelle, il reconnoît pluſieurs autres Intelligences qui préſident aux mouvemens des Spheres Céleſtes. » Il n'y a, dit-il, qu'un
» ſeul premier Moteur & pluſieurs Dieux ſubalternes.
» (a) *Tout ce qu'on a ajouté ſur la forme humaine de*
» *ces Divinités ſont des fictions faites exprès pour in-*
» *ſtruire la multitude, & pour faire obſerver les bon-*
» *nes loix. Il faut réduire tout à une ſeule* Subſtance
» primitive, *& à pluſieurs* Subſtances ſubordonnées,
» *qui gouvernent ſous elle. Voilà la pure doctrine des*
» *anciens échappée du naufrage des erreurs vulgaires,*
» *& des fables poétiques.*

Cicéron vivoit dans un temps, où la corruption des mœurs, & le libertinage d'eſprit, étoient parvenus à leur comble. La Secte d'Epicure avoit prévolu à Rome ſur celle de Pythagore ; & les eſprits les plus ſages en raiſonnant ſur la Nature Divine ſe contentoient de flutter entre les deux opinions, d'une Intelligence ſouveraine, & d'une Matiere aveugle. Cicéron, dans ſon Traité ſur la Nature des Dieux, plaide la cauſe des Académiciens qui doutoient de Tout. Il eſt à remarquer cependant qu'il réfute fort bien Epicure dans ſon premier Livre, & que les objections qu'il fait dans ſon troiſieme comme Académicien, ſont beaucoup plus foibles que les preuves fondées ſur les merveilles de

Pour la Note, Voyez pag. 211.

"first Principle is neither the Fire, nor the Earth,
"nor the Water, nor any thing that is be object of
"sense; but that a Spiritual Substance is the cause of
"the Universe, and the Source of all the order & all
"the beauties, as well as of all the motions & all
"the forms which we so admire in it.

These passages shew that *Aristotle* held the eternity of the World only in consequence of his notion that it was an emanation posterior in nature to the Divine Mind, who being all act, and all energy, could not rest in a state of inactivity.

Besides this first & eternal substance, he acknowledges several other intelligent beings that preside over the motions of the celestial Spheres. "There is,
"says he, but one only Mover, & several inferior
"Deities. (a) All that is added about the human
"shape of these Deities, is nothing else but fiction,
"invented on purpose to instruct the common
"people, & engage them to an observance of good
"laws. All must be reduced to *one only primitive*
"*Substance*, & to several inferior Substances, which
"govern in subordination to the first. This is the
"genuine doctrine of the ancients, escaped from
"the wreck of vulgar errors and poëtick fables.

Cicero lived in an age when corruption of manners & scepticism were at their height. The Sect of *Epicurus* had got the ascendant at *Rome* over that of *Pythagoras*; & some of the greatest men when they were reasoning about the Divine nature, thought fit to suspend their judgment and waver between the two opinions, of a *supreme Intelligence* & a *blind Matter*. *Cicero*, in his Treatise of the nature of the Gods, pleads the cause of every thing. It is however to be observed, that he refutes *Epicurus* with great force of reason in his first book, & that the objections which he makes in his third, as an Academick, are much weaker than the proofs which he draws from the wonders. that

(a) *Ibid*. l. 14, c. 8, p. 1008.

THEOLOGIE ANCIENNE.

la Nature, qu'il rapporte dans son second Livre, pour démontrer l'existence d'une Intelligence souveraine.

Dans ses autres Ouvrages, & sur-tout dans son Livre des Loix, il nous dépeint " l'Univers comme une Répu-
" blique (a) dont Jupiter est le Prince & le Pere com-
" mun. La grande Loi imprimée dans le cœur de tous
" les Hommes, est d'aimer le bien public, & les mem-
" bres de la société comme soi-même. Cet amour de
" l'ordre est la souveraine justice, & cette justice est
" aimable par elle-même. Si on ne l'aime que pour
" l'utilité qu'elle procure, on n'est pas bon, mais poli-
" tique. La souveraine injustice, c'est d'aimer la justice
" seulement pour la récompense. En un mot, la Loi
" universelle, immuable, éternelle de toutes les Intelli-
" gences, est de chercher le bonheur les unes des autres
" comme les enfans d'un même pere.

Il nous représente ensuite Dieu comme une sagesse souveraine, à l'autorité de qui toutes les natures intelligen-
tes peuvent encore moins se soustraire que les natures corporelles. " Selon l'opinion des plus sages & des plus
" grands Génies, dit ce Philosophe, (b) la Loi n'est
" pas une invention de l'esprit humain, ni un établisse-
" ment arbitraire des Peuples, mais une suite de la
" Raison éternelle, qui gouverne l'Univers.

" L'outrage que Tarquin fit à Lucrece, continue-
" t-il, n'en étoit pas moins criminel, parce qu'il n'y
" avoit point encore de Loi écrite à Rome contre ces
" sortes de violences. Ce Tyran manqua à la Loi éter-
" nelle qui n'a pas commencé à être Loi, lorsqu'el-
" le a été écrite, mais lorsqu'elle a été faite. Or
" son origine est aussi ancienne que l'Esprit Divin ;
" car la vraie, la primitive, & la principale Loi

Pour les Notes, Voyez pag. 213.

ANCIENT THEOLOGY.

appear in Nature, which he infifts on in his fecond book, to demonftrate the exiftence of a fupreme Intelligence.

In his other Works, & particularly is his Book *de Legibus*, he defcribes " the Univerfe (a) as a
" Republick, of which *Jupiter* is the Prince & the
" common Father. The great Law imprinted in
" the hearts of all Men is to love the publick good,
" & the members of the common fociety as them-
" felves. This love of order is the fupreme juftice,
" & this juftice is amiable for its own fake. To love
" it only for the advantages it procures us, may be
" politick, but there's little of goodnefs in it.
" 'Tis the higheft injuftice to love juftice only for
" the fake of recompence. In a word the univer-
" fal, immutable & eternal Law of all intelligent
" beings, is to promote the happinefs of one ano-
" ther like children of the fame father.

He next reprefents God to us as a fovereign Wifdom, from whofe authority it is ftill more impracticable for intelligent natures to withdraw themfelves than it is for corporeal ones. " (b) According
" to the opinion of the wifeft and greateft Men,
" fays this Philofopher, the Law is not an inven-
" tion of human underftanding, or the arbitrary
" conftitution of Men, but flows from the eternal
" Reafon that governs the Univerfe.

" The Rape, which *Tarquin* committed upon
" *Lucretia*, continues he, was not lefs criminal in
" its nature, becaufe there was not at that time
" any written law at *Rome* againft fuch fort of vio-
" lences. The Tyrant was guilty of a breach of
" the eternal Law, the obligation whereof did not
" commence from the time it was written, but
" from the moment it was made. Now its origin
" is as ancient as the Divine intellect; for the
" true, the primitive, & the fupreme Law

(a) *Cic. de Leg. Ed. Amft.* 1661. *Lib.*1.*p.*1188,1189, 1190,1191,&c. (b) *Ibid. l.*2.*p.*1194.

» n'est autre que la souveraine Raison du grand Jupiter.
« (a) Cette Loi, dit-il ailleurs, est universelle, éternel-
» le, immuable. Elle ne varie point selon les lieux &
» les temps. Elle n'est pas différente aujourd'hui de ce
» qu'elle étoit autrefois. La même Loi immortelle regle
» toutes les Nations, parce qu'il n'y a qu'un seul Dieu,
» qui a enfanté & publié cette Loi.»

Quelle idée ne vous donne pas Cicéron de la Nature
de l'Ame dans son Traité de la Consolation ! (b) » Tha-
» lès, dit-il, qu'Apollon lui-même déclara le plus sage
» de tous les Hommes, a toujours soutenu que l'Ame est
» une parcelle de la Substance Divine, & qu'elle retour-
» ne dans le Ciel si-tôt qu'elle est dégagée du corps mor-
» tel. Tous les Philosophes de l'Ecole Italique ont sui-
» vi ce sentiment. C'est leur doctrine constante que les
» Ames descendent du Ciel, & qu'elles sont non-seule-
» ment l'ouvrage de la Divinité, mais une participation
» de son essence.

» Si quelqu'un doute de ces vérités, continue-t-il,
» il est facile de les prouver. La nature immortelle de l'A-
» me est démontrée par deux propriétés que nous y recon-
» noissons, son activité & sa simplicité.

» Elle est active par elle-même : elle est la source de tous
» ses propres mouvemens ; elle n'a point de principe d'où
» elle emprunte sa force. Elle est par conséquent une ima-
» ge de la Divinité, & une émanation de sa lumiere. Or
» si Dieu est immortel, comment l'Ame qui en est une
» partie peut-elle périr ?

» De plus, l'Ame est d'une nature simple, sans mé-
» lange & sans composition ; elle n'a rien de commun
» avec les Elémens, rien qui ressemble à la Terre,
» à l'Eau, à l'Air, au Feu. On ne voit dans la ma-
» tiere aucune propriété semblable à la mémoire
» qui retient le passé, à la raison qui prévoit

Pour les Notes, Voyez pag. 215.

" is nothing elfe but the fovereign Reafon of the
" great *Jove*. (a) This Law, fays he in another place,
" is univerfal, eternal, immuable, It does not vary
" according to times & places. It is not different
" now from what it was formerly. The fame im-
" mortal Law is a rule to all nations, becaufe it
" has no Author but the one only God who brought
" it forth and promulged it.

What a noble idea does *Cicero* give us of the nature or the Soul in his Treatife of Confolation !
" (b) *Thales*, fays he, whom *Apollo* himfelf pro-
" nounced to be the wifeft of all Men, always
" maintained that the Soul is a particle of the Di-
" vine fubftance, and that it returns to Heaven as
" foon as it gets rid of the mortal body to which
" it is united here. All the Philofophers of the *Italick*
" School followed this opinion. 'Tis their conftant
" doctrine that Souls come down from Heaven,
" and are not only the work of the Deity, but a
" participation of his effence.

" If any one doubts of thefe truths, continues he,
" 'tis eafy to prove them. The immortal nature of
" the Soul is demonftrated by two properties which
" we difcover in it, its activity & its fimplicity.

" 'Tis active of itfelf; it is the fource of all its
" own motions; it has no principle from whence
" it borrows its power: It is therefore an image of
" the Deity, & an emanation of his light. Now if
" God be immortal, how can the Soul perifh that
" is a part of him?

" Befides the Soul is of a fimple nature, without
" any mixture or compofition; at has nothing in
" common with the elements, nothing that re-
" fembles the Earth, the Water, the Air, or the Fire.
" We do not fee in matter any property like
" the memory which retains what is paffed;
" like the reafon which forefees what is to

(a) *Frag. of the Repub. of* Cicero *preferved by* Lactantius,
lib. 6. cap. 8. (b) *Cic. de Conf.* p. 1500.

» l'avenir, & à l'esprit qui comprend le présent. Toutes
» ces qualités sont divines, & ne peuvent venir que de
» Dieu seul. L'Ame qui sort de Dieu participe à son éter-
» nité. C'est cette espérance qui rend les Sages tran-
» quilles aux approches de la mort. C'est cette attente
» qui fit boire à Socrate avec joie la coupe fatale.
» Les Ames enfoncées dans la matiere craignent la dis-
» solution de ce corps, parce qu'elles ne songent à rien
» qu'à ce qui est terrestre. O pensée honteuse, & qui
» doit faire rougir les mortels ! L'homme est la seule
» créature sur la terre qui soit alliée à la Divinité, &
» & qui en ait la connoissance ; cependant il est assez
» aveugle & insensé pour oublier son origine céleste, &
» pour craindre de retourner sans sa Patrie.

    Tels étoient les raisonnemens de Cicéron lorsqu'il con-
sultoit ses lumieres naturelles, & que l'envie de faire
briller son esprit ne l'engageoit plus à défendre la doctrine des Pyrrhoniens.

    Ecoutons enfin Séneque le Stoïcien. Il étoit Précep-
teur de Néron, & vivoit dans un siecle où le Christianisme n'étoit pas assez respecté pour que les Païens en em-
pruntassent des lumieres philosophiques.

» Il importe peu, dit-il, (a) de quel nom on ap-
» pelle la premiere Nature, & la Divine Raison qui
» préside à l'Univers, & qui en remplit toutes les par-
» ties ; c'est toujours le même Dieu. On le nomme
» Jupiter Stateur, non comme disent les Historiens,
» parce qu'il arrêta les Armées Romaines qui fuyoient,
» mais parce qu'il est le ferme appui de tous les
» êtres. On peut l'appeller Destin, parce qu'il est la
» premiere cause d'où dépendent toutes les autres. Nos
» Stoïciens l'appellent tantôt le Pere Bacchus, parce
» qu'il est la vie universelle qui anime la nature ;
» Hercule, parce que sa puissance est invincible ;
» Mercure, parce qu'il est la Raison, l'Ordre, &
» & la Sagesse éternelle. Vous pouvez lui donner
» autant de noms que vous voudrez, pourvu que

Pour la Note, Voyez pag. 217.   » come ;

ANCIENT THEOLOGY.

" come; or like the underſtanding which apprehends
" what is preſent. All theſe qualities are divine, &
" can come from none but God alone: The Soul
" which proceeds from God partakes of his eternity.
" 'Tis this hope wich makes wiſe men eaſy at the
" approches of death. T was this expectation
" which made *Socrates* drink the fatal cup with joy.
" Souls ſunk in matter are afraid of the diſſolution
" of this body, becauſe they dream of nothing but
" what is terreſtrial. O ſhameful thought ſuch as
" mortals ought to bluſh at. Man is the only crea-
" ture upon earth, that is allied to the Deity, or
" hath any knowledge of him, & yet he is blind
" and ſenſeleſs enough to forget his heavenly ori-
" ginal, and be afraid of returning to his native
" country.

Such were the reaſonings of *Cicero* when he con-
ſulted natural light, and was not carried away by a
fondneſs of ſhewing his wit to defend the doctrine
of the *Scepticks*.

To come at laſt to *Seneca* the Stoick. He was
Nero's Tutor, & lived in an age when Chriſtianity
was not in credit enough to engage the Heathens to
borrow any Philoſophical Principles from thence.

" (a) 'Tis of, very little conſequence, ſays he,
" by what name you call the firſt Nature, & the
" Divine Reaſon that preſides over the Univerſe,
" & fills all the parts of it. He is ſtill the ſame God.
" He is called *Jupiter Stator*, not as Hiſtorians ſay,
" becauſe he ſtopped the *Roman* armies as they
" were flying, but becauſe he is the conſtant ſup-
" port of all beings. They may call him *Fate*,
" becauſe he is the firſt Cauſe on which all others
" depend. We Stoicks call him ſometimes *Father*
" *Bacchus* becauſe he is the univerſal life that ani-
" mates nature; *Hercules*, becauſe his power is in-
" vincible; *Mercury* becauſe he is the eternal Rea-
" ſon, Order, & Wiſdom. You may give him as
" many names as you pleaſe, provided you

(a) *Senec. Ed. Amſt. a Lipſio*, 1653. *de Benef.* l. 4. p. 111.
Vol. II. X

218 THÉOLOGIE ANCIENNE.

» vous n'admettiez qu'un seul Principe présent par-tout.

Séneque considere après Platon, l'entendement divin comme contenant en soi le modele de toutes choses, qu'il appelle les idées immuables & toutes-puissantes. » Tout ouvrier, dit-il, (a) a un modele sur lequel » il forme son ouvrage; n'importe si ce modele existe » hors de lui devant ses yeux, ou s'il se forme en lui » par l'effort de son propre génie. Dieu produit ainsi » au-dedans de lui-même ce modele parfait qui est la » proportion, l'ordre & la beauté de tous les Etres.

» Les Anciens, dit-il ailleurs, (b) ne croyoient point » Jupiter tel que nous le repréſentons dans le Capitole » & dans les autres Edifices. Mais ils entendoient par » Jupiter, le Gardien & le Gouverneur de l'Univers, » l'Entendement & l'Esprit, le Maître & l'Archi- » tecte de cette grande machine. Tous les noms lui » conviennent. Vous ne vous trompez pas en l'ap- » pellant Destin, parce qu'il est la Cause des Causes de » qui tout dépend. Voulez-vous l'appeller Providence, » vous ne vous trompez point non plus : car c'est par » sa sagesse que ce monde se gouverne. Voulez-vous » l'appeller Nature, vous ne pécherez pas; c'est de lui » que tous les Etres sont nés, & c'est par lui qu'ils res- » pirent.

On ne peut lire sans admiration les ouvrages d'Epic- tete, d'Arrien son disciple, & de Marc Antonin. On y trouve des regles de Morale dignes du Christianisme. Ces Disciples de Zénon croyoient cependant comme leur Maître qu'il n'y avoit qu'une seule Substance; que l'In- telligence souveraine étoit matérielle; que son essen- ce étoit un pur Ether qui remplissoit tout par dif- fusion locale. L'erreur de ces Corporalistes ne prou- ve pas qu'ils aient été Athées. Une fausse idée

Pour les Notes, Voyez pag. 219.

ANCIENT THEOLOGY. 219

" allow but *one sole Omnipresent Principle* who fills
" all that he hath made.

Agreable to *Plato's* notions, he considers the Divine understanding as comprehending in it self the model of all things, which he stiles the immutable & almighty ideas. (a) " Every workman,
" says he, hath a model by which he forms his
" work. It signifies nothing whether this model
" exists outwardly & before his eyes, or is formed
" within him by the strength of his own genius. So
" God produces within himself that perfect model,
" which is the proportion, the order & the beauty
" of all beings.

(b) " The Ancients, says he in another place,
" did not think *Jove* such a being as we represent
" him in the Capitol and in our other buildings:
" But by *Jove* they meant the Guardian & Governour
" of the Universe, the Understanding & the Mind,
" the Master & the Architect of this great machine.
" All names belong to him. You are not in the
" wrong if you call him *Fate*, for he is the Cause
" of Causes, and every thing depends on him.
" Would you call him *Providence*, you fall into no
" mistake; 'tis by his wisdom that this world is
" governed. Would you call him *Nature*, you will
" not offend in doing so: 'tis from him that all
" beings derive their origin; 'tis by him that they
" live and breathe.

There is no reading the Works of *Epictetus*, of *Arrian*. his disciple, & of *Marcus Antonius* without admiration. We find in them rules of Morality worthy of Christianity; & yet those Disciples of *Zeno* believed like their Master, that there was but one Substance; that the supreme intelligent Being was material, & that its essence was a pure Æther which filled all by local diffusion. The error of these Materialists does not in any wise prove them to be Atheists. A false notion about

(a) *Sen. Ep.* 65. p. 493.
(b) *Sen. Natur. Quæst. lib.* 2. p. 715.

K 2

THEOLOGIE ANCIENNE.

sur la Divinité ne forme point l'Athéïsme. Ce qui constitue l'Athée, n'est pas de soutenir avec les Stoïciens que l'étendue & la pensée peuvent être des propriétés de la même substance; ni avec Pythagore & Platon *que la matiere est une production éternelle de la Divinité. Le véritable Athéïsme consiste à nier qu'il y ait une Intelligence souveraine, qui ait produit le monde par sa puissance, & qui le gouverne par sa sagesse.*

Voyons enfin quel sentiment avoient les Peres de l'Eglise sur la Théologie des Païens. Ils étoient à portée de la connoître à fond, par les fréquentes disputes qu'ils avoient avec eux. Il faut craindre dans une matiere aussi délicate, de s'abandonner à ses propres conjectures. Ecoutons la sage Antiquité Chrétienne.

Arnobe *introduit les Païens se plaignant de l'injustice des Chrétiens.* » C'est une calomnie, (a) disent ces
» Païens, *de nous imputer le crime de nier un Dieu*
» *suprême. Nous l'appellons* Jupiter *le très-Grand,*
» *& le très-Bon; nous lui dédions nos plus superbes*
» *Edifices & nos Capitoles, pour marquer que nous*
» *l'exaltons au-dessus de toutes les autres Divinités.*

» Saint Paul *insinue dans sa prédication à Athenes,* dit Saint Clément d'Alexandrie, (b) *que les*
» Grecs *connoissoient la Divinité. Il suppose que ces*
» *Peuples adorent le même Dieu que nous, quoique ce*
» *ne soit pas de la même maniere. Il ne nous défend*
» *point d'adorer le même Dieu que les* Grecs, *mais il*
» *nous défend de l'adorer de la même façon. Il nous*
» *ordonne de changer la maniere de notre culte, & nullement l'objet.*

» *Les* Païens, dit Lactance, (c) *qui admettent plusieurs Dieux, disent cependant que ces*
» *Divinités subalternes président tellement à toutes les parties de l'Univers, qu'il n'y a qu'un seul*

Pour les Notes, Voyez pag. 221.

the Deity being far from proving that they believed none at all. What conſtitutes an Atheiſt, is not the maintaining with the Stoicks that extenſion & thought may be properties of the ſame ſubſtance; or with *Pythagoras* & *Plato* that Matter is an eternal production of the Deity; but real Atheiſm conſiſt in denying that there is a ſupreme Intelligence which made the world by his power, & governs its by his wiſdom.

For our fuller ſatisfaction with regard to the Theology of the Heathens, let us ſee what the Fathers of the Church thought of it. They had ſufficient opportunities of knowing it throughly, by the frequent diſputes which they held with them. And as this is a matter of a very nice nature, I will not indulge any thing to my own conjectures, but will cite their own words.

Arnobius introduces the Heathens complaining of the injuſtice of the Chriſtians. " (a) 'Tis a mere
" calumny, ſay thoſe Heathens, to charge us with
" ſuch a crime, as the denying of a ſupreme God.
" We call him *Jove*, the ſupremely Great, and
" ſovereignly Good; we dedicate our moſt magni-
" ficent ſtructures & our Capitols to him, to ſhew
" that we exalt him above all other Deities.

" St. *Paul* in his preaching at *Athens*, ſays St. *Cle-*
" *ment* of *Alexandria*, (b) inſinuates that the *Greeks*
" had a knowledge of the Deity. He ſuppoſes that
" thoſe people adore the ſame God as we do,
" though not in the ſame manner. He does not
" forbid us to adore the ſame God as the *Greeks*,
" but he forbids us to adore him after the ſame way.
" He orders us to change the manner, & not the
" object of our worſhip.

" The Heathens, ſays *Lactantius* (c), who admit
" ſeveral Gods, ſays nevertheleſs that thoſe ſubor-
" dinate Deities, though they preſide over all
" the various parts of the Univerſe, do it in ſuch
" a manner, as that there is ſtill but one ſole

(a) *Arnob.lib.*1.*p.*19.(b) *Strom.l.*6.*p.*655.(c) *Lib.*1.*p.*16.

THÉOLOGIE ANCIENNE.

« *Recteur & Gouverneur suprême. De là il suit que tou-*
« *tes les autres puissances invisibles ne sont pas des Dieux,*
« *mais simplement des Ministres ou des Députés de ce*
« *Dieu Unique, très-Grand, & Tout-Puissant, qui les*
« *a constitués pour exécuteurs de ses volontés.*

Eusebe de Césarée ajoute : (a) « *Les Païens re-*
« *connoissoient qu'il n'y avoit qu'un seul Dieu, qui*
« *remplit tout, qui pénetre tout, & préside à tout.*
« *Mais ils croyoient qu'étant présens à son ouvrage*
« *d'une maniere incorporelle & invisible, c'est avec*
« *raison qu'on l'adore dans ses effets visibles & cor-*
« *porels* ».

Je finis par un fameux passage de Saint Augustin, qui réduit le Polythéisme des Païens à l'unité d'un seul Principe. « Jupiter, dit ce Pere, (b) *est selon les*
« *Philosophes l'Ame du monde qui prend des noms dif-*
« *férens selon les effets qu'elle produit. Dans les espa-*
« *ces éthérés on l'appelle* Jupiter, *dans l'air* Junon,
« *dans la mer* Neptune, *dans la terre* Pluton, *aux*
« *enfers* Proserpine, *dans l'élément du feu* Vulcain,
« *dans la guerre* Phœbus, *dans les Devins* Apollon,
« *dans le Soleil* Mars, *dans la vigne* Bacchus, *dans*
« *les moissons* Cérès, *dans les bois* Diane, *& dans les*
« *sciences* Minerve. *Toute cette foule de Dieux & de*
« *Déesses ne sont que le même* Jupiter, *dont on ex-*
« *prime les différentes vertus par des noms différens.*

Il est donc évident par le témoignage des Poëtes profanes, des Philosophes Gentils, & des Peres de l'Eglise, que les Païens reconnoissoient une seule Divinité suprême. Les Orientaux, les Egyptiens, les Grecs, les Romains & *toutes les Nations enseignoient universellement cette vérité.*

Vers la cinquantieme Olympiade, six cens ans avant l'Ere Chrétienne, les Grecs ayant perdu les Sciences traditionnelles *des Orientaux, négligerent*

Pour les Notes, Voyez pag. 223.

" Ruler & supreme Governour. From whence it fol-
" lows that all the other invisible Powers are not
" properly Gods, but Ministers or Deputies of the
" only great and almighty God, who appointed
" them executors of his wil.& pleasure.

Eusebius of *Cesarea* goes further. " (a) The
" Heathens own that there is but one only God,
" who fils, pervades and presides over universal
" Nature; but maintain that as he is present to his
" work only in an incorporeal & invisible manner,
" the are therefore in the right to worship him
" in his visible and corporeal effects.

I shall conclude with a famous Passage of St. *Augustine*, who reduces the Polytheism of te Heathens to the unity of one sole Principle. " (b) *Jupiter*,
" says this Father, is, according to the Philoso-
" phers, the Soul of the world, who takes different
" names according to the different effects wich
" he produces. In the æthereal spaces he is called
" *Jupiter*, in the air *Juno*, in the sea *Neptune*, in
" the earth *Pluto*, in hell *Proserpina*, in the element
" of fire *Vulcan*, in the Sun *Phœbus*, in divinatIon
" *Apollo*, in war *Mars*, in the vintage *Bacchus*, in
" the harvest *Ceres*, in the forests *Diana*, & in the
" sciences *Minerva*. All that crowd of Gods and
" Goddesses are only the same *Jupiter*, whose dif-
" ferent powers and attributes they espress by dif-
" ferent names.

It is therefore evident by the testimony of profane Poëts, Heathen Philosophers, and Fathers of the Church, that the *Pagans* acknowledged one supreme Deity. The eastern people, the *Egyptians*, the *Greeks*, the *Romans*, & all nations agreed universally in teaching this truth.

About the fiftieth Olympiad, near six hundred years before the Christian Æra, the *Greeks* having lost the traditional knowledge of the *Orientals*,

(a) *Prep. Evang. l. 3. cap. 13. p. 105.*
(b) *St. August. de Civ. Dei. l. 4. ch. 19.*

la doctrine des Anciens, & commencerent à raisonner sur la Nature Divine par les préjugés des sens & de l'imagination. Anaximandre vivoit alors : il fut le premier qui voulut bannir de l'Univers, le sentiment d'une Intelligence souveraine, pour réduire tout à l'action d'une matiere aveugle qui prend nécessairement toutes sortes de formes. Il fut suivi par Leucippe, Démocrite, Epicure, Straton, Lucrece, & tous l'Ecole des Atomistes.

Pythagore, Anaxagore, Socrate, Platon, Aristote & tous les Grands Hommes de la Grece, se souleverent contre cette doctrine impie, & tâcherent de rétablir l'ancienne Théologie des Orientaux. Ces Génies supérieurs voyoient dans la Nature, mouvement, pensée, dessein. Or comme l'idée de la matiere ne renferme aucune de ces trois propriétés, ils concluoient qu'il y avoit dans la nature une autre substance que la matiere.

La Grece s'étant ainsi partagée en deux Sectes, on disputa long-temps de part & d'autre sans se convaincre. Vers la 120. Olympiade Pyrrhon forma une troisieme Secte, dont le grand principe étoit de douter de tout & de ne rien décider. Tous les Atomistes qui avoient cherché en vain une démonstration de leurs faux principes, se réunirent bientôt à la Secte Pyrrhonienne. Ils s'abandonnerent follement au doute universel, & parvinrent peu après à un tel excès de phrénésie, qu'ils douterent des vérités les plus claires & les plus sensibles. Ils soutinrent sans allégorie que tout ce qu'on voit n'est qu'une illusion, & que la vie entiere est un songe perpétuel dont ceux de la nuit ne sont que des images.

Enfin Zénon établit une quatrieme Ecole, vers la cent trentieme Olympiade. Ce Philosophe tâcha de concilier les disciples de Démocrite avec ceux de Platon, en soutenant que le premier Principe étoit une Sagesse infinie, mais que son essence étoit un pur Ether, ou une lumiere subtile qui se répandoit par-tout pour donner la vie, le mouvement & la raison à tous les êtres.

ANCIENT THEOLOGY.

began to lay afide the doctrine of the Ancients, & to reafon about the Divine nature from prejudices which their fenfes & imagination fuggefted. *Anaximander* lived at that time, & was the firft who fet himfelf to deftroy the belief of a fupreme Intelligence, in order to account for every thing by the action of blind matter, which by neceffity affumes all forts of forms. He was followed by *Leucippus*, *Democritus*, *Epicurus*, *Strato*, *Lucretius*, & all the School of the Atomicall Philofophers.

Pythagoras, *Anaxagoras*, *Socrate*, *Plato*, *Ariftotle*, & all the great Men of *Greece*, oppofed this impious doctrine, & endeavoured to reftore the ancient Theology of the *Orientals*. Thefe Philofophers of a fuperior genius obferved in Nature *motion*, *tought*, & *defign*. And as the idea of matter includes none of thefe three properties, they inferred from thence, that there was another fubftance different from matter.

Greece being thus divided into two Sects, they difputed for a long time, without either party being convinced. At length about the 120 Oiympiad *Pyrrho* formed a third Sect, whofe great principle was to doubt of every thing, & determine nothing. All the Atomifts who had laboured in vain to find out a demonftration of their falfe principles, prefently ftruck in with the *Pyrrhonian* Sect. They ran wildly into te fyftem of an univerfal doubt, and carried it almoft to fuch an excefs of frenzy, that they doubted of the cleareft & moft fenfible truths. They maintained without any allegory, that every thing we fee is only an illufion, & that the whole feries of life is but a perpetual dream of which thofe of the night are only fo many images.

At laft *Zeno* fet up a fourth School about the 300 Olympiad. This Philofopher endeavoured to reconcile the difciples of *Democritus* with thofe of *Plato*, by maintaining that the firft Principle was indeed an infinite *Wifdom*, but his effence was only a pure *æther*, or a fubtile light, which diffus'd it felf every where, to give life, motions, & reafon to all beings.

THEOLOGIE ANCIENNE.

Dans ces derniers temps on n'a fait que renouveller les anciennes erreurs. Jordano Bruno, Vanini, & Spinosa ont rappellé le monstrueux système d'Anaximandre ; & ce dernier a tâché d'éblouir les ames foibles, en donnant une forme géométrique à ce système.

Quelques Spinosistes, sentant que l'évidence leur échappe à tout moment dans les prétendues démonstrations de leur Maître, sont tombés dans une espece de Pyrrhonisme insensé, nommé l'Egomisme, où chacun se croit le seul être existant.

M. Hobbes & plusieurs autres Philosophes, sans se déclarer Athées, osent soutenir que la pensée & l'étendue peuvent être des propriétés de la même substance.

Descartes, le Pere Malebranche, Leibnitz, Bentley, le Dr. Clarke, & plusieurs Métaphysiciens d'un génie également subtil & profond, tâchent de réfuter ces erreurs, & de confirmer par leur raisonnement l'ancienne Théologie. Ils ajoutent aux preuves tirées des effets, celles qu'on tire de l'idée de la premiere cause. Ils font sentir que les raisons de croire sont infiniment plus fortes que celles qu'on a de douter. C'est tout ce qu'il faut chercher dans les discussions Métaphysiques.

L'histoire des temps passés est semblable à celle de nos jours. L'esprit humain prend à peu près les mêmes formes dans les différens siecles. Il s'égare dans les mêmes routes. Il y a des erreurs universelles, comme des vérités immuables. Il y a des maladies périodiques pour l'esprit, comme pour le corps.

In these last ages the Freethinkers have only revived the ancient errors. *Jordano Bruno*, *Vanini*, & *Spinoza*, have vamped up the monstrous system of *Anaximander*; & the last of the three has endeavoured to dazzle weak minds, by dressing it up in a geometrical form.

Some *Spinosists* finding, that they were every moment at a loss for evidence in the pretended demonstrations of their Master, are fallen into a senseless sort of Scepticism, called *Egoism*, where every one fancies himself to be the only being that exists.

Mr. *Hobbes* and several other Philosophers, without setting up for Atheists, have ventured to maintain, that thought & extension may be properties of the same substance.

Descartes, *Malebranche*, *Leibnitz*, Dr. *Bentley*, Dr. *Clarke*, & several Philosophers of a genius equally subtile & profound, have endeavoured to refute these errors, & brought arguments to support the ancient Theology. Besides the proofs which are drawn from the idea of the first Cause, they shew plainly that the reasons for believing, are infinitely stronger than any arguments there are for doubting. This is all that can be expected in metaphysical discussions.

The history of former times is like that of our own. Human understanding takes almost the same forms in different ages, and loses its way in the same labyrinths. There are universal errors as well as uncontroverted truths: and there are periodical diseases of the mind as well as of the body.

SECONDE PARTIE.

De la Mythologie des Anciens.

LES hommes abandonnés à la seule lumiere de leur Raison ont toujours regardé le mal moral & physique comme un phénomene choquant dans l'ouvrage d'un Etre infiniment sage, bon & puissant. Pour expliquer ce phénomene, les Philosophes ont eu recours à plusieurs hypotheses.

La Raison leur dictoit à tous, que ce qui est souverainement bon, ne peut rien produire de méchant, ni de malheureux. De là ils concluoient que les Ames n'étoient pas ce qu'elles avoient été d'abord ; qu'elles s'étoient dégradées par quelque faute qu'elles avoient commise dans un état précédent ; que cette vie est un lieu d'exil & d'expiation, & qu'enfin tous les êtres seront rétablis dans l'ordre.

Ces idées philosophiques avoient cependant une autre origine. La Tradition s'unissoit à la Raison ; & cette Tradition avoit répandu dans toutes les Nations certaines opinions communes sur les trois Etats du Monde. C'est ce que je vais faire voir dans cette seconde Partie, qui sera comme un abregé de la doctrine traditionnelle des Anciens.

Je commence par la Mythologie des Grecs & des Romains. Tous les Poëtes nous dépeignent le Siecle d'Or ou de Saturne, comme un état heureux, où il n'y avoit ni malheurs, ni crimes, ni travail, ni peines, ni maladies, ni mort (a).

Ils nous représentent, au contraire, le Siecle de Fer, comme le commencement du mal physique & moral. Les souffrances, les vices, tous les maux cruels

Pour la Note, Voyez pag. 229.

PART. II.

Of the Mythology of the Ancients.

MEN left to the light of their Reason alone, have always looked upon moral & physical evil, as a shocking phenomenon in the work of a Being infinitely wise, good, & powerful. To account for it, the Philosophers have had recourse to several hypotheses.

Reason told them all, that what is supremely good could never produce any thing that was wicked or miserable. From hence they conclude that Souls are not now what they were at first; that they are degraded for some fault committed by them in a former state; that this life is a place of exile and expiation: & in a word, that all beings are to be restored to their proper order.

These philosophicall notions, however, had another origin. Tradition struck in with Reason to gain them a reception; & that Tradition had spread over all nations certain opinions which they held in common, with regard to the three states of the world, as I shall shew in this second part, which will be a sort of abridgment of the traditional doctrine of the Ancients.

I begin with the Mythology of the *Greeks* and *Romans*. All the Poëts speaking of the golden Age or reign of *Saturn*, describe it to us as an happy state, where there were neither calamities, nor crimes, nor labour, nor pains, nor diseases, nor death (a).

They represent to us on the contrary, the iron Age, as the time when physical & moral evil first appeared; when vices, sufferings,

(a) See *Hesiod. de Secul. aureo. Orpheus apud Proclum. Theo. Plat. lib. 5. cap. 10. Lucretius lib. 5. Ovid. Metam. lib. 1. fab. 3. Virgil. Georg. lib. 2. lin. 336.*

sortent de la boîte fatale de Pandore, & inondent la Terre (a).

Ils nous parlent du Siecle d'Or renouvellé comme d'un temps où Aftrée doit revenir sur la Terre; où la justice, la paix & l'innocence doivent reprendre leurs premiers droits, & où tout doit être rétabli dans sa perfection primitive (b).

Enfin ils chantent par-tout les exploits d'un fils de Jupiter qui abandonne l'Olympe pour vivre parmi les hommes. Ils lui donnent des noms différens selon ses différentes fonctions. Tantôt c'est Apollon qui combat Python & les Titans. Tantôt c'est Hercule qui détruit les Monftres & les Géans, & qui purge la terre de leurs fureurs & de leurs crimes. Quelquefois c'est Mercure ou le Meffager des Dieux qui vole par-tout pour exécuter leurs volontés. D'autres fois c'est Perfée qui délivre Andromede ou la nature humaine, du monftre qui fort de l'abyme pour la dévorer. C'eft toujours quelque fils de Jupiter qui livre des batailles, & qui remporte des victoires.

Je n'infifte point fur ces defcriptions poétiques, parce qu'on peut les regarder comme des fictions faites au hazard, pour embellir un poëme & pour amufer l'efprit. L'illufion eft à craindre dans les rapports & les explications allégoriques. Je me hâte d'expofer la doctrine des Philofophes, & fur-tout celle de Platon : c'eft la fource où Plotin, Proclus, & les Platoniciens du troifième fiecle, ont puifé leurs principales idées.

Commençons par le Dial. de Phédon ou de l'immortalité, dont voici l'analyfe. Phédon raconte à fes amis l'état où il vit Socrate en mourant. » Il fortoit de la vie, dit-il, avec une joie paifible & une intrépidité généreufe. Ses amis

Pour les Notes, Voyez pag. 131.

& all manner of evils came forth of *Pandora's* fatal box, and overflowed the face of the Earth (a).

They speak to us of the golden Age revived, as of a time when *Astrea* was to return upon Earth; when justice, peace & innocence were to flourish again with their original luftre; & when every thing was to be restored to its primitive perfection (b).

In a word, they sing on all occasions the exploits of a son of *Jupiter*, who was to quit his heavenly abode & live among men. They give him different names, according to his different functions. Sometimes he is *Apollo* fighting against *Python*, and the *Titans* Sometimes he is *Hercules* destroying monsters & giants, & purging the earth of their enormities and crimes. One while he is *Mercury*, or the Messenger of *Jove*, flying about every where to execute his decrees; & another while he is *Perseus* delivering *Andromeda* or human nature, from the monster that rose out of the great deep to devour her. He is always some son of *Jupiter* giving battles, and gaining victories.

I lay no great stress upon these poetical descriptions, because they may perhaps be looked upon as meer fictions, & a machinery introduc'd to embelish a poëm & amuse the mind. Allegoricall explications are liable to uncertainty and mistake. So that I shall pass directly to represent the doctrine of the Philosophers, particularly that of *Plato*; who is the source from whence *Plotinus*, *Proclus*, & the *Platonifts* of the third century drew their principal notions.

To begin with the Dialogue of *Phædo*, or of immortality & give a short analysis of it, *Phædo* gives his friends an account of the condition in which he saw *Socrates* at the time of his death. » He quitted life, says he, with a peaceable » joy, and a noble intrepidity. His friends

(a) *Ovid. Metam. lib. 1. fab. 4. 5 & 6. Virgil. Georg. lib. 2. lin. 136. Juvenal. Satyr. 6.*
(b) *Virg. Ecl. 4. Senec. Trag. Œdip. Act. 2.*

MYTHOLOGIE ANCIENNE.

» lui en demandèrent la cause. J'espere, leur répond
» Socrate, me réunir aux Dieux bons & parfaits, &
» à des Hommes meilleurs que ceux que je laisse sur la
» Terre (a).

Cébès lui ayant dit que l'Ame se dissipe après la mort comme une fumée, & s'anéantit tout à fait ; il combat cette opinion, tâchant de prouver que l'Ame a eu une existence réelle dans un état heureux avant que d'animer un corps humain (b).

Il attribue cette Doctrine à Orphée (c). » Les Dis-
» ciples d'Orphée, dit-il, appelloient le corps une pri-
» son, parce que l'Ame est ici dans un état de punition,
» jusqu'à ce qu'elle ait expié les fautes qu'elle a com-
» mises dans le Ciel.
» Les Ames, continue Platon (d), qui se sont trop
» adonnées aux plaisirs corporels, & qui se sont abru-
» ties, errent sur la Terre & rentrent dans de nou-
» veaux corps. Car toute volupté & toute passion at-
» tachent l'Ame au corps, lui persuadent qu'elle est de
» même nature, & la rendent, pour ainsi dire, cor-
» porelle ; de sorte qu'elle ne peut s'envoler dans une
» autre vie : mais impure & appesantie, elle s'enfonce
» de nouveau dans la matière, & devient par là inca-
» pable de remonter vers les pures régions, & d'être
» réunie à son Principe.

Voilà la source de la Métempsycose que Platon représente dans le second Timée comme une allégorie, &
quelquefois comme un état réel, où les Ames qui se sont
rendues indignes de la suprême béatitude, séjournent &
souffrent successivement dans les corps de différens animaux, jusques à ce qu'elles soient purgées de leurs crimes par les peines qu'elles subissent. C'est ce qui a fait
croire à quelques Philosophes, que les Ames des bêtes
étoient des Intelligences dégradées.

Pour les Notes, Voyez pag. 233.

"asking him the reason of it; I hope, says So-
"crates in his answer, to be re-united to the good
"and perfect Gods, & to be associated with better
"Men than those I leave upon Earth (a).

When *Cebes* objects to him, that the Soul vanished after death, like a smoke, and was entirely annihilated, *Socrates* sets himself to refute that opinion, & endeavours to prove that the Soul had a real existence (b) in an happy state, before it informed a human body.

This Doctrine he ascribes to *Orpheus* (c). " The
" Disciples of *Orpheus*, says he, called the body
" a prison, because the Soul is here in a state of
" punishement, till it has expiated the faults that it
" committed in Heaven.

" Souls, continues *Plato*, that are too much
" given to bodily pleasures, and are in a manner
" besotted, wander upon the Earth, & are put into
" new bodies (d). For all sensuality & passion bind
" the Soul more closely to bodies, make her fancy
" that she is of the same nature, & render her in
" a manner corporeal; so that she contracts an in-
" capacity of flying away into another life, and
" being oppressed with the weight of her impurity
" & corruption, sinks deeper into matter; & beco-
" mes thereby disabled to remount towards the
" regions of purity, & attain to a re-union with
" her Principle.

Upon this foundation is built the doctrine of the transmigration of Souls, which *Plato* represents in the second *Timæus* as an allegory, & at other times as a real state, where Souls that have made themselves unworthy of the supreme beatitude, ajourn'd & suffer successively in the bodies of different animals, till they are purged at last of their crimes by the pains they undergo. This hath made some Philosophers believe that the Souls of beasts are degraded Spirits.

(a) *Pag.* 48. 11. (b) *Pag.* 57. (c) *Plat. Cratyl. p.* 276.
(d) *Phædr. pag.* 61, 62, 63.

» Les Ames pures ; ajoute Platon, qui ont travaillé
» ici-bas à se dégager de toute souillure terrestre, se re-
» tirent après la mort dans un lieu invisible, qui nous
» est inconnu, où le pur s'unit au pur, le bon s'unit
» à son semblable, & notre essence immortelle à l'es-
» sence divine.

Il appelle ce lieu la premiere Terre où les Ames faisoient leur demeure avant leur dégradation. » La Terre
» est immense, (a) dit-il, nous n'en connoissons &
» n'en habitons qu'un petit coin. Cette Terre Ethérée,
» ancien séjour des Ames, est placée dans les pures ré-
» gions du Ciel, où sont les Astres. Nous qui vivons
» dans ces abymes profonds, nous nous imaginons que
» nous sommes dans un lieu élevé, & nous appellons
» l'Air Ciel : semblables à un homme qui du fond de
» la Mer voyant le Soleil & les Astres au travers des
» eaux, croiroit que l'Océan est le Ciel même. Mais
» si nous avions des ailes pour nous élever en-haut,
» nous verrions que c'est là le vrai Ciel, la vraie Lu-
» miere & la vraie Terre. Comme dans la Mer tout
» est troublé, rongé & défiguré par les sels qui y abon-
» dent ; de même dans notre Terre présente tout est dif-
» forme, corrompu, délabré, en comparaison de la Terre
» primitive.

Platon fait ensuite une description pompeuse de cette
Terre Ethérée dont la nôtre n'est qu'une croûte détachée.
(b) Il dit que » tout y étoit beau, harmonieux, transf-
» parent : des fruits d'un goût exquis y croissoient na-
» turellement ; il y couloit des fleuves de Nectar ; on y
» respiroit la lumiere comme nous respirons l'air, &
» l'on y buvoit des eaux qui étoient plus pures que l'air
» même.

Cette idée de Platon s'accorde avec celle de Descartes sur la nature des Planetes. Ce Philosophe moder-
ne croit qu'elles étoient d'abord des Soleils ; qui con-
tracterent ensuite une croûte épaisse & opaque ; mais
il ne parle point des raisons morales de ce changement,

Pour les Notes, Voyez pag. 235.

"Pure Souls, adds *Plato*, that have exerted themselves here below to get the better of all corruption, & free themselves from the impurities of their tereſtial priſon, retire after death into an inviſible place, unknown to us, where the pure unites with the pure, the good cleaves to its like, & our immortal eſſence is united to the divine.

He call this place the firſt Earth, where Souls made their abode before their degradation. " The Earth, ſays he, is immenſe; we know and we inhabit only a ſmall corner of it (a). The ethereal Earth, the ancient abode of Souls, is placed in the pure regions of Heaven, where the fixed Stars are ſeated. We that live in this low abyſs, are apt enough to fancy that we are in an high place, & we call the Air the Heavens; juſt like a man that from the bottom of the ſea ſhould view the Sun & Stars through the water, & fancy the Ocean to be the Firmament it ſelf. But if we had wings to mount on high, we ſhould ſee that *there* is the true Heaven, the true Light, & the true Earth. As in the ſea every thing is changed, & disfigured by the ſalts that abound in it; ſo in our preſent Earth every thing is deformed, corrupted, & in a ruinous condition, if compared whith the primitive Earth.

Plato gives afterwards a pompous diſcription of that ethereal Earth, of which ours is only a ſhattered cruſt; He ſays (b), that " every thing there was beautiful, harmonious & tranſparent: fruits of an exquiſite taſte grew there naturally, & it was watered with rivers of Nectar; they breathed there the light as here we breathe the air, & they drank waters which were purer than air it ſelf.

This notion of *Plato* agrees in a great meaſure with that of *Deſcartes*, about the nature of the Planets. This modern Philoſopher thinks that they were at firſt Suns, which contracted afterwards a thick and opake cruſt: but he does not enter into the moral reaſons of his change.

(a) *Pag.* 81.   (b) *Pag.* 82.

parce qu'il n'examine le Monde qu'en Physicien.

La même Doctrine de Platon est encore développée dans son Timée. Là il nous raconte que Solon dans ses voyages entretint un Prêtre Egyptien sur l'antiquité du Monde, sur son origine, & sur les révolutions qui y sont arrivées, selon la Mythologie des Grecs. Alors le Prêtre Egyptien lui dit : (a) » ô Solon, Solon, vous » autres Grecs vous êtes toujours enfans, & vous ne » parvenez jamais à un âge mûr; votre esprit est jeune, » & n'a aucune vraie connoissance de l'Antiquité. Il est » arrivé plusieurs Inondations & Conflagrations sur la » Terre causées par le changement des mouvemens cé- » lestes. Votre histoire de Phaëton qui paroît une fable, » n'est pourtant pas sans quelque fondement véritable. » Nous autres Egyptiens nous avons conservé la mé- » moire de ces faits dans nos Monumens & dans nos » Temples; mais ce n'est que depuis peu que les Grecs » ont connu les Lettres, les Muses, & les Sciences.

Ce discours donne occasion à Timée d'expliquer à Socrate, l'origine des choses, & l'état primitif du monde. (b) » Tout ce qui a été produit, dit-il, a été produit » par quelque cause. Il est difficile de connoître la na- » ture de cet Architecte, & de ce Pere de l'Univers; » & quand vous la découvririez, il vous seroit impos- » sible de la faire comprendre au vulgaire.

» Cet Architecte, continue-t-il, a eu quelque mo- » dele selon lequel il a tout produit, & ce modele c'est » lui-même. Comme il est bon, & que ce qui est bon » n'est jamais touché d'aucune envie, il a fait tou- » tes choses autant qu'il étoit possible, semblables à son » modele. Il a fait le monde un tout parfait, composé » de parties toutes parfaites, & qui n'étoient sujet- » tes ni à la maladie, ni à la vieillesse. Le Pere » de toutes choses (c) voyant enfin cette belle

Pour les Notes, Voyez pag. 237.

his view being only to confider the World as a natural Philofopher.

This fame Doctrine of *Plato* is likewife clearly explained is his *Timæus* (a). There he tells us how *Solon* in his Travels difcourfed with an *Egyptian* Prieft about the antiquity of the World, its origin, & the revolutions which had happened in it according to the Mythology of the *Greeks*. Upon which the *Egyptian* Prieft fays to him: " O *Solon*, you *Greeks* " are always children, & you never come to an " age of maturity: your underftanding is young, " & has no true knowledge of antiquity. There " have been feveral Deluges & Conflagrations upon " Earth caufed by changes in the motion of the " heavenly bodies. Your hiftory of *Phaëton*, " whatever air it has of à fable, is neverthelefs " not without a real foundation. We *Egyptians* have " preferved the memory of thofe facts in our Mo-" numents & Temples; whereas it is but a very " little while that the *Greeks* have had any know-" ledge of Letters, of the Mufes & of Sciences.

This difcourfe puts *Timæus* upon explaining to *Socrates* the origin of things, & the primitive ftate of the world. " (b) Whatever has been produced, " fays he, has been produced by fome caufe. 'Tis " no eafy matter to know the nature of this Maker " & Father of the Univerfe; & though you should " difcover it, it would be impoffible for you to " make the vulgard comprehend it.

" This Architect of the world, continues he, " had a Model by which produced every thing, " & this Model is himfelf. As he is good, & what " is good *has not the leaft tincture of envy*, he made " all things, as far as was poffible, like himfelf. " He made the world perfect in the whole of its " conftitution, perfect too in all the various parts " that compofe it, which were fubject neither " to difeafes, nor to decay of age. The Father " of all things (c) feeing then this beautiful

(a) *Tim. pag. 1043.* (b) *Pag. 1047.* (c) *Pag. 1051.*

» image de lui-même se plut dans son ouvrage, & cette
» joie lui inspira le desir de rendre cette image de plus
» en plus semblable à son modele.

Dans le Dialogue appellé le Politique, Platon nomme cet état primitif du monde, le Regne de Saturne, & voici comme il le décrit. (a) » Dieu étoit alors le
» Prince & le Pere commun de tous ; il gouvernoit le
» monde par lui-même, comme il le gouverne à présent
» par les Dieux inférieurs. Alors la fureur, ni la
» cruauté ne régnoient point sur la Terre ; la guerre &
» la sédition n'étoient point connues. Dieu nourrissoit
» les hommes lui-même ; il étoit leur Gardien & leur
» Pasteur : il n'y avoit ni Magistrats, ni Gouverne-
» ment politique comme à présent. Dans ces heureux
» temps, les Hommes sortoient du sein de la terre qui les
» produisoit d'elle-même, comme les fleurs & les arbres.
» Les campagnes fertiles fournissoient des fruits & des
» bleds sans les travaux de l'Agriculture. Les hommes
» ne couvroient point leur corps, parce qu'on ne sentoit
» point encore l'inclémence des saisons ; ils prenoient
» leur repos sur des lits de gazons toujours verds.

» Sous le Regne de Jupiter, le Maître de l'Univers
» ayant comme abandonné les rênes de son Empire,
» se cacha dans une retraite inaccessible. Les Dieux
» inférieurs qui gouvernoient sous Saturne, se retire-
» rent aussi, & le monde secoué jusqu'en ses fondemens
» par des mouvemens contraires à son principe & à sa
» fin, perdit sa beauté & son éclat. Alors les biens
» furent mêlés avec les maux. Mais à la fin, de peur
» que le monde ne soit plongé dans un abyme éternel
» de confusion, Dieu, auteur du premier ordre, reparoîs-
» tra & reprendra les rênes ; alors il changera, cor-
» rigera, embellira, & rétablira tout, en détruisant
» la vieillesse, les maladies & la mort.

Dans le Dialogue appellé Phedrus, Platon re-

Pour la Note, Voyez pag. 239.

"image of himself, was pleased with his own
"work, & this pleasure inspired him the desire
"to make it still more & more like model."

In the dialogue which bears the title of *Politicus*, *Plato* mentioning this primitive state of the world, calls it the Reign of *Saturn*, & describes it in this manner." (a) God was then the Prince & common
"Fater of all. He governed the world by him-
"self, as he governs it now by inferior Deities.
"Rage & cruelty did not then reign upon Earth.
"War & Sedition were not so much as known;
"God himself took care of the sustenance of
"mankind, & was their Guardian and Shepherd.
"There were no Magistrates, nor civil polity, as
"there are now. In those happy days Men sprung
"out of the bosom of the earth, which produced
"them of it self, like flowers & trees. The fertile
"fields yielded fruits & corn without the labour of
"tillage. Men ad no occasion for cloths to cover
"their bodies, being troubled with no inclemency
"of the seasons; & they took their rest upon beds
"of turf of a perpetual verdure.

"Under the Reign of *Jupiter*, the Master of the
"Universe *Saturn*, having quitted as it were the
"reins of his Empire, hid himself in an inaccef-
"sible retreat. The inferior Gods who governed
"under him, retired too; the very foundations of
"the world were shaken by motions contrary to
"its principle & its end, it lost its beauty and its
"lustre, & the good was mixed & blended with
"evil. But in the end, lest the world should be
"plunged in eternal confusion, God, the author
"of the primitive order, will appear again, and
"resume the reins of Empire. Then he wil change,
"amend, embellish & restore the whole frame of
"Nature, & put an end to decay of age, to disea-
"ses, & death".

In the dialogue under the title of *Phædrus*, *Plato* ex-
(a) *Pag.* 337, 338.

cherche les causes secretes du Mal moral qui a produit le Mal physique. (a) ,, Il y a en chacun de nous, dit-il, ,, deux ressorts dominans, le desir du plaisir, & l'a- ,, mour du bon, qui sont les ailes de l'Ame. Quand ,, ces ailes se séparent, quand l'amour du plaisir & ,, l'amour du bon se divisent, alors les Ames tombent ,, dans des corps mortels : " & voici selon lui les plaisirs que les Intelligences goûtent dans le ciel, & commens les Ames déchurent de cet état heureux.

,, (b) Le grand Jupiter, dit-il, animant son char
,, ailé, marche le premier, suivi de tous les Dieux in-
,, férieurs & des Génies. Ils parcourent ainsi les Cieux
,, dont ils admirent les merveilles infinies. Mais lors-
,, qu'ils vont au grand festin, ils s'élevent au haut du
,, Ciel, au-dessus des Spheres. Aucun de nos Poëtes
,, n'a chanté jusqu'ici, ni ne peut chanter suffisamment
,, ce Lieu Sublime (c). Là les Ames contemplent par
,, les yeux de l'esprit, l'Essence vraiment existante qui
,, n'est ni colorée, ni figurée, ni sensible, mais purement
,, intelligible. Là elles voient la Vertu, la Vérité,
,, la Justice, non comme elles sont ici-bas, mais comme
,, elles existent dans celui qui est l'Etre même. Là elles
,, se rassasient de cette vue jusques à ce qu'elles n'en
,, puissent plus soutenir l'éclat ; alors elles rentrent dans
,, le Ciel, où elles se repaissent d'Ambroisie & de
,, Nectar. Telle est la vie des Dieux.

,, Or, continue Platon, (d) toute Ame qui suit
,, Dieu fidélement dans ce lieu sublime, demeure
,, pure & sans tache ; mais si elle se contente de
,, nectar & d'ambroisie, sans accompagner le char
,, de Jupiter, pour aller contempler la vérité, elle
,, s'appesantit, elle rompt ses ailes, elle tombe sur
,, la Terre, & entre dans un corps humain, plus ou
,, moins vil, selon qu'elle a été plus ou moins élevée.

Pour les Notes, Voyez pag. 241.

quires

ANCIENT MYTHOLOGY. 241

quires into the secret causes of *moral Evil*, which brought in physical Evil. " (a) There are in every
" one of us, says he, two leading & principal springs
" of action, the *desire of pleasure*, and the *love of*
" *virtue*, which are the wings of the Soul. When
" these wings are parted, when the love of pleasure
" & the love of virtue move contrary ways, then
" Souls fall down into mortal bodies ". Let us see here his notion of the pleasures which Spirits taste in Heaven, & of the manner how Souls fell from the happy which they enjoy'd there.

" (b) The great *Jupiter*, says he, driving on
" his wing'd chariot, marches first, followed by all
" the inferior Gods and *Genii*. Thus they traverse
" the Heavens, admiring the infinite wonders there
" of. But when they go to the great banquet,
" they raise themselves to the top of Heaven, and
" mount above the spheres. None of our Poëts
" ever yet sung, or can sing that (c) *Super-celestial*
" *Place*. There Souls with eyes of the mind, con-
" template the truly existing Essence, which has
" neither colour, nor figure, nor is the object of
" any sense, but is purely intelligible. There they
" see Virtue, Truth & Justice, not as they are here
" below, but as they exist in him who is *Being it self*,
" There they are delighted with that sight till they
" are no longer able to bear the glory of it; & then
" they return back to Heaven, where they feed again
" on *Nectar* & *Ambrosia* Such is the life of the Gods.

" Now, continues *Plato* (d), every Soul which
" follows God faithfully into that super-celestial
" place, continues pure & without blemish; but
" if it takes up with *nectar* & *Ambrosia*, & does
" not attend on *Jupiter's* chariot to go & con-
" template truth, it grows heavy & sluggish. It
" breaks its wings, it falls upon the Earth, &
" enters into an human body more or less vile,
" according as it has been more or less elevated.

(a) *Pag. 1216.*   (b) *Pag. 1222.*
(c) Ὑπερουράνιος τόπος.   (d) *Page 1223.*
Vol. II.   L

MYTHOLOGIE ANCIENNE.

» Les Ames moins dégradées habitent dans les corps des
» Philosophes ; les plus méprisables animent les Tyrans
» & les mauvais Princes. Leur sort change après la
» mort & devient plus ou moins heureux, suivant qu'el-
» les ont aimé la Vertu ou le Vice pendant leur vie. Ce
» n'est qu'après dix mille ans que les Ames se réuniront
» à leur principe. Leurs ailes ne croissent & ne se re-
» nouvellent que dans cet espace de temps.

Telle est la doctrine que Platon opposoit à la secte
profane de Démocrite & d'Epicure, qui nioient la Providence
éternelle, à cause du mal physique & moral.
Ce Philosophe nous fait un magnifique tableau de l'Univers.
Il le considère comme une immensité remplie d'Intelligences
libres qui habitent & qui animent des mondes
infinis. Ces Intelligences sont capables d'une double félicité ;
l'une en contemplant l'essence divine, l'autre
en admirant ses ouvrages. Lorsque les Ames ne font
plus consister leur bonheur dans la connoissance de la
vérité, & que des plaisirs inférieurs les détachent de l'amour
de l'Essence suprême, elles sont précipitées dans
quelque Planete pour y subir des peines expiatrices, jusqu'à
ce qu'elles soient guéries par les souffrances. Ces
Planetes sont par conséquent, selon Platon, comme des
lieux ordonnés (a) pour la guérison des Intelligences
malades. Voilà la Loi établie (b) pour conserver l'ordre
dans les Speres célestes.

Cette double occupation des Esprits Célestes, est une des
plus sublimes idées de Platon, & marque la profondeur
admirable de son génie. C'est par ce système que les
Philosophes Païens ont tâché de nous expliquer l'origine
du mal. Voici comme ils raisonnoient. Si les
Ames pouvoient contempler sans cesse l'Essence Divine
par un regard immédiat, elles seroient impeccables :
la vue du bien souverain entraîneroit nécessairement
tout l'amour de la volonté. Pour expliquer donc la

Pour les Notes, Voyez pag. 243.

" Souls lefs degraded than others, dwell in the bo-
" dies of Philofophers; the moft defpicable of all
" animate the bodies of Tyrants & evil Princes.
" Teir condition alters after death, & becomes
" more or lefs happy, according as they have loved
" Virtue or Vice in their life-time. After ten thou-
" fand years Souls will be re-utined to their princi-
" ple. During that fpace of time their wings grow
" again & are renew'd ".

Such was the doctrine which *Plato* oppofed to the profane fect of *Democritus* & *Epicurus*, who denied an eternal Providence on account of the phyfical & moral evil which they faw in the world. This Philofopher gives us a fine difcription of the Univerfe. He confiders it as an immenfity filled with free Spirits, which inhabit & inform inumerable worlds. Thefe Spirits are qualified to enjoy a double felicity; the one confifting in the contemplation of the Divine Effence, the other in admiring his works. When Souls no longer make their felicity confift in the knowledge of truth, & when lower pleafures torn them off from the love of the fupreme effence, they are thrown down into fome Planet, there to undergo expiatory punishments till they are cured by their fufferings. Thefe Planets are confequently, according to *Plato's* notion, like hofpitals (a) for the cure of diftempered Intelligences. This is the inviolable Law eftablished (b) for the prefervation of order in the Celeftial Spheres.

This double employment of Celeftial Spirits, is one of the fublimeft notions of *Plato*, & shews the wonderfull depth of his genius. This was the fyftem adopted by the Heathen Philofophers, when ever they attempted to explain to us the origin of evil. And thus they reafon ; if Souls could without · intermiffion contemplate the Divine Effence by a direct view, they would be impeccable: the fight of the fupreme good neceffarily engaging all the love of the will. To explain therefore the

(a) Νοσοκομεῖοι.   (b) Θεσμὶς ἀσφασίοιας.

chûte des Esprits, il falloit supposer un intervalle, où l'Ame sort de la présence Divine, & quitte le lieu sublime, pour admirer les beautés de la Nature, & se rassasier d'ambroisie, comme d'une nourriture moins délicate & plus convenable à sa nature finie. C'est dans ces intervalles qu'elle devint infidelle.

Pythagore avoit puisé la même doctrine chez les Egyptiens. Il nous en reste un précieux monument dans les Commentaires d'Hieroclès sur les Vers Dorés attribués à ce Philosophe.

» Comme notre éloignement de Dieu, dit cet Auteur,
» & la perte des ailes qui nous élevoient vers les choses
» célestes, nous ont précipités dans cette région de mort
» où tous les maux habitent ; de même le dépouille-
» ment des affections terrestres & le renouvellement des
» vertus, font renaître nos ailes, & nous élevent au
» séjour de la vie où se trouvent les véritables biens
» sans aucun mélange de maux. L'essence de l'homme
» tenant le milieu entre les êtres qui contemplent tou-
» jours Dieu, & ceux qui sont incapables de le con-
» templer, peut s'élever vers les uns, ou se rabaisser
» vers les autres (a).

» Le méchant, dit ailleurs Hieroclès (b), ne veut
» pas que l'Ame soit immortelle, de peur de ne vivre
» après la mort que pour souffrir. Mais il n'en est pas
» de même des Juges des Enfers. Comme ils forment
» leurs jugemens sur les regles de la vérité, ils ne pro-
» noncent pas que l'Ame doit n'être plus, mais qu'elle
» doit n'être plus vicieuse. Ils travaillent à la corri-
» ger & à la guérir, en ordonnant des peines pour le
» salut de la nature, de même que les Médecins gué-
» rissent par des incisions, les ulceres les plus malins.
» Ces Juges punissent le crime pour chasser le vice.
» Ils n'anéantissent pas l'essence de l'Ame, mais ils

Pour les Notes, Voyez pag. 245.

fall of Spirits, they are forced to suppose an interval; when the Soul withdraws from the Divine presence, & quit the supra celestial abode, in order to admire the beauties of Nature, and entertain herself with *ambrosia*, as a food less delicate, & more suitable to a finite being. 'T is in these intervals that she falls short of her duty.

Pythagoras had learned the same doctrine among the *Egyptians*. We have still a very valuable monument of it left, in the Commentary of *Hierocles* upon the golden Verses ascribed to that Philosopher.

" As our alienation from God, says this Author, " & the loss of the wings which used to raise us up " to heavenly things, have thrown us down into " this region of death which is over-run with all " manner of evils; so the stripping our selves of " earthly affections (a), and the revival of virtues " in us make our wings grow again, & raise us up " to the mansions of life, where true good is to " be found without any mixture of evil. The essence " of man being in the middle between beings that " contemplate God without ceasing, & such as are " not able to contemplate him at all, he has it in " his power to raise himself up towards the one, " or sink down towards the other.

" (b) The wicked man, says *Hierocles* in another " place, does not care that the Soul should be im-
" mortal, for fear he should live after death only " to suffer punishment. But the Judges of the " Shades below, as they form their judgment upon " the rules of truth, do not decree that the Soul " should exist no longer, but that it should be no " longer vicious. Their business is to correct, & " cure it, by prescribing punishments for the health " of nature, just as Physicians heal the most in-
" veterate ulcers by incisions. These Judges punish " the crime in order to extirpate vice. They do " not annihilate the essence of the Soul, but bring

(a) *Hierocles Com. in Aures Carm.* p. 187. Ed. Cant. 1709. (b) *Ibid. Carm.* pag. 120.

» la ramenent à exister véritablement, en la purifiant
» de toutes les passions qui la corrompent. C'est pour-
» quoi quand on a péché, il faut courir au-devant de
» la peine, comme au seul remède du vice.

Il paroît donc manifestement par la doctrine des plus célèbres Philosophes Grecs : 1. Que les Ames préexistoient dans le Ciel. 2. Que le Jupiter conducteur des Ames avant la perte de leurs ailes, & celui à qui Saturne a confié les rênes de son Empire depuis l'origine du mal, est distinct de l'Essence suprême, & par conséquent qu'il ressemble fort au Mythras des Perses & à l'Orus des Egyptiens. 3. Que les Ames ont perdu leurs ailes, & qu'elles ont été précipitées dans des corps mortels, parce qu'au lieu de suivre le char de Jupiter, elles s'étoient trop arrêtées à la jouissance des plaisirs inférieurs. 4. Qu'au bout d'un certain période de temps, les ailes de l'Ame renaîtront, & que Saturne reprendra les rênes de son Empire, pour rétablir l'Univers dans son premier éclat.

Examinons à présent la Mythologie Egyptienne qui est la source de celle des Grecs. Je ne veux point soutenir les explications mystiques que le Pere Kircher donne de la fameuse Table Isiaque, & des Obélisques qui se voient à Rome. Je me borne à Plutarque qui nous a conservé un monument admirable de cette Mythologie. Pour en faire sentir les beautés, je vais faire une analyse courte & claire de son Traité d'Isis & d'Osiris, qui est une Lettre écrite à Cléa, Prêtresse d'Isis.

» (a) La Mythologie Egyptienne, dit Plutarque,
» a deux sens ; l'un sacré & sublime ; l'autre sensible
» & palpable. C'est pour cela que les Egyptiens mettent
» des Sphinx à la porte de leurs Temples. Ils veulent nous
» faire entendre que leur Théologie contient les secrets de
» la Sagesse, sous des paroles énigmatiques. C'est aussi le
» sens de l'Inscription qu'on lit à Saïs sur une statue de

Pour la Note, Voyez pag. 247.

ANCIENT MYTHOLOGY. 247

" it back to is true & genuine exiſtence, purifying it
" from all the paſſions that corrupt it. And therefore
" when we have ſinned, ſhould be glad to em-
" brace the puniſhment, as the only remedy for
" vice ".

'T is therefore evidently the doctrine of the moſt famous *Greek* Philoſophers, 1, That Souls had a pre-exiſtence in Heaven. 2, That the *Jupiter* who marched at the head of Souls before the loſs of their wings, he to whom *Saturn* gave the reins of his Empire after the origin of evil, is a diſtinct being from the ſupreme Eſſence, & is very like the *Mythras* of the *Perſians*, & the *Orus* of the *Egyptians*. 3, That Souls loſt their wings and were thruſt down into mortal bodies, becauſe that inſtead of following *Jupiter's* chariot, they gave themſelves too much up to the enjoyment of lower pleaſures. 4. That at the end of a certain period of time, the wings of the Soul ſhall grow again, & *Saturn* ſhall reſume the reins of his Empire in order to re-ſtore the Univerſe to its original perfection.

Let us now examine the *Egyptian* Mythology, the ſource from whence that of the *Greeks* was derived. I ſhall not offer to maintain the myſtical explications that *Kircher* gives of the famous Table of *Iſis*, or of the Obelisks that are to be ſeen at *Rome*. I confine my ſelf to *Plutarch*, who has preſerved us an admirable monument of that Mythology. To repreſent us its real beauties, it will be proper to give a ſhort & clear analyſis of his Treatiſe of *Iſis* & *Oſiris* which is a Letter written to *Clea*, Prieſteſs of *Iſis*.

" (a) The *Egyptian* Mythology, ſays *Plutarch*,
" has two ſenſes; the one ſacred & ſublime, the
" other ſenſible and palpable. 'T is for this reaſon
" that the *Egyptians* put *Spinxes* before the door
" of their Temples; deſigning thereby to ſignify
" to us that their Theology contains the ſecrets of
" wiſdom under enigmatical words. This is alſo
" the ſenſe of the Inſcription upon a ſtatue of

(a) *Pag.* 354.

L 4

248 MYTHOLOGIE ANCIENNE.
» Pallas ou d'Ifis : Je fuis tout ce qui eft, qui a été,
» & qui fera ; & jamais mortel n'a levé le voile qui
» me couvre.

(a) *Il raconte enfuite la Fable d'Ifis & d'Ofiris.*
» *Ils nâquirent tous deux de* Rhéa & *du Soleil. Tandis*
» *qu'ils étoient encore dans le fein de leur Mere, ils*
» *s'unirent & procréerent le Dieu* Orus, *image vivante*
» *de leur fubftance.* Typhon *ne nâquit point, mais il*
» *perça les flancs de* Rhéa *par un violent effort. Il fe*
» *révolta enfuite contre* Ofiris, *remplit l'Univers de*
» *fes fureurs, déchira le corps de fon Frere, en découpa*
» *les membres, & les répandit par-tout. Depuis ce*
» *temps-là* Ifis *erre fur la terre pour ramaffer les mem-*
» *bres épars de fon Frere & de fon Epoux. L'Ame d'O-*
» *firis éternelle & immortelle, mena fon fils* Orus *aux*
» *Enfers, où elle l'inftruifit à combattre & à vaincre*
» Typhon. Orus *retourna fur la terre, combattit &*
» *défit* Typhon, *mais il ne le tua pas. Il fe contenta*
» *de le lier, & de lui ôter la puiffance de nuire. Le*
» *méchant s'échappa enfin, & le defordre alloit recom-*
» *mencer ; mais* Orus *lui livra deux fanglantes ba-*
» *tailles, & l'extermina tout à fait.*

(b) Plutarque *continue ainfi :* » Quiconque *applique*
» *ces Allégories à la Nature Divine, immortelle & bien-*
» *heureufe, mérite qu'on le traite avec mépris. Il ne*
» *faut pas croire pourtant qu'elles foient de pures fables,*
» *vuides de fens, femblables à celles des Poëtes. Elles*
» *nous dépeignent des chofes qui font véritablement*
» *arrivées.*

» *Ce feroit auffi un erreur dangereufe, & une im-*
» *piété manifefte d'attribuer, avec* Euhémere *le Meffé-*
» *nien, tout ce qu'on dit des Dieux, aux anciens Rois*
» *& aux grands Capitaines. Ce feroit anéantir la Reli-*
» *gion, & éloigner les hommes de la Divinité.*

Pour les Notes, Voyez pag. 249.

" *Pallas* or *Ifis* at *Saïs*, I am all that is, has been,
" & shall be, & no mortal has ever yet removed the
" veil that covers me.

" (a) He afterwards relates the *Egyptian* Fable of
" *Ifis* & *Ofiris*. They were both born of *Rhea* &
" the *Sun*. Whilst they were still in their Mother's
" womb, they copulated & ingendered the God
" *Orus*, the living image of their substance. *Typhon*
" was not born, but burst violently through the ribs of
" *Rhea*. He afterwards revolted against *Ofiris*, filled
" the Universe with his rage & violence, tore the
" body of his Brother in pieces, mangled his limbs,
" & scattered them about. Ever since that time *Ifis*
" goes wandring about the earth, to gather up the
" scattered limbs of her Brother & Husband. The
" eternal & immortal soul of *Ofiris* led his son *Orus*
" to the Shades below, where he gave him instruc-
" tions how to fight, & beat *Typhon*. *Orus* returned
" upon earth, fought, & defeated *Typhon*, but did
" not kill him. All that he did was to bind him,
" & take away his power of doing mischief. The
" wicked one made his escape afterwards, & was
" going to renew his malice. But *Orus* fought him
" in two bloody battels, & destroyed him entirely.

" *Plutarch* goes on thus; (b) Whoever applieth
" these allegories to the blessed immortal Divine
" nature, deserves to be treated with contempt.
" We must not however believe that they are mere
" fables without any meaning, like those of the
" Poëts. They represent to us things that really
" happened.

" It would be likewise a dangerous error, and
" manifest impiety to interpret what is said of the
" Gods, as *Evemerus* the *Meffenian* did, & apply it
" to the ancient Kings & great Generals. This would
" tend to destroy Religion, & estrange men from
" the Deity.

(a) Pag. 36.
(b) Pag. 358.

I 5

MYTHOLOGIE ANCIENNE.

„ (a) *Ceux-là*, ajoute-t-il, *ont mieux pensé, qui ont écrit que tout ce qu'on raconte de* Typhon, *d'O-siris, d'Isis & d'Orus, doit s'entendre des* Génies *& des* Démons (b). *C'étoit l'opinion de* Pythagore, *de* Platon, *de* Xénocrate *& de* Chrysippe, *qui suivoient en cela les anciens Théologiens. Tous ces grands hommes soutiennent que ces* Génies *étoient fort puissans, & très-supérieurs aux mortels. Ils ne participoient pourtant pas de la Divinité d'une maniere pure & simple ; mais ils étoient composés d'une nature spirituelle & corporelle, & par là capables de plaisirs & de peines, de passions & de changemens : car parmi les* Génies, *comme parmi les hommes, il y a des vertus & des vices. De là viennent les Fables des* Grecs *sur les* Titans *& les* Géans *; les combats de* Python *contre* Apollon; *les fureurs de* Bacchus, *& plusieurs fictions semblables à celles d'*Osiris *& de* Typhon. *De là vient qu'*Homere *parle de bons & de mauvais* Démons. Platon *appelle les premiers* Dieux Tutélaires, *parce qu'ils sont Médiateurs entre la Divinité & les Hommes, & qu'ils portent les prieres des Mortels vers le Ciel, & de là nous rapportent la connoissance & la révélation des choses cachées & futures.*

„ (c) Empédocles, *continue-t-il, dit, que les mauvais* Démons *sont punis des fautes qu'ils ont commises. Le Soleil les précipite d'abord dans l'Air ; l'Air les jette dans la Mer profonde ; la Mer les vomit sur la Terre ; de la Terre ils s'élevent enfin vers le Ciel. Ils sont ainsi transportés d'un lieu à un autre, jusqu'à ce qu'étant punis & purifiés, ils retournent dans le lieu qui est conforme à leur nature.*

Après avoir donné ainsi une explication théologique des Allégories Egyptiennes, Plutarque en raconte les explications physiques : mais il les rejette toutes, & revient à sa premiere doctrine (d). „ Osiris *n'est ni le* Soleil, „ *ni l'*Eau, *ni la* Terre, *ni le* Ciel; *mais tout ce qu'il y*

Pour les Notes, Voyez pag. 252.

,, (a) There are others, add's he, much juster in
,, their notions, who have wrote, that whatever
,, is related of *Typhon*, *Osiris*, *Isis* & *Orus* must be
,, understood of *Genii* & *Dæmons*. (b) This was the
,, opinion of *Pythagoras*, *Plato*, *Xenocrates*, and
,, *Chrysippus*, who followed the ancient Theologists
,, in this notion. All those great men maintained
,, that these *Genii* were very powerful, & far su-
,, perior to mortals. They did not however partake
,, of the Deity in a pure & simple manner; but were
,, composed of a spiritual & corporeal nature, and
,, consequently capable of pleasures & pains, passions
,, & changes: for there are virtues & vices among
,, the *Genii* as wel as among men. Hence come the
,, Fables of the *Greeks* about the *Titans* & the *Giants*;
,, the battels of *Python* with *Apollo*; the furies &[ex-
,, travagance of *Bacchus*, & several fictions like those
,, of *Osiris* & *Typhon*. Hence is it that *Homer* speaks
,, of good & evil *Dæmons*. *Plato* calls the first, *Tute-*
,, *lary Deities*, because they are mediators between
,, God an Man, carry up the prayers of mortals to
,, Heaven & bring us from thence the knowledge &
,, revelation of secret & future things.

,, (c) *Empedocles*, continues he, says, that the evil
,, *Dæmons* are punished for the faults they have com-
,, mitted. The Sun precipitates them at first into the
,, Air, the Air casts them into the deep Sea; the Sea
,, vomits them upon the Land, & from the Earth
,, they are raised up at last towards Heaven. Thus
,, are they transported from one place to another,
,, till being in the end punished & purified, they
,, return to the place adapted to their nature.

· *Plutarch*, after having given such a theological
explanation of the *Egyptian* Allegories, gives likewise the physical explication there of; but he rejects
them all, & returns to his first doctrine. " (d)
,, *Osiris* is neither the Sun, nor the Water, nor
,, the Earth, nor the Heaven; but whatever there

(a) *Pag.* 548. (b) *Pag.* 560.
(c) *Pag.* 565. (d) *Pag.* 376.

« a dans la nature de bien disposé, de bien ordonné, de bon
« & de parfait, est l'image d'Osiris. Typhon n'est ni le
« Sécheresse, ni le Feu, ni la Mer, mais tout ce qu'il y a
« dans la Nature de nuisible, d'inconstant, & de déréglé.

Plutarque va plus loin dans un autre Traité, & nous explique l'origine du Mal par un raisonnement également solide & subtil (a); le voici : « L'Ouvrier parfaite-
« ment bon fit d'abord toutes choses, autant qu'il étoit
« possible, semblables à lui-même. Le Monde reçut en
« naissant de celui qui le fit, toutes sortes des biens.
« Il tient d'une disposition étrangere tout ce qu'il a de
« malheureux & de méchant. Dieu ne peut pas être
« la cause du Mal, parce qu'il est souverainement bon.
« La Matiere ne peut pas être cause du Mal, parce
« qu'elle n'a point de force. Mais le Mal vient d'un
« troisieme principe qui n'est ni si parfait que Dieu,
« ni si imparfait que la matiere. Ce troisieme Etre
« c'est la Nature intelligente, qui a au-dedans de soi
« une source, un principe, & une cause de mouve-
« ment.

J'ai déja fait voir que les Ecoles de Pythagore & de Platon soutenoient la Liberté. Le premier l'exprime par la nature de l'Ame qui peut s'élever ou s'abaisser; l'autre par les ailes de l'Ame, c'est-à-dire, par l'amour du beau & le goût du plaisir, qui peuvent se séparer. Plutarque suit les mêmes principes, & fait consister la Liberté dans l'activité de l'ame, par laquelle elle est la source de ses déterminations.

Ce sentiment ne doit donc pas être regardé comme nouveau. Il est tout à la fois naturel & philosophique. L'Ame peut toujours séparer & rassembler, rappeller & comparer ses idées; & c'est de cette activité que dépend la Liberté. Nous pouvons toujours penser à d'autres biens qu'à ceux auxquels nous pensons actuellement. Nous pouvons toujours suspendre notre consente-ment, pour voir si le bien dont nous jouissons, est ou n'est pas le vrai bien. Notre Liberté ne consiste pas à vouloir sans raison de vouloir, ni à préférer le moindre

Pour la Note, Voyez pag. 253.

" is in nature well difposed, well regulated, good &
" perfect all *that* is the image of *Ofiris*. *Typhon* is nei-
" ter fcorching heat, nor the fire, nor the Sea;
" but whatever is hurtful, inconftant & irregular.

 Plutarch goes farther in another Treatife, and
enquires into the caufe or the origin of Evil, in a
manner equally folid & fubtile, which is expreffed
thus: " (a) The Maker of the World being per-
" fectly good, formed all things at firft, as far as
" was poffible, like himfelf. The World at its birth
" received, from him that made it, all forts of good
" things: Whatever it has at prefent unhappy and
" wicked in it, comes from a difpofition foreign
" to its nature. God cannot be the caufe of evil,
" becaufe he is fovereignly good. Matter cannot
" be the caufe of evil, becaufe it has no active force.
" But evil comes from a third principle, neither
" fo perfect as God, nor fo imperfect as Matter.
" This third Being is an intelligent nature, which
" being felfmoving, hath within itfelf a fource,
" a principle, & a caufe of motion.

 I have already shewn that the Schools of *Pythagoras* & *Plato* afferted Liberty of Will. The former
expreffes it by the nature of the Soul, which can
either raife or fink itfelf; the other by the *wings of
the Soul*, which may move different ways and be
parted. *Plutarch* follows the fame principles, and
makes Liberty confift in the activity of the Soul,
by which it is the fource of its own determinations.

 This opinion therefore ought not to be looked
upon as modern. It is at once both natural & philofophical. The Soul can always feparate & re unite,
recall & compare her ideas; & on this activity
depends her liberty. We can always think upon
other goods than thofe we are actually thinking
of. We can always fufpend our confent, and confider if the good that we enjoy, be or be not the
true good. Our liberty does not confift in willing
without any reafon, nor in preferring a leffer

.(p) *Plut. de Anim. form. pag.* 1 a 1 p.

bien de ce qui nous paroît le plus grand ; mais à examiner si le bien présent est un bien réel, ou s'il n'est qu'un bien imaginaire. L'Ame n'est libre que lorsqu'elle est placée entre deux objets qui paroissent dignes de quelque choix. Elle n'est jamais entraînée invinciblement par l'impression d'aucun bien fini, parce qu'elle peut penser à d'autres biens plus grands, & par là découvrir un attrait supérieur, qui suffit pour l'enlever au bien apparent & trompeur.

J'avoue que les Passions, par le sentiment vif qu'elles nous causent, occupent quelquefois toute la capacité de l'Ame, & l'empêchent de réfléchir. Elles l'aveuglent & l'entraînent : elles déguisent, & transforment les objets. Mais quelque fortes qu'elles soient, elles ne sont jamais invincibles. Il est difficile, mais il n'est point impossible de les surmonter. Il est toujours dans notre pouvoir d'en diminuer peu à peu la force, & d'en prévenir les excès. Voilà le combat de l'Homme sur la terre, & le triomphe de la Vertu.

Les Païens ayant senti cette tyrannie des Passions, reconnurent par la seule lumiere naturelle, la nécessité d'une puissance céleste pour les vaincre. Ils nous représentent toujours la Vertu comme une Force Divine qui descend du Ciel. Ils introduisent sans cesse dans leurs Poëmes des Divinités protectrices qui nous inspirent, nous éclairent, & nous fortifient ; pour marquer que les vertus héroïques ne peuvent venir que des Dieux seuls. C'est par ces principes que la sage Antiquité a toujours combattu la Fatalité, qui détruit également la Religion, la Morale & la Société. Revenons aux Egyptiens.

Leur Doctrine, selon Plutarque, suppose : 1. Que le monde fut créé d'abord sans aucun mal physique ni moral, par celui qui est infiniment bon. 2. Que plusieurs Génies, par l'abus de leur liberté, se sont rendus criminels, & par là malheureux. 3. Que ces Génies souffriront des peines expiatrices, jusqu'à ce qu'ils soient purgés & rétablis dans l'ordre.

ANCIENT MYTHOLOGY. 255

good to what appears to us to be a greater; but it confists in examining whether the prefent good be a real or an imaginary good. The Soul exerts its liberty only when it is placed between two objects that feem worthy of fome choice. It is never carried away invincibly by the impreffion of any finite good, becaufe it can think upon other goods much greater than they, & thereby difcover a fuperior charm & attraction that is fufficent to get the better of the apparent & deceitful good.

It muft be owned that the Paffions by the lively impreffions which they make on us, fometimes take up all the capacity of the Soul, & hinder it from reflecting. They darken its difcerning faculty, & hurry it on to an affent: They transform objects, & place them in a wrong light. But ftrong as they are, they are never invincible. 'Tis difficult indeed, but not impoffible to furmount them. 'Tis always in our power to diminish their force gradually, & prevent their excefs. This is the warfare of Man on earth, & this is the triumph of Virtue.

The Heathens feeling this tyranny of the Paffions, were convinced by the light of nature alone, of the neceffity of a celeftial power to fubdue them. They always reprefent Virtue to us as a *divine energy defcending from Heaven*. They are continually bringing into their Poëms guardian Deities who infpire, enlighten & ftrenghten us, to shew that heroick virtues can only proceed from the Gods. Thefe were the principles upon which the wife Ancients went in their arguments againft thofe notions of *Fatality*, which are alike deftructive to Religion, Morality & Society. But to return to the *Egyptians*.

Their doctrine, according to *Plutarch* fuppofes 1. That the world was created without any phyfical or moral evil, by a Being infinitely good. 2. That feveral *Genii* abufing their liberty, fell into crimes, & confequently into mifery. 3. That thefe *Genii* muft fuffer expiatory punishments, till they are purified & reftored to their firft ftate.

MYTHOLOGIE ANCIENNE.

4. Que le Dieu Orus, fils d'Ifis & d'Ofiris, qui combat le mauvais Principe, eſt un Dieu ſubalterne, ſemblable à Jupiter, fils de Saturne.

Conſultons à préſent la Mythologie des Orientaux, plus nous approcherons de la premiere origine des Nations, plus nous trouverons leur Théologie épurée.

Zoroaſtre, dit Plutarque, (a) enſeignoit « qu'il y a » deux Dieux d'opérations contraires ; l'un Auteur de » tous les biens ; l'autre Auteur de tous les maux. Il » appelle le bon Principe, Oromaze, & l'autre, le » Démon Arimane (b). Il dit que l'un reſſemble à » la lumiere & à la vérité, l'autre aux ténebres & à » l'ignorance. De plus, il y a un Dieu mitoyen entre » les deux, nommé Mythras, que les Perſes appellent » Interceſſeur ou Médiateur (c). Les Mages ajou- » tent qu'Oromaze eſt né de la plus pure lumiere, & » Arimane des ténebres : qu'ils ſe font la guerre l'un » à l'autre ; & qu'Oromaze a fait ſix Génies : la Bonté, » la Vérité, la Juſtice, la Sageſſe, l'Abondance, & » la Joie ; & qu'Arimane leur en a oppoſé ſix autres, » la Malice, la Fauſſeté, l'Injuſtice, la Folie, la Di- » ſette, & la Triſteſſe. Oromaze s'étant éloigné de la » ſphere d'Arimane autant que le Soleil l'eſt de la Terre, » orna le Ciel d'Aſtres & d'Etoiles. Il créa enſuite » vingt-quatre autres Génies, & les mit dans un œuf » (par lequel les Anciens déſignent la Terre) ; » Arimane & ſes Génies percerent cet œuf brillant ; » auſſi-tôt les maux furent confondus avec les biens. » Mais il viendra un temps fixé par le Deſtin, où Ari- » mane ſera totalement détruit & exterminé ; la Terre » changera de forme, & deviendra unie & égale ; & » les Hommes heureux n'auront plus qu'une même vie, » une même langue, & un même gouvernement.

Pour les Notes, Voyez pag. 257.

4. That the God *Orus*, the fun of *Ifis* & *Ofiris*, who fights with the evil Principle, is a fubordinate Deity, like *Jupiter* the fon of *Saturn*.

Let us pafs next into *Perfia*, to confult the Mythology of the Orientals. The nearer we approach the firft origin of Nations, the clearer shall we find their Theology.

,, *Zoroafter*, fays *Plutarch*, (a) taught that there
,, are two Gods contrary to each other in their
,, operations; the one the author of all the good;
,, the other of all the evil in nature. The good
,, Principle he calls *Oromazes* the other the Dæ-
,, mon *Arimanius*. He fays (b) that the one re-
,, fembles light and truth, the other darknefs and
,, ignorance. There is likewife a middle God be-
,, tween thefe two, named *Mythras* (c), whom
,, the *Perfians* call the Interceffor or Mediator.
,, The *Magi*, add, that *Oromazes* is born of the
,, pureft light, & *Arimanius* of darknefs; that they
,, make war upon one another, and that *Oromazes*
,, made fix *Genii*, Goodnefs, Truth, Juftice, Wifdom,
,, Plenty, & Joy; & *Arimanius* made fix others to
,, oppofe them, Malice, Falshood, Injuftice, Folly,
,, Want, & Sadnefs. *Oromazes* having withdrawn
,, himfelf to as great a diftance from the Sphere of
,, *Arimanius*, as the Sun is from the Earth, beauti-
,, fied the Heavens with Stars & Conftellations.
,, He created afterwards four & twenty other *Genii*,
,, & put them into an egg; (*by which the Ancients
,, mean the Earth*) but *Arimanius* & his *Genii* pierced
,, trough this shining egg; immediately evil was
,, blended & confounded with good. But there was
,, come a time appointed by Fate, when *Arimanius*
,, shall be entirely deftroyed & extirpated; the Earth
,, shall change its form, & become plain & even;
,, & happy men shall have only one & the fame
,, life, language & government.

(a) *De Ifid. & Ofir. pag. 370.* (b) *Ibid.*
(c) Διὰ καὶ Μιθρην Πέρσαι τὸν Μεσίτην ὀνομάζουσιν.

« Théopompe écrit auſſi que, ſuivant la doctrine des
» Mages, ces Dieux doivent ſe combattre pendant neuf
» mille ans, l'un détruiſant ce que l'autre a fait,
» juſqu'à ce qu'enfin l'Enfer ſoit aboli. Alors les Hom-
» mes ſeront bienheureux, & leurs corps deviendront
» tranſparens. Le Dieu qui a tout produit, ſe cache
» juſqu'à ce temps. Cet intervalle n'eſt pas trop long
» pour un Dieu ; mais il eſt ſemblable à un moment
» de ſommeil.

Nous avons perdu les anciens Livres des premiers Perſes. Pour juger de leur Mythologie, il faut avoir recours aux Philoſophes Orientaux de nos jours, & voir
s'il reſte encore parmi les Diſciples de Zoroaſtre quelques
traces de l'ancienne Doctrine de leur Maître. Le célèbre
M. Hyde, Docteur de l'Egliſe Anglicane, qui a voyagé
dans l'Orient, & qui ſavoit parfaitement la langue du
pays, a traduit de Sariſthani, Philoſophe Arabe du
quinzieme ſiecle, les principes ſuivans (a). » Les premiers
» Mages ne regardoient point les deux Principes comme
» co-éternels ; mais ils croyoient que la Lumiere étoit
» éternelle, & que les Ténebres avoient été produites.
» Voici comme ils expliquent l'origine de ce mauvais
» Principe. La lumiere ne peut produire que la lumiere,
» & ne peut jamais être l'origine du mal. Comment
» donc a été produit le mal ? La Lumiere, diſent-ils,
» produiſit pluſieurs êtres, tous ſpirituels, lumineux,
» & puiſſans. Mais leur Chef, nommé Ahriman, ou
» Arimane, eut une mauvaiſe penſée contraire à la
» lumiere. Il douta, & par ce doute il devint téné-
» breux. De là ſont venus tous les maux, la diſſen-
» tion, la malice, & tout ce qui eſt oppoſé à la lumiere.
» Ces deux Principes ſe combattirent l'un l'autre. Ils
» firent enſuite la paix, à condition que le Monde in-
» férieur ſeroit ſoumis à Arimane pendant ſept mille
» ans ; après cet eſpace de temps, il rendra le Monde
» à la lumiere.

Pour la Note, Voyez pag. 259.

"*Theopompus* writes also, that according to the
" doctrine of the *Magi*, these Gods must make war
" for nine thousand years, the one destroying the
" other's work, till at last Hell shall be taken away.
" Then Men shall be happy, & their bodies be-
" come transparent. The God who was the author
" of their being, keeps himself retired till that time,
" an interval not too long for a God, but rather
" like a moment of sleep.

We have lost the ancient Books of the first *Persians*; so that in order to judge of their Mythology, we must have recourse to the oriental Philosophers of our own time, & see if there be still left among the Disciples of *Zoroaster* any traces of the ancient doctrine of their Master. The famous Dr. *Hyde*, a Divine of the Church of *England*, who had travelled into the East, & perfectly understood the language of the country, has translated the following passages out of *Sariskhani*, an *Arabian* Philosopher of the fifteenth century. " (a) The first *Magi*
" did not look upon the two Principles as coeternal,
" but believed that Light was eternal, and that
" Darkness was produced in time; & the origin of
" this evil Principle they account for in this manner:
" Light can produce nothing but light, & can never
" be the origin of evil. How then was evil pro-
" duced? Light, say they, produced several beings,
" all of them spiritual, luminous and powerful.
" But their Chief, whose Name was *Ahriman* or
" *Arimanius*, had an evil thought contrary to the
" Light. He doubted, & by that doubt he became
" dark. Hence arose all the evils, the dissention,
" the malice, and every thing else of a contrary
" nature to the light. These two Principles made
" war upon one another, till at last peace was made,
" upon conditions that the lower world should be
" in subjection to *Arimanius* for seven thousand
" years; after which space of time, he is to sur-
" render back the World to the light.

(a) *Hyde Rel. vet. Pers. c. 7. p. 161. & c. 22. p. 296.*

Voilà, ce me semble, les quatre idées dont je parle dans mon Ouvrage: 1. Un état avant que les biens & les maux fussent mélangés. 2. Un état après qu'ils furent mêlés & confondus. 3. Un état où le mal sera totalement détruit. 4. Un Dieu mitoyen entre le bon & le mauvais Principe.

Comme la doctrine des Mages Persans est une suite de la doctrine des Brachmanes des Indes, il faut consulter l'une pour éclaircir l'autre. Il nous reste peu de traces de l'ancienne Théologie des Gymnosophistes; mais celles que Strabon nous a conservées, supposent les trois Etats du Monde.

Après que cet Historien a décrit la vie & les mœurs des Brachmanes, il ajoute (a): » Ces Philosophes re-
» gardent l'état des hommes pendant cette vie, comme
» celui des enfans dans le sein de leur mere. La mort est,
» selon eux, une naissance à une véritable & heureuse
» vie. Ils croient que tout ce qui arrive aux mortels,
» ne mérite le nom ni de bien ni de mal. Conformes
» aux Grecs en plusieurs choses, ils pensent que le Mon-
» de a commencé, & qu'il finira; que Dieu qui l'a
» produit (b), & qui le gouverne, est présent par-tout
» à son ouvrage.

» Onésicrite, continue le même Auteur, ayant
» été envoyé par Alexandre le Grand, pour apprendre
» la vie, les mœurs & la doctrine de ces Philosophes,
» trouva un Brachmane, nommé Calanus, qui lui en-
» seigna les principes suivans. Autrefois l'abondance
» régnoit par-tout; le lait, le vin, le miel & l'huile
» couloient des fontaines: mais les hommes ayant abusé
» de ce bonheur, Jupiter les en priva, & les condamna
» à travailler pour conserver leur vie. Quand la tem-

Pour les Notes, Voyez pag. 261.

Here we see the four notions that I speak of in the foregoing work: 1, A state before good & evil were blended & confounded together. 2. A state after they were so blended & confounded. 3. A state when evil shall be entirely destroyed. 4. A middle God between the good & the evil Principle.

As the doctrine of the *Persian Magi* is a sequel of the doctrine of the *Indian Brachmans*, we must consult the one to put the other in a clear light. We have but few traces left of the ancient Theology of the *Gymnosophists*; yet those which *Strabo* has preserved, suppose three different states of the World.

After that Historian has described the life and manners of the *Brachmans*, he adds. " (a) Those " Philosophers look upon the state of men in this " life, to be like that of children in their mother's " womb; Death according to their notion being a " birth to a true & an happy life. They believe " that whatever happens to mortals here does not " deserve the name either of *good or evil*. They " have many notions in common with the *Greeks*, " & like them believe that the World had a begin-" ning, & will have an end; and that God who " made it (b), & governs it, is every where pre-" sent to his work."

The same Author goes on in this manner: " *Oneficritus* being sent by *Alexander* the Great to " learn the life, the manners, and the doctrine of " those Philosophers, found a *Brachman* named " *Calanus*, who taught him the following prin-" ciples. Formerly, plenty reigned over all na-" ture; milk, wine, honey & oil, flowed in a con-" tinual stream from fountains: But men having " made an ill use of this felicity, *Jupiter* deprived " them of it, & condemned them to labour for " the sustenance of their lives. When Tem-

(a) *Lib.* 15. *Pag.* 713, 714. *Ed. Paris* 1620.
(b) *Ibid.*

» pérance & les autres Vertus reviendront sur la Terre,
» alors l'ancienne abondance se rétablira (a).

Pour juger de la doctrine des anciens Gymnosophistes, j'ai consulté ce qui a été traduit du Védam, qui est le Livre sacré des Bramines d'aujourd'hui. Quoique son antiquité ne soit pas peut-être aussi grande qu'on l'a dit, on ne peut nier cependant qu'il ne contienne les anciennes traditions de ces Peuples & de leurs Philosophes.

Il est constant par ce Livre (b), » que les Bramines
» reconnoissent un Seul & Souverain Dieu qu'ils appel-
» lent Vistnou ; que sa premiere & plus ancienne pro-
» duction fut un Dieu Secondaire, nommé Brama ; que
» le Souverain Dieu le tira d'une fleur qui flottoit sur
» la surface de l'abyme avant la création de ce monde ;
» & enfin que Vistnou donna à Brama, à cause de
» sa vertu, de sa reconnoissance & de sa fidélité, le
» pouvoir de créer l'Univers.

Ils croient de plus (c) : » que les Ames sont émanées
» de l'essence Divine de toute éternité, ou du moins
» qu'elles ont été produites long-temps avant la créa-
» tion du Monde ; que dans cet état pur elles pécherent ;
» & que depuis ce temps elles furent envoyées dans les
» corps des Hommes & des Bêtes, chacune selon ses mé-
» rites ; de sorte que le corps où l'Ame habite, est com-
» me un cachot ou une prison.

Ils enseignent, enfin : » qu'après un certain nombre de
» Métempsycoses, toutes les Ames seront réunies à leur
» origine, rentreront dans la compagnie des Dieux, &
» seront divinisées (d).

Pour les Notes, Voyez pag. 263.

"perance & the rest of the Virtues shall returne upon
" Earth, then the ancient plenty shall be restored (a).

For the forming a better judgement of the doctrine of the ancient *Gymnosophists*, I have consulted what has been translated of the *Vedam*, which is the sacred book of the modern *Bramins*. Though its antiquity is not perhaps so great as they affirm it to be, yet there is no denying but it contains the ancient traditions of those people, & of their Philosophers.

'Tis plain by this book." (b) That the *Bramins*
" acknowledge one sole & supreme God, whom
" they call *Vistnou*; that his first & most ancient
" production, was a secondary God, named *Brama*,
" whom the supreme God formed out of a flower
" that floated upon the surface of the great deep
" before the creation of the World; & that *Vistnou*
" afterwards, on account of *Brama*'s virtue, gra-
" titude & fidelity, gave him power to create the
" Universe.

They believe moreover. " (c) That Souls are
" eternal emanations of the Divine Essence, or at
" least that they were produced long before the
" creation of the World; that they were originally
" in a state of purity, but sinned, & have been ever
" since thrown down into the bodies of Men and
" Beasts, according to their several demerits; so
" that the body, where the Soul resides, is a sort
" of dungeon or prison.

In a word, they hold. " That after a certain
" number of Transmigrations, all Souls shall be
" re-united to their origin, shall be re-admitted
" into the company of the Gods, & shall at last
" be deified (d).

(a) Ὑπἀρξις, is the first aorist of the Verb ὑπάρχω, *sum*, and ought to be translated *sum*, not *facta est*, as *Xylander* has rendered it; for want of understanding the notion of Calanus.
(b) See *Abrah. Roger*, of the Religion, of the *Bram. Book. II Part. 1. ch. 1. & Kircher China illust.*
(c) *Ib. Roger. Part. 2. ch. 7.* (d) *Ath. Kircher. China illust.*

Je n'aurois pas regardé ces traditions comme authentiques, & je ne me serois point fié aux Traducteurs du Védam, si cette doctrine n'étoit pas parfaitement conforme à celle de Pythagore que je viens d'exposer. Ce Philosophe ne fit qu'enseigner aux Grecs ce qu'il avoit appris des Gymnosophistes.

La découverte de ces sentimens uniformes, & semblables dans la Grece, dans l'Egypte, dans la Perse; & dans les Indes, m'a donné envie de pénétrer plus avant dans l'Orient, & de porter mes recherches jusques à la Chine. Je me suis adressé à ceux qui entendent la langue de ce pays, qui y avoient demeuré plusieurs années de suite, & qui en avoient étudié les Livres originaux. [Et quant à cet article particulièrement, j'ai beaucoup profité des lumieres d'un Gentilhomme, génie supérieur, qui ne veut pas être connu avant qu'il ait publié un grand ouvrage sur ces matieres, également avantageux à la Religion & honorable à l'esprit humain.] Ils m'ont communiqué les traits suivans qu'ils ont traduits des anciens livres Chinois qu'on a apportés dans l'Europe, [qu'on peut voir à Paris & à Rome] & dont ceux qui entendent cette langue peuvent vérifier la traduction.

Dans les anciens Commentaires sur le livre Y-king, c'est-à-dire, le livre des changemens, on parle sans cesse d'un double Ciel, d'un Ciel primitif, & d'un Ciel postérieur ; & voici comment on y décrit le premier Ciel:
» Toutes choses étoient alors dans un état heureux,
» tout étoit beau, tout étoit bon; tous les êtres étoient
» parfaits dans leur espece. Dans ce siecle heureux le
» Ciel & la Terre unissoient leurs vertus pour embellir
» la Nature. Il n'y avoit aucun combat dans les Elé-
» mens, nulle intempérie dans les Airs. Toutes choses
» croissoient sans travail ; une fécondité universelle
» régnoit par-tout. Les Vertus actives & passives

ANCIENT MYTHOLOGY.

I should hardly have thought these traditions authentick, or have brought my self to trust to the Translators of the *Vedam*, if this doctrine had not been perfectly agreeable to that of *Pythagoras*, which I gave an account of a little before. This Philosopher taught the *Greeks* nothing, but what he had learned from the *Gymnosophists*.

The discovery of these uniform & aggreeing sentiments in *Greece*, in *Egypt*, in *Persia*, & in the *Indies*, made me desirous to advance further into the *East*, & to carry my searches as far as *China*. I applied my self accordingly to such as understood the language of the country, had spent several years in it, & were well versed in the original books of that Nation. And in this point particularly I have made great use of the informations I have received from a Gentleman of a superior genius, who does not care to be mentioned till he has published a large work upon these matters, which will be of service to Religion, & do honour to human understanding. In the mean time they have allowed me to publish the following passages, which they translated out of some ancient *Chinese* books that have been brought into *Europe*, & which may be seen both at *Paris* & at *Rome*; so that all who understand the language, may judge of the faithfulness of the translation.

The book *Yking*, i. e. the *book of changes*, is continually speaking of a double Heaven; a *primitive* Heaven, & a *posterior* Heaven. The first Heaven is there described in the following manner : „ All „ things were then in an happy state, every thing „ was excellent, every thing was good: all beings „ were perfect in their kind. In this happy age „ Heaven & Earth employed their virtues jointly „ to embellish Nature. There was no jarring in the „ Elements, no inclemency in the Air. All things „ grew without labour; an universal fertility reigned „ every where. The active & passive Virtues

» conspiroient d'elles-mêmes sans effort & sans combat à
» produire & à perfectionner l'Univers.

Dans les livres que les Chinois appellent King ou
Sacrés, on lit les paroles suivantes : » Pendant le pre-
» mier état du Ciel, une pure volupté & une tran-
» quillité parfaite. régnoient par-tout. Il n'y avoit ni
» travaux, ni peines, ni douleurs, ni crimes. Rien
» ne résistoit à la volonté de l'Homme.

Les Philosophes qui ont suivi ces traditions antiques,
& sur-tout Tchouangsé, disent : » que dans l'état du
» premier Ciel l'Homme étoit uni au-dedans à la sou-
» veraine Raison, & qu'au-dehors il pratiquoit toutes
» les œuvres de la justice. Le cœur se réjouissoit dans
» la vérité ; il n'y avoit en lui aucun mélange de
» fausseté. Alors les quatre saisons de l'année suivoient
» un ordre réglé sans confusion ; il n'y avoit ni vents
» impétueux, ni pluies excessives. Le Soleil & la Lune,
» sans s'obscurcir jamais, fournissoient une lumière plus
» pure & plus éclatante qu'aujourd'hui. Les cinq Pla-
» netes suivoient un cours réglé sans inégalités. Rien
» ne nuisoit à rien. Une amitié & une harmonie
» universelle régnoient dans toute la Nature.

D'un autre côté le Philosophe Hoaïnantsé dit en
parlant du Ciel postérieur : » Les colomnes du Ciel fu-
» rent rompues ; la Terre fut ébranlée jusques aux fon-
» demens. Le Ciel s'abaissa du côté du Nord ; le Soleil,
» la Lune, & les Astres changerent leurs mouvemens ;
» la Terre s'écroula ; les eaux renfermées dans son sein
» sortirent avec violence, & l'inonderent. L'Homme
» s'étant révolté contre le Ciel, le système de l'Univers
» fut dérangé ; le Soleil s'obscurcit ; les Planetes chan-
» gerent leur route, & l'Harmonie universelle fut
» troublée.

Les Philosophes Ventsé & Lietsé, qui vivoient
long-temps avant Hoaïnantsé, parlent le même
langage : » La fécondité universelle de la Na-

"conspired together without any effort or oppo-
"sition, to produce & perfect the Universe.

In the books which the *Chinese* call *King* or *Sacred*, we read the following passage: "Whilst the
"first state of Heaven lasted, a pure pleasure & a
"perfect tranquillity reigned over all Nature. There
"were neither labour nor fatigues, nor pains, nor
"crimes. Nothing made opposition to the will of
"Man.

The Philosophers who stuck to these ancient traditions, & particularly *Tchouangse* says: "That in
"the state of the first Heaven, Man was united
"inwardly to the supreme Reason, & outwardly
"he practised all the works of justice. The heart
"rejoiced in' truth, and there was no mixture of
"falsehood. Then the four seasons of the year suc-
"ceeded each other regularly without confusion;
"There were no impetuous winds, not excessive
"rains. The Sun & the Moon without ever being
"darkned, furnished a light much purer and
"brighter than at present. The five Planets kept
"on their course without any inequality. Nothing
"did harm to Man, & Man did harm to nothing.
"An universal amity & harmony reigned over all
"Nature.

On the other side, the Philosopher *Hoainantse*
speaking of the latter Heaven, says: "The pillars
"of Heaven were broken; the Earth was shaken
"to its very foundations. The Heavens sunk lower
"towards the north; the Sun, the Moon, & the
"Stars, changed their motions, the Earth fell to
"pieces, the waters enclosed within its bosom,
"burst forth with violence, & overflowed it. The
"Earth rebelling against Heaven, the system of the
"universe was quite disordered; the Sun was dar-
"kened; the Planets altered their course, & the uni-
"versal harmony was disturbed.

The Philosophers *Ventsé* & *Lietsé*, who lived long
before *Hoainantsé*, express themselves almost in
the same terms; "The universal fertility of

« ture, disent ces anciens Auteurs, *dégénéra dans une*
« *horrible stérilité. Les herbes se fanerent, les arbres se*
« *desséherent; la Nature désolée & éplorée refusa de ré-*
« *pandre ses dons. Toutes les Créatures se déclarerent la*
« *guerre les unes aux autres. Les maux & les crimes inon-*
« *derent la face de la Terre.*
« *Tous ces meux sont venus*, dit le Livre Likiy-ki,
parce que « *l'Homme méprisa le souverain Empire. Il*
« *voulut disputer du vrai & du faux; & ces disputes*
« *bannirent la Raison éternelle. Il regarda ensuite les*
« *objets terrestres, & les aima trop. De là nâquirent*
« *les passions: peu à peu il fut transformé dans les objets*
« *qu'il aimoit, & la Céleste Raison l'abandonna tout*
« *à fait. Voilà la source primitive de tous les crimes :*
« *ce fut pour les punir que le Ciel envoya tous les*
« *maux.*

*Ces mêmes Livres parlent d'un temps où tout doit être
rétabli dans la premiere splendeur, par l'arrivée d'un
Héros nommé* Kiuntsé, *qui signifie* Pasteur & Prince,
à qui ils donnent aussi les noms de Très-Saint, *de*
Docteur Universel, *& de* Vérité Souveraine. *C'est le*
Mythras *des* Perses, *l'*Orus *des* Egyptiens, *le* Mercure *des* Grecs, *& le* Brama *des* Indiens.

*Les Livres Chinois parlent même des souffrances & des
combats de* Kiuntsé, *comme les* Syriens *de la mort d'*Adonis *qui devoit ressusciter pour rendre les hommes heureux,*
(a) *& comme les* Grecs *des travaux & des exploits pénibles de ce Fils de* Jupiter *qui étoit descendu sur la Terre
pour combattre les Monstres. Il paroît que la source de
toutes ces Allégories est une très-ancienne tradition commune à toutes les Nations, que le Dieu mitoyen à qui elles
donnent toutes le nom de* Soter *ou* Sauveur, *ne détruiroit
les crimes qu'en souffrant lui-même beaucoup de maux.*

(a) Voyez la description que *Julius Firmicus* fait des
fêtes, des cérémonies & des mysteres d'*Adonis*, & *Lucien*,
de Deâ Syriâ, p. 1058. *Ed. Paris.*

"Nature, say these ancient Authors, degenerated in
" to an ugly barrenness. The plants faded; the trees
" withered away; Nature desolate & in mourning,
" refused to distribute her usual bounty. All Crea-
" tures declared war against one another. Evils &
" crimes overflowed the face of the Earth.

All the evils arose, says the book *Likiyki*, " from
" Man's despising the supreme Monarch of the Uni-
" verse. He would needs dispute about truth and
" falsehood; & these disputes banished the eternal
" Reason. He then fixed his looks on terrestrial
" objects, & loved them to excess. Hence arose
" the passions, & he became gradually transformed
" into the objects he loved, & the celestial Reason
" abandoned him entirely. This was the original
" source of all crimes; which drew after them all
" manner of evils sent by Heaven for the punish-
" ment thereof.

The same books speak of a time when every
thing is to be restored to its first splendour, by the
coming of an Hero called *Kiuntsé*, which signifies
Shepherd & Prince, to whom they give likewise
the names of *The most Holy*, the *Universal Teacher*,
& the *Supreme Truth*. He answers exactly to the
Mythras of the *Persians*, the *Orus* of the *Egyptians*,
the *Mercury* of the *Greeks*, and the *Brama* of the
Indians.

" The *Chinese* books speak likewise of the sufferings
& conflicts of *Kiuntsé*, just as the *Syrians* do of the
death of *Adonis*, who was to rise again to make
men happy (a), & as the *Greeks* do of the labours
& painful exploits of the Son of *Jupiter* who was
to come down upon Earth. It looks as if the source
of all these allegories was only an ancient Tradition
common to all Nations, that the middle God, to
whom they all give the name of *Sor* or *Saviour*,
was to put an end to crimes by his great sufferings.

(a) *See* the description that *Julius Firmicus* gives of the
Feasts, Ceremonies, and Mysteries of *Adonis*: and Lucian de Dea Syria, *pag.* 1058. *Ed. Par.*

Mais je n'infiste point fur cette idée. Je ne veux parler que des veftiges qu'on trouve dans toutes les Religions d'une Nature élevée, tombée, & qui doit être réparée par un Héros Divin.

Ces quatre vérités regnent donc également dans les Mythologies des Grecs, des Egyptiens, des Perfes, des Indiens, & des Chinois. Voyons à préfent la Mythologie Hébraïque.

J'entends par là le Rabbinifme, ou la Philofophie des Docteurs Juifs, & fur-tout des Efféniens. Ces Philofophes enfeignoient, felon le témoignage de (a) Philon & de Jofeph, (b) » que le fens littéral du Texte Sacré » n'étoit qu'une image des vérités cachées. Ils chan- » geoient les paroles & les préceptes de la Sageffe en Al- » légories, felon la coutume de leurs Peres, qui leur » avoient laiffé plufieurs livres de cette fcience.

C'étoit le goût univerfel des Orientaux, de peindre fous des images corporelles les propriétés & les opérations des Intelligences.

Ce ftyle fymbolique femble même être autorifé par les Ecrivains Sacrés. Le Prophete Daniel nous repréfente la Divinité fous l'image de l'Ancien des jours. Les Mythologiftes Hébreux, & les Cabaliftes, qui font une fuite de l'Ecole des Efféniens, prirent de là occafion d'expliquer les attributs divins, comme les membres du corps de l'Ancien des jours. On voit cette allégorie portée jufqu'à l'extravagance dans les livres des Rabbins. On y parle de la rofée qui fort du cerveau du Vieillard, de fon crane, de fes cheveux, de fon front, de fes yeux, & fur-tout de fa barbe merveilleufe.

Ces comparaifons font fans doute abfurdes & indignes de la Majefté de Dieu: mais les Philofophes Cabaliftes prétendent les autorifer par des idées métaphyfiques.

Pour les Notes, Voyez pag. 271.

But I do not lay any stress upon this notion, my design being only to speak of the traces that appear in all Religions of a nature *exalted*, *fallen*, & *to be repaired* again by a Divine Hero.

These truths run equally throughout the Mythologies of the *Greeks*, the *Egyptians*, the *Persians*, the *Indians*, & the *Chinese*. 'Tis time to come at last to the *Jewish* Mythology.

I mean by this the Rabbinism or Philosophy of the *Jewish* Doctors, & particularly of the *Essenes*. These Philosophers asserted, according to the testimony of *Philo* (a) & *Josephus* (b) : " That the literal sense " of the sacred text was only an image of hidden " truths. They changed the words & precepts of " wisdom into allegories, after the custom of their " Ancestors, who had left them several books for " their instruction in this science.

'Twas the universal taste of the *Orientals* to make use of corporeal images to represent the properties & operations of Spirits.

This symbolical stile seems in a great measure authorised by the sacred Writers. The Prophet *Daniel* represents God to us under the image of the *Ancient of Days*. The *Hebrew* Mythologists and Cabbalists, who are a succession of the Scool of the *Essenes*, took occasion from thence to explain the Divine attributes, as members of the body of the *Ancient of Days*. We see this Allegory carried to an extravagance in the books of the Rabbins. They speak there of the dew that distilled from the brain of the *Ancient of Days*, from his skull, his hair, his forehead, his eyes, & specially from his wonderful beard.

These comparisons are undoubtedly absurd, and unbecoming the Majesty of God: But the Cabbalistical Philosophers pretend to authorize them by some very metaphysical notions.

(a) *Phil. de Leg. Alleg. l. 2. p. 53.*
(b) *Jos. de Bell. Jud. l. 2. c. 12.*

272 MYTHOLOGIE ANCIENNE.

La Création, selon eux, est un tableau des perfections Divines. Tous les Etres créés sont par conséquent des images de l'Etre Suprême, plus ou moins parfaites, selon qu'elles ont plus ou moins de rapport avec leur Original.

Il suit de là que toutes les créatures sont en quelque chose semblables les unes aux autres : & que l'Homme ou le Microcosme *ressemble au grand monde, ou au* Macrocosme *; le monde matériel, au monde intelligible ; & le monde intelligible, à l'Archétype, qui est Dieu.*

C'est sur ces principes que sont fondées les expressions allégoriques des Cabalistes. En dépouillant leur Mythologie de ce mystérieux langage, on y trouve des idées sublimes, & semblables à celles que nous venons d'admirer dans les Philosophes Païens. Voici quatre de ces idées que je trouve assez clairement énoncées dans les Ouvrages des Rabbins Irira, Moschech, *&* Jitzack, *dont* Rittangelius *nous a donné les traductions dans sa* Cabale dévoilée.

1. » *Toutes les Substances Spirituelles, les Anges, les
» Ames des hommes, & même l'Ame du Messie,* (a)
» *furent créées dès le commencement du monde. Le pre-
» mier Pere, par conséquent, dont parle Moyse, repré-
» sente non un individu, mais le genre humain entier
» gouverné par un seul chef. Dans ce premier état
» tout étoit éclatant & parfait ; rien ne souffroit dans
» l'Univers, parce que le crime y étoit inconnu. La Na-
» ture étoit une image sans ombre & sans tache des per-
» fections Divines* «. *C'est le Regne d'*Osiris, *d'*Oromaze *& de* Saturne.

2. » *L'Ame du Messie parvint par sa constance dans
» l'amour divin à une union étroite avec la pure Di-
» vinité, & mérita d'être le Roi, le Chef & le Con-
» ducteur de tous les Esprits* (b) «. *Cette idée a quelque rapport à celle que les* Perses *avoient de* Mythras,

Pour les Notes, Voyez pag. 273.

The Creation, according to them, is a picture of the Divine perfections. All created beings are consequently images of the supreme Being, more or less perfect, in proportion as they have more or less conformity with their Original.

Hence it follows that all creatures are in some respect like one another; & that Man, or the *microcosm* resembles the great world or *macrocosm*; the material world resembles the intelligible world, as the intelligible world does the Archetype, which is God.

These are the principles upon which the allegorical expressions of the Cabbalists are founded. If we strip their Mythology of this mysterious language, we shall find in it sublime notions very like those which we have before admired in the Heathen Philosophers. Now these are the four principal ones which I find clearly enough set forth in the works of the Rabbins *Irira*, *Moschach*, & *Jitzack*, which *Rittangelius* has translated in his *Cabbala denudata*.

1. " All spiritual substances, Angels, human Souls, " & even the Soul of the *Messias* (a), were created " from the beginning of the world: And conse" quently our first Parent, of whom *Moses* speaks, " represents not an individual person, but all man" kind governed by one sole head, in that primi" tive state every thing was glorious and perfect, " there was nothing in the Universe that suffered, " because there was no such thing as crime. Nature " was a real & spotless image of the Divine per" fection ". This answers to the Reign of *Osiris*, & *Saturn*.

2. " The Soul of the *Messias*, by his perseverance " in the Divine Love, came to a strict union with " the pure Godhead, & was deservedly advanced " to be the King, the Head &. the Guide of all " Spirits (b) ". This notion has some resemblance to those which the *Persians* had of *Mythras*,

(a) *Vision. Ezekiel. Marc. v. Exp. apud Rittang. p. 22 &*
T. 1. (b) *Ibid. pag. 226.*

les Egyptiens d'Orus, & les Grecs de Jupiter Conducteur, qui menoit les Ames dans le lieu sublime.

3. " La vertu, la perfection, & la béatitude des esprits
" ou des Séphirots, consistoit à recevoir & à rendre
" sans cesse les rayons qui émanent du centre infini,
" afin qu'il y eût dans tous les Esprits une circulation
" éternelle de lumiere & de bonheur (a). Deux sortes
" de Séphirots manquerent à cette Loi éternelle. Les
" Chérubins qui étoient d'un ordre supérieur, ne ren-
" dirent point cette lumiere, la retinrent au-dedans
" d'eux-mêmes, s'enflerent, & devinrent comme des
" vases trop pleins ; enfin ils se briserent en pieces, &
" leur Sphere se changea en un Cahos ténébreux. Les
" Ischims, qui étoient d'un ordre inférieur, fermerent les
" yeux à cette lumiere, en se tournant vers les objets
" sensibles (b), oublierent la suprême béatitude de leur
" nature, & se contenterent de la jouissance des plaisirs
" créés. Ils tomberent par là dans des corps mortels.

4. " Les Ames passent par plusieurs révolutions, avant
" que de revenir à leur premier état ; mais après l'avé-
" nement du Messie, tous les Esprits seront rétablis dans
" l'ordre, & jouiront de l'ancien bonheur dont ils jouif-
" soient avant le péché du premier Pere (c).

Je laisse à décider si ces quatre idées ne ressemblent
point à celles que nous avons trouvées en Perse, en
Egypte, & en Grece. C'est cette ressemblance qui m'a
autorisé à donner les quatre Tableaux Mythologiques qui
se trouvent dans mon Ouvrage.

Dans tous ces Systêmes on voit que les Philosophes anciens, pour réfuter les objections des impies sur l'origine
& la durée du Mal, avoient adopté la doctrine de la
Préexistence des Ames, & de leur rétablissement.
Plusieurs Peres de l'Eglise ont enseigné la premiere

Pour les Notes, Voyez pag. 275.

the *Egyptians* of *Orus*, & the *Greeks* of *Jove*, the Guide that let Souls into the supra celestial abode.

3. "The virtue, perfection & beatitude of spirits or *Zephirots*, consisted in continually receiving & rendring back the rays which flowed from the infinite center, that so there might be an eternal circulation of light & happiness in all Spirits (a). Two sorts of *Zephirots* failed in the observance of this eternal law. The Cherubims, who were of a superior order, did not render back this light, but kept it within themselves, swelled, & became like vessels that are too full, till at last they burst in pieces, & their Sphere was changed into a gloomy *Chaos*. The *Ischim*, who were of an inferior order, shut their eyes against this light, turning themselves towards sensible objects (b). They forgot the supreme beatitude of their nature, & took up with the enjoyment of created pleasures. They fell thereby into mortal bodies.

4. "Souls pass through several revolutions before they return to their primitive state; but after the coming of the *Messias*, all Spirits will be restored to their rank; & be put in possession of the ancient happiness which they enjoyed before the sin of our first parent (c).

I leave the reader to determine whether these four notions do not resemble those which we have found in *Persia*, in *Egypt*, & in *Greece*. And this resemblance I thought a sufficient authority for me to give the four mythological pictures which are inserted in the foregoing work.

In all these Systems we see that the ancient Philosophers, in order to refute the objections of the impious drawn from the origin & duration of evil, adopted the doctrine of the *Pre existence of Souls*, and *their final Restoration*. Several Fathers of the Church have maintained the first

(a) *Ib. de Revol. Anim. Par. 2. Cap. 2 p. 244.*
(b) *Phil. Cabbal. diss. 81 cap. 1 3. p. 1731 T. 3. Rittange.*
(c) *Dr Revol. Anim. p. 207.*

opinion comme le seul moyen philosophique d'expliquer le péché originel ; & Origene s'est servi de la derniere, pour combattre les Impies de son temps.

A Dieu ne plaise que je veuille défendre ces deux erreurs condamnées par l'Eglise. Je ne m'en suis servi que pour montrer les ressources que la sage Antiquité avoit trouvées contre l'impiété ; & pour faire sentir que même avec la seule raison, on peut confondre les Philosophes qui refusent de croire sans comprendre.

C'est pour cette raison que je fais parler d Daniel un autre langage qu'à Eléazar. Ce Prophete conseille à Cyrus d'oublier toutes les spéculations subtiles, & de laisser à Dieu le soin de justifier les démarches incompréhensibles de sa Providence. Il le replonge dans une obscurité plus salutaire & plus convenable à la foiblesse humaine, que toutes les conjectures des Philosophes. Il réduit ce qu'il faut croire sur ces matieres à ces quatre vérités principales.

1. Dieu étant souverainement bon, n'ayant pu produire des êtres méchans & malheureux, il faut que le mal moral & physique qu'on voit dans l'Univers, vienne de l'abus que font les hommes de leur liberté.

2. La nature humaine est déchue de la premiere pureté dans laquelle elle fut créée ; & cette vie mortelle est un état d'épreuve, où les Ames se guérissent de leur corruption, & méritent l'immortalité heureuse par leur vertu.

3. La Divinité s'est unie à la nature humaine, pour expier le mal moral par son sacrifice. Le Messie viendra enfin dans sa gloire pour détruire le mal physique, & renouveller la face de la Terre.

4. Ces vérités nous ont été transmises de siecle en siecle depuis le Déluge jusques à présent par une tradition universelle. Les autres Nations ont obscurci & altéré cette tradition par leurs fables. Elle n'a été conservée dans sa pureté que dans les Livres Sacrés, dont on ne sauroit disputer l'autorité avec aucune ombre de raison.

opinion, as the only philosophical way of explaining original sin. And *Origen* made use of the latter, to oppose the Libertines of his time.

It is far from my intention to defend these two opinions discountenanc'd by the Church. All the use I make of the arguments which the wise ancients found out against impiety, is to shew, that reason alone furnishes means sufficient to confound such Philosophers as refuse to *believe unless they can comprehend*.

'Tis for this reason that I make *Daniel* speak a different language from *Eleazar*. The Prophet advises *Cyrus* to lay aside all subtile speculations, & to leave to God the care of justifying the incomprehensible steps of his Providence. He plunges him again into an obscurity more wholsome and more suitable to human weakness, than all the conjectures of philosophers. He reduced what we are to believe on this subject, to these four principal truths.

1. God being infinitely good, cannot produce wicked & miserable beings; & therefore the moral & physical evil which we see in the Universe must come from the abuse that men make of their liberty.

2. Human-nature is fallen from the first purity in which it was created, & this mortal life is a state of trial in which Souls are cured of their corruption, & aspire to immortality by their virtue.

3. God is united to human-nature in order to expiate moral evil by his sacrifice. The *Messias* will come at last in his glory to destroy physical evil, and renew the face of the Earth.

4. These truths have been transmitted to us from age to age, from that time of the Deluge till now, by an universal tradition. Other Nations have obscured and altered this tradition by their fables. It has been preserved in its purity no where but in the holy Scriptures, the authority of which cannot be disputed with any shadow of reason.

On croit ordinairement que toutes les traces qu'on voit de la Religion Naturelle & Révélée, dans les Poëtes & les Philosophes Païens, se doivent originairement à la lecture des livres de Moyse ; mais il est impossible de répondre aux objections que les incrédules font contre cette opinion. Les Juifs, & leurs Livres furent trop long-temps cachés dans un coin de la terre pour devenir la lumiere primitive des Nations. Il faut remonter plus haut, jusques au Déluge même. Il est étonnant que ceux qui sont persuadés de l'authenticité des Livres sacrés, n'aient pas profité de cette idée pour faire sentir la vérité de l'histoire Mosaïque sur l'origine du monde, le Déluge universel, & le rétablissement de la race humaine par Noé. Il est difficile d'expliquer autrement que par la doctrine que je mets dans la bouche de Daniel, l'uniformité des sentimens qui se trouve dans la Religion de toutes les Nations.

Voilà, ce me semble, les grands principes du Christianisme ; & voilà l'hommage que j'ai voulu lui rendre en justifiant ses dogmes contre les vaines subtilités des esprits téméraires, & contre les préjugés superstitieux des esprits foibles.

Fin du Discours, &c.

'Tis a common notion that all the footsteps of natural & reveal'd Religion which we see in the Heathens Poëts & Philosophers, are originally owing to their having read the books of *Moses*; but 'tis impossible to answer the objections which are made against this opinion. The *Jews* & their books were too long concealed in a corner of the earth, to be reasonably thought the primitive light of the *Gentiles*. We must go further back, even to the Deluge. 'Tis surprising that those who are convinced of the authority of the sacred books, have not made advantage of this system to prove the truth of the *Mosaick* history concerning the origin of the world, the universal Deluge, & the re-peopling of the Earth by *Noah*. 'Tis hard to explaing otherwise than by the doctrine I have put in the mouth of *Daniel*, that uniformity of sentiments which we find in the Religions of all Nations.

The four great Principles I have spoken of, seem to me the foundation of Christianity. My design in this work has been to do homage to our Religion by endeavouring to justify its tenets against the superstitions, prejudices of weak minds, and the vain subtilities of audacious criticks, who cavil at eternal Wisdom.

The end of the Discourse, &c.

LETTRE de Mr. *Fréret* (*Membre de l'Académie des Inscriptions à Paris*) à l'Auteur, sur la Chronologie de son Ouvrage.

MONSIEUR,

L'*Histoire de* Cyrus, *& la Chronologie des Rois de* Babylone, *sont peut-être la partie de toute l'Antiquité sur laquelle on a imaginé le plus de systêmes différens.* Mais tous ces systêmes sont si défectueux, *& si mal liés avec les événemens contemporains, que l'on se trouve arrêté presque à chaque pas par les contradictions & les embarras de ces hypothèses : c'est ce qu'on éprouve en lisant les Ouvrages de* Scaliger, *de* Pétau, *d'*Usher, *de* Marsham, *de l'Evêque de* Meaux, *& de* Prideaux.

Dans votre Ouvrage, Monsieur, vous avez sagement évité ces embarras, & vous avez imaginé ce qu'il y avoit de mieux pour concilier les narrations opposées *d'*Hérodote, *de* Ctésias, *de* Xénophon, *& des autres Anciens au sujet de* Cyrus. Vous avez conservé *la Guerre de ce Prince contre* Astyages, *son Grand'pere. Cette Guerre est un point constant dans l'antiquité & reconnu par* Xénophon *lui-même dans sa* Retraite des Dix mille. *Il n'a supprimé ce fait dans sa* Cyropédie, *que pour ne pas défigurer le portrait de* Cyrus, *par une Guerre qu'il croyoit contraire aux devoirs de la nature.* Prideaux, *après* Xénophon, *a cru la devoir supprimer aussi.* Marsham *a imaginé un véritable Roman, & a supposé deux différens Royaumes des Medes, sur lesquels régnoient en même temps deux* Astyages, *l'un Grand'pere de* Cyrus, *& l'autre son Ennemi.*

A LETTRE from Mr. Freret *(Member of the* Academy of Inscriptions at *Paris) to the Author, concerning the Chronology of his Work.*

SIR,

THERE have perhaps been more different systems formed, to settle the History of *Cyrus*, & the Chronology of the Kings of *Babylon*, than for any other part of ancient Story. But these hypotheses are all so defective, & so ill connected with cotemporary events, that whe are stopp'd almost at every step, by the contradictions & inconsistencies we meet with in them. This every man's experience shews him to be true, who reads the writings of *Scaliger*, *Petau*, *Usher*, *Marsham*, the Bishop of *Meaux*, & *Prideaux*.

But in your Work, you have prudently avoided these difficulties, & have hit upon the best method of reconciling the contradictory accounts, which *Herodotus*, *Crésias*, *Xenophon*, & other ancient writers, give us of *Cyrus*.

You have preserved this Prince's war with his Grand-father *Astyages*; a war which the ancients allow to be certain: And *Xenophon* himself acknowledges it, in his narrative of *The Retreat of the Ten thousand*. He has suppressed this fact in his *Cyropædia*, only to avoid throwing a blemish on *Cyrus*'s character, by a war, which he thought contrary to natural duty. *Prideaux* has likewise thought fit to omit it. *Marsham* has invented a mere Romance, & supposes, that there were two different Kingdoms of the *Medes*, which were, at the same time, governed by two *Astyages*'s, one the Grand-father, & the other the Enemy of *Cyrus*.

CHRONOLOGIE, &c.

Le parti que vous avez pris est plus simple & plus conforme à l'ancienne Histoire. Vous avez préparé cette Guerre, & vous l'avez conduite de telle façon qu'elle ne détruit en rien le caractere de votre Héros.

La supression d'un événement si considérable a obligé Xénophon à faire deux anachronismes pour remplir les premieres années de Cyrus. Il a avancé la prise de Sardis de 25 ans, & celle de Babylone de 28.

Comme cet Historien n'avoit en vue pour former son Héros, que les Vertus Militaires & les qualités d'un bon Citoyen ; il ne trouva point dans le plan de son Ouvrage les mêmes ressources que vous avez eues pour remplir la jeunesse de Cyrus. Il ne pensa, ni à lui donner des principes sûrs pour le garantir des dangers qui assiegent la vertu des Princes ; ni à le prévenir contre la corruption des faux Politiques & des faux Philosophes : deux genres de corruption dont les suites sont également funestes pour la société.

Xénophon, élevé dans la Grece, ne connoissoit que les Royaumes de Sparte & de Macédoine, où les Rois n'étoient, à proprement parler, que les premiers Citoyens de l'Etat, où les Magistrats étoient leurs Collegues plutôt que leurs Ministres. Il n'imaginoit point les abus du Despotisme, & n'avoit point pensé à les prévenir. Dans votre plan, comme il s'agit de former un Roi plutôt qu'un Conquérant, & un Prince qui sache encore mieux rendre les Peuples heureux sous son gouvernement, que les contraindre à se soumettre à ses loix, vous avez trouvé de quoi remplir la jeunesse de Cyrus en le faisant voyager, sans rien déranger dans la véritable Chronologie.

Cyrus est mort l'an 218 de Nabonassar, 530 ans avant Jesus-Christ. C'est un point que je ne m'arrêterai pas à prouver. Il est constamment reçu par tous les Chronologistes. Ce Prince étoit alors âgé de 70 ans, selon Dinon, auteur

The method you have take is more simple, & more agreable to ancient Story. You have paved the way for this War, & conducted it in such a manner, that it does in no wise slain the character of your hero.

The omission of so considerable an event has led *Xenophon* into two anachronisms, in order to find employment for *Cyrus* in his younger years. Thus he antedates the taking of *Sardis*, 25 years, and that of *Babylon*, 28.

As this Historian had nothing in view but military virtues & the qualities of a true Patriot, whereby to form his Hero; his scheme did not furnish him with the same materials to fill up *Cyrus's* youth, as yours does. He had no thoughts of instilling into his mind such principles as would most effectually secure him from the dangers which beset the virtue of Princes; or of guarding him beforehand, against the corruption of false Politicks & false Philosophy, which are, in their consequences, equally fatal to society.

Xenophon having been educated in *Greece*, was acquainted only with the Kingdoms of *Sparta* and *Macedon*, whose Kings were, properly speaking, nothing more than the chief Persons in the State; & the Magistrates were rather their Collegues, than their Ministers. He had no notion of the abuses of despotick power, & therefore could have no thoughts of preventing them. Whereas your design being to form a King, rather than a Conqueror, a Prince better qualify'd to make his People happy under his government, than to force them to submit to his laws; you are thereby enabled to give *Cyrus* full employment in his youth, by making him travel: & that very consistently with true Chronology.

Cyrus died the 218th year of *Nabonassar*, & 530 years before the Christian Era. I shall not lose time to prove, because it is acknowledged by all Chronologers. This Prince was then 70 years of age, according to *Dinon*, the Author

d'une Hiſtoire (a) de Perſe très-eſtimée; donc il étoit né l'an 148 de Nabonaſſar, 600 ou 599 ans avant l'Ere Chrétienne. Il avoit régné neuf ans à Babylone ſuivant le Canon Aſtronomique ; donc la priſe de cette Ville tomboit à la 61 année de ſon âge, à la 209 de Nabonaſſar, & 539 avant Jeſus-Chriſt.

La priſe de Sardis tombe, ſuivant Soſiorate dans Diogene Laërce (b), & ſuivant Solin (c), à la quatrieme année de la cinquante-huitieme Olympiade. Selon Euſebe, c'eſt la premiere année de la même Olympiade. Cette année eſt donc la 545 ou la 548 avant l'Ere Chrétienne, la 52 ou la 55 de la Vie de Cyrus.

Il avoit régné 30 ans ſur les Medes & ſur les Perſes, ſelon Hérodote & Cteſias, ayant 40 ans lorſqu'il monta ſur le Trône, ſelon le témoignage précis de Dinon ; ce qui donne pour l'époque du commencement de ſon regne l'an 188 de Nabonaſſar, & la premiere année de la 55 Olympiade, 560 ans avant Jeſus-Chriſt.

Euſebe nous apprend (d) que cette même année de la 55 Olympiade étoit celle où tous les Chronologiſtes s'accordoient à placer le commencement du regne de Cyrus ſur les Medes & ſur les Perſes. L'Hiſtoire ne nous apprend point combien avoit duré la Guerre de Cyrus contre les Medes, ni de quels événemens avoient été remplis les 40 premieres années de ſa Vie, & vous avez en le champ libre pour imaginer tous ceux qui convenoient au but que vous vous êtes propoſé. Votre Chronologie eſt donc non-ſeulement conforme à celle des Grecs & des Perſes, mais encore à celle des Babyloniens.

Xénophon a changé toute cette Chronologie. Selon lui, Cyrus à l'âge de douze ans va à la Cour de Médie, y reſte 4 ans, & en revient à 16. Il entre à 17 dans la claſſe des Adoleſcens & y reſte 10 ans. L'Hiſtorien ajoute qu'Aſtyages mourut dans cet intervalle; ce qui eſt contraire à la vérité; car ce Prince régna juſques

Pour les Notes, Voyez pag. 285.

of a celebrated History (a) of *Persia*. He was therefore born in the 148th. year of *Nabonassar*; 600 or 599 years before Christ. He had reigned, according to the *Astronomical Canon*, nine years at *Babylon*. This City was therefore taken in the 61 year of his age, the 209 of *Nabonassar*, & the 539 before *Christ*.

Sardis was taken, according to *Sosicrates* (b) in *Diogenes Laertius*, & according to (c) *Solinus* in the 4th. year of the 58th. *Olympiad*; but according to *Eusebius*, in the first year of that *Olympiad*: & consequently, either in the 545th. or 548th. year before *Christ* & the 52th., or 55th. year of *Cyrus*'s life.

He had reigned 30 years over the *Medes* & *Persians*, according to *Herodotus* & *Ctesias*, & he was 40 years old, according to *Dinon*, when he mounted the Throne; which fixes the beginning of his Reign to the 188th. year of *Nabonassar*, the first year of the 55 *Olympiad*, & the 560 year before *Christ*.

Eusebius (d) tells us that all Chronologists agreed in placing the beginning of *Cyrus*'s Reign over the *Medes* & *Persians*, in this year of the 55 *Olympiad*. But Historians have neither told us, how many years *Cyrus*'s War with the *Medes* lasted, nor any particulars of what happened in the first forty years of his life; you are therefore at full liberty to fill up this space with whatever you judge most proper to your design; & your Chronology is not only agreeable to that of the *Greeks* & *Persians*, but likewise to that of the *Babylonians*.

Xenophon indeed has changed all this Chronology. According to him, *Cyrus* went to the Court of *Media*, at 12 years of age, stay'd there 4 years, returned in his 16 year, entered into the class of the Έφηβοι or *Young-men*, in his 17, & continued in it 10 years to which he adds that *Astyages* died in this interval. But this is not true, for that Prince reigned till he was conquered by *Cyrus*

(a) *Cic. de Divin. B. I. ch.* 23. (b) *Diog. Laert. B. I. Periand.* (c) *Chap. VIII.* (d) *Præpar. Evang. B. X.*

à l'an 560 qu'il fut vaincu par Cyrus, & ne mourut que quelques années après. Vous vous êtes écarté de Xénophon, & vous avez bien fait.

Selon le même Auteur, Cyrus âgé de 28 ans passa en Médie à la tête d'une Armée de 30 mille hommes, à 29 il soumit les Arméniens, à 30 il marcha contre les Lydiens & prit Sardis, & à 33 il se rendit maître de Babylone vers l'année 567. Cette année qui est la 179 de Nabonassar, est la 36 de Nabuchodonosor, qui régna encore 7 ans ; ces 7 ans joints aux 21 des quatre Rois qui ont régné à Babylone après lui, font les 28 années d'anachronisme dont j'ai parlé plus haut.

Le reste de la Chronologie de Xénophon est indifférens à votre Ouvrage. Cet Historien ne détermine pas le temps de la mort de Mandane, ni de Cambyse, & vous a laissé une pleine liberté de placer ces événemens de la maniere la plus convenable à votre plan.

La Ville de Tyr ne fut prise que la 19 année de Nabuchodonosor, après un siege de 13 ans, qui avoit commencé la septieme année du Regne de ce Prince, comme Joseph l'avoit lu dans les Annales Phéniciennes. Le Prophete Ezéchiel, l'année même de la prise de Jérusalem qui étoit la 18 de Nabuchodonosor, menace Tyr d'une ruine prochaine ; donc elle n'étoit pas encore prise. Cyrus avoit alors 15 ans. Or comme le temps où il retrouve Aménophis à Tyr peut aller jusques à 15 années de plus, & comme les voyages de Cyrus se font depuis la 28 jusques à la 32 année de son âge, vous ne faites ici aucun anachronisme.

Nous n'avons aucun passage positif pour fixer le temps de la démence de Nabuchodonosor. Cette démence est constante par le témoignage de Daniel ; & il y a beaucoup d'apparence qu'elle arriva vers la fin de sa vie. Voici sur quoi je me fonderois pour le prouver.

La déportation de Joachim arriva la 8 année du regne de Nabuchodonosor sur la Judée, & la quatrieme de son regne à Babylone ; c'est-à-dire, l'an 148

in the year 560, & did not die till some years after. You have therefore done well in not following *Xenophon*.

According to him, *Cyrus* enter'd *Media* at the Head of 30000 Men, when he was 28 years of age; subdued the *Armenians* at 29; marched against the *Lydians*, & took *Sardis*, at 30; and made himself master of *Babylon* at 33, about the year 567. This is the 179 year of *Nabonassar*, and the 36 of *Nabuchodonosor*, who reigned seven years after it. These 7 years added to the 21 years of the four Kings who reigned in *Babylon* after him, make the 28 years of the anachronism above mentioned.

The rest of *Xenophon*'s Chronology is of no importance to your work. He does not determine the time of the death, either of *Mandana* or *Cambyses*; & you are therefore entirely at liberty, to place these so as best suits with your design.

The City of *Tyre* was not taken till the 19 years of *Nabuchodonosor*, after a thirteen-years-siege, which began the seventh year of that Prince's reign, according to the *Phœnician Annals*, which *Josephus* had read. In the year *Jerusalem* was taken, which was the 18 year of *Nabuchodonosor*, the Prophet *Ezechiel* threatens *Tyre* with approaching ruin; it therefore was not taken at that time. *Cyrus* was then 15 years of age. Now, as the time when *Cyrus* met with *Amenophis* again at *Tyre*, might be about 15 years later than this; & as the travels of *Cyrus* are all placed between the 28 & 32 year of his age; you are therefore guilty of no anachronism in this particular.

We have no where any express passage, whereby to fix the time of *Nabuchodonosor*'s madness. That he was mad, is certain, from *Daniel*: And it is very probable, it happened towards the end of his life. My reasons for it are these.

Jehoiachin was carried into captivity, in the 8 year of *Nabuchodonosor*'s reing over *Judea*, & the 4 of his reign in *Babylon*; that is the 148 year

de Nabonaſſar, 600 avant Jeſus-Chriſt, & l'année même de la naiſſance de Cyrus.

Nous liſons dans Jérémie (a) & dans le 2e. Livre des Rois (b) que la 37e année de la déportation de Joachim, Evilmérodac monta ſur le Trône de Babylone & tira Joachim de priſon pour l'admettre à ſa table, & le combler d'honneurs. Cette année étoit la 184 de Nabonaſſar, la 564 avant Jeſus-Chriſt, & la 37 de la Vie de Cyrus : cependant Nabuchodonoſor étoit encore vivant, puiſqu'il n'eſt mort que l'an 186 de Nabonaſſar & la 39 de Cyrus. Donc, non-ſeulement Evilmérodac eſt monté ſur le Trône du vivant de ſon Pere, mais il gouvernoit ſans le conſulter avec aſſez d'indépendance, pour ne pas craindre de l'irriter ; en tenant une conduite oppoſée à la ſienne, & en comblant d'honneurs un Prince qu'il avoit toujours retenu dans les fers. Béroſe donne 10 ans de Regne à ce Prince qu'il nomme Evilmaradoch. Le Canon Aſtronomique lui en donne ſeulement deux, & le nomme Ilovaradam. L'Ecriture le fait monter ſur le Trône trois ans avant la mort de ſon Pere.

Tous ces embarras diſparoîtront ſi l'on ſuppoſe que la démence de Nabuchodonoſor commença huit ans avant ſa mort, & que dès-lors ſon fils Evilmérodac fut regardé comme Roi, ſe mit à la tête des Conſeils, & gouverna l'Empire avec les Miniſtres de ſon Pere. Ces huit ans joints aux deux qu'il régna ſeul après la mort de Nabuchodonoſor, font les dix ans de Béroſe. L'Ecriture Sainte commence plus tard ſon Regne, & ſans doute du temps auquel il ſe débarraſſa des Miniſtres dont les conſeils le génoient ; ce qui n'arriva que la troiſième année avant la mort de Nabuchodonoſor. La démence de ce Prince ne dura que ſept ans, & ayant recouvert ſon bon ſens, il gouverna par lui-même & donna un Edit en faveur des Juifs qui eſt rapporté dans Daniel. On n'avoit jamais ceſſé de mettre ſon nom dans les

Pour les Notes, Voyez pag. 289.

of *Nabonaſſar*, 600 years before *Chriſt* & the year *Cyrus* was born.

We are told in *Jeremiah* (a) & in the (b) ſecond Book of *Kings*, that in the 37 year of *Jehoiachin*'s captivity, *Evilmerodach* aſcended the Throne of *Babylon*, took *Jehoiachin* out of priſon, admitted him to his own table, & beſtowed many honours upon him. This was the 184 year of *Nabonaſſar*, the 564 before *Chriſt*, & the 37 of *Cyrus*'s age; at which time *Nabuchodonoſor* was yet alive, ſince he did not die till the 186 of *Nabonaſſar*, & the 39 of *Cyrus*. *Evilmerodach* therefore did not only mount the Throne in his father's lifetime, but he governed without conſulting him, & with ſo little dependance upon him, as no to fear provoking him, by taking quite different meaſures from his, & heaping honours on a Prince, whom his father had all along kept, in fetters. *Beroſus* makes the Prince, whom he calls *Evilmerodach*, to have reigned 10 years. The *Aſtronomical Canon* allows him but two, and calls him *Ilovarodam*. The Scripture places him upon the throne three years before the death of his father.

All theſe difficulties will vaniſh if we ſuppoſe, that *Nabuchodonoſor*'s madneſs began eight years before his death, and that his Son *Evilmerodach* was from that time looked upon as King, placed himſelf at the head of affairs, & governed the Empire with his Father's Miniſters. Theſe eight years, joined with the two he reigned alone after his Father's death, make up the ten years of *Beroſus*. The Holy Scriptures begin his reign later, doubtleſs from the time that he removed the Miniſters, who made him uneaſy; which did not happen till the third year before the death of *Nabuchodonoſor*. This Prince's madneſs continued but ſeven years; after that time he recovered his ſenſes, reaſſumed the government, & publiſhed an Edict in favour of the *Jews*, which is related in *Daniel*. His name had all along been made uſe of in the

(a) *Chap.* LII. *ver.* 35. (b) xxv. 27.

actes publics; & c'est pour cela que le Canon Astronomique *ne donne que deux ans de Regne à son fils* Ilovarodam. *Ce Canon avoit été dressé sur les actes publics.*

La démence de Nabuchodonosor *a dû produire de grandes révolutions à la Cour de* Babylone, *& nous pouvons nous en former une idée, sur ce qui se passa à la Cour de* France *pendant celle de* Charles VI, *où les affaires étoient tantôt entre les mains de sa Femme, tantôt entre celles de ses Enfans, tantôt entre celles des Grands Seigneurs & des Princes de son sang.*

Suivant cette supposition également simple & nécessaire, la démence de Nabuchodonosor *sera arrivée l'an de* Nabonassar 179, *avant* Jesus-Christ 569, *& la 32 année de la vie de* Cyrus. *Ce Prince doit en avoir été instruit, car cet événement étoit d'une grande importance. On ne peut même douter qu'il n'ait insinué dans la Guerre des* Medes *& des* Perses. *Les* Babyloniens *étoient alliés des* Medes *& de leurs Rois: car* Nabuchodonosor *avoit épousé une Fille d'*Astyages. *Ils auroient pris quelque part à cette Guerre, sans la médiation d'*Amytis, *qu'on peut supposer avoir travaillé à concilier les* Medes *& les* Perses: *sans la foiblesse du gouvernement des* Babyloniens *causée par la démence de leur Roi; & sans les divisions qui régnoient à la Cour entre les différens partis qui se disputoient la premiere place dans les Conseils.*

Le spectacle d'un Conquérant si fameux réduit dans cet état déplorable, étoit bien capable d'instruire Cyrus; *& vous avez eu grande raison de ne le pas négliger.* Cyrus *revint de ses Voyages selon votre Chronologie vers la 32 année de son âge. La démence de* Nabuchodonosor *avoit déja commencé. Il passa près de sept ans dans la* Perse, *gouvernant sous son Pere. C'est pendant cet espace de temps qu'arrivent toutes les intrigues entre* Cyaxare *&* Soranes; *que* Cambyse *fait la Guerre aux* Medes; *qu'*Astyage *meurt, & que* Cyrus *va à* Babylone *pour négocier avec* Amytis *vers la fin de la mala-*

publick acts; & for this reason, the *Astronomical Canon* makes his Son *Ilovarodam* to have reigned but two years. This *Canon* was drawn up from the publick acts.

Nabuchodonosor's madness must have produced great revolutions in the court of *Babylon*, & we may form an idea of them, from what passed at the court of *France*, during that of *Charles VI*: when the management of affairs was sometimes lodged in the hands of the Queen, sometimes in those of her Children, & sometimes in those of the great Lords & Princes of the blood.

Upon this supposition, which is both easy and necessary, *Nabuchodonosor*'s madness happened in the 179 year of *Nabonassar*, & 569 before *Christ*, & the 32 of *Cyrus*. This Prince must have been informed of that event, for it was of great importance to him to know it. It is not to be doubted but it had its influence in the War of the *Medes* & *Persians*. The *Babylonians* were allied to the *Medes* & their Kings: For *Nabuchodonosor* had married a Daughter of *Astyages*. They would have taken some part in this War, had it not been for the mediation of *Amytis*, whom we may suppose to have labour'd to reconcile the *Medes* and *Persians*, the weakness of the *Babylonian* government, occasioned by the madness of the King; & the divisions which prevailed at court, among the different parties, who contended for the direction of affairs.

The sight of so famous a Conqueror reduced to so deplorable a condition, must have been a very proper spectacle for the instruction of *Cyrus*, and you had great reason not to neglect it. He returned from his travels, according to your chronology, about the 32d year of his age, after *Nabuchodonosor*'s madness had already seized him. *Cyrus* spent seven years under his Father's government in *Persia*, during which time, all the intrigues between *Cyaxares* & *Soranes* were carried on; *Cambyses* made war with the *Medes*; *Astyages* died & *Cyrus* went to *Babylon*, to negotiate affairs with *Amytis*,

die de Nabuchodonofor. Ce temps est bien choisi pour rendre le spectacle plus touchant & plus instructif.

Votre Chronologie sur les événemens politiques, & sur les révolutions arrivées du temps de Cyrus, est donc parfaitement conforme à celle des Grecs, des Babyloniens, & des Hébreux. Examinons maintenant si les Grands Hommes que vous faites voir à Cyrus pendant ses Voyages, ont été ses contemporains. Vous pouvez vous permettre un peu plus de liberté sur cet article que sur l'autre.

Vous savez combien les Anciens sont opposés entre eux sur les temps où Zoroastre a vécu ; ce qui vient sans doute de ce que l'on a donné le nom de Zoroastre à tous ceux qui ont réformé en différens temps la Religion des Mages. Le dernier est le plus fameux de tous, & le seul qui ait été connu sous ce nom ou sous celui de Zardoufcht par les Orientaux. M. Prideaux le fait contemporain de Cambyse, & de Darius, fils d'Hystaspe : mais il y a beaucoup d'apparence qu'il étoit un peu plus ancien.

Les Orientaux, comme on le peut voir dans l'Ouvrage de M. Hyde, le font vivre sous Guftafpes, ou Hyftafpes, Pere de Darah, qui est le Darius premier des Grecs. Ce Guftafpes étoit plus âgé que Cyrus, & pouvoit être le même que celui que vous faites son Gouverneur. D'où il suit nécessairement que la réforme de la Religion des Mages a dû se faire pendant le Regne de ce Prince, & que c'étoit alors que Zoroastre vivoit. La Réforme faite par Darius suppose que les Mages s'étoient arrogés une très-grande autorité dont il les dépouilla. Il altéra même la pureté de la Religion de Zoroastre par le mélange de l'Idolâtrie étrangere. Ce fut sous son Regne que le culte d'Anaitis s'introduisit dans la Perse, & cela ne s'accommode pas avec les hypothéses de M. Prideaux. Le parti que vous avez pris est plus conforme à la suite de l'Histoire, telle qu'elle

a little before *Nabuchodonosor's* madness left him. This time was judiciously chosen, to make the sight more affecting & instructive.

Your Chronology, with regard to political affairs, & the revolutions which happened in *Cyrus's* time, is therefore perfectly agreeable to that of the *Greeks*, *Babylonians*, & *Hebrews*. Let us now enquire, whether the Great Men, whom you make *Cyrus* to have seen is his travels, were his cotemporaries. You may indeed be allowed a greater liberty in this case than in the former.

You know how the Ancients contradict one another with regard to the time when *Zoroaster* lived; which doubtless proceeds from hence, that the name of *Zoroaster* was given to all those, who at different times, reform'd the Religion of the *Magi*. The last of these was the most famous, & is the only one who is known by that name; or by the name of *Zardoufcht*, in the East. *Prideaux* makes him cotemporary with *Cambyses*, & *Darius* the Son of *Hystaspes*: But it is very probable he lived some time before them.

The eastern Writers, as may be seen in Dr. *Hyde's* work, make him to have lived under *Gustafpes* or *Hystafpes*, the father of *Darah*, who is the first *Darius* of the *Greeks*. This *Gustafpes* was older than *Cyrus*, and may have been the same person whom you make his Governor. Whence it necessarily follows, that the reformation of the Religion of the *Magi* must have been made during his reign, and that *Zoroaster* lived at that time. The reformation made by *Darius* suppoſes that the *Magi* had aſſumed to themſelves very great authority, which he took away from them. He likewise corrupted the purity of *Zoroaster's* Religion, by a mixture of foreign Idolatry. In his Reign, the worship of *Anaitis* was first brought into *Persia*, contrary to the hypotheses of Dr. *Prideaux*. Your scheme is more agreeable to the course of the History, as it

résulte des faits qui sont communs aux Grecs, & aux Historiens Persans & Arabes.

Cyrus a pu épouser Cassandane d l'âge de 18 ans, & vivre avec elle neuf ou dix ans ; de cette façon il a pu passer en Egypte vers la 29 année de son âge. Votre Chronologie s'accorde parfaitement avec l'âge d'Amasis. Son Regne a fini de l'aveu de tous les Chronologistes un an avant l'Expédition de Cambyse, c'est-à-dire vers l'an 525 avant Jesus-Christ, & la 63 Olympiade. Hérodote ne donne que 44 ans de durée au regne d'Amasis ; & par conséquent il le fait commencer en l'année 569 avant Jesus-Christ, & à la 52 Olympiade, vers la 30 année de Cyrus.

Diodore, qui donne 55 ans de regne à Amasis, suppose qu'il monta sur le Trône l'an 579, ou 580 avant l'Ere Chrétienne, & la 20 année de l'âge de Cyrus. Mais ces deux opinions sont faciles à concilier. Hérodote a commencé le regne d'Amasis d la fin de la Révolution qui le mit sur le Trône, & Diodore a compté du commencement de sa Révolte.

Apriès vivoit encore peu après la prise de Jérusalem, puisque le Prophete Jérémie (a) prédit sa mort sous le nom de Pharaon Hophra, comme un événement qui devoit arriver dans peu de temps. Cette année est la 589 avant Jesus-Christ & la 36 avant la fin d'Amasis, & montre que les divisions de l'Egypte avoient déja commencé. Dans votre système Amasis étoit maître tranquille de toute l'Egypte lorsque Cyrus y passa ; & il y avoit déja plusieurs années qu'Apriès étoit mort : ce qui est conforme à l'Histoire profane & sacrée, Cyrus ayant 28 à 30 ans lors de ses Voyages.

La Chronologie Grecque souffrira un peu plus de difficulté ; mais l'anachronisme ne passera pas 12 ou 14 ans.

Chilon étoit déja avancé en âge au temps de la 52 Olympiade, ainsi que le rapportoit Hermippus cité par Diogene Laërce (b). Cette Olympiade

Pour les Notes, Voyez pag. 295.

results from those facts, which are related by the *Persian* and *Arabian* Historians, as well by the *Grecian*.

Cyrus may have married *Cassandana* at 18 years of age, & have lived with her nine or ten years; so that he may have travelled into *Egypt*, about the 29 year of his age. Your Chronology agrees exactly with the age of *Amasis*. All Chronologists agree, that his reign ended a year before *Cambyses*'s Expedition, that is about the 525 yeart before *Christ*, & the 63 Olympiad. *Herodotus* makes his reign to have lasted 44 years; & consequently places the beginning of it in the 569 year before *Christ*, & the 25d Olympiad, & about the 39 year of *Cyrus*.

Diodorus indeed, who makes *Amasis* to have reigned 55 years, supposes that he ascended the Throne in the 579, or 580 year before *Christ*, & the 20 year of *Cyrus*'s age: But these two opinions are easily reconciled. *Herodotus* begins *Amasis*'s reign at the end of the Revolution, which placed him on the Throne, & *Diodorus* at the beginning of his Revolt.

Apries must have lived but a little time after the taking of *Jerusalem*, since the Prophet *Jeremiah* (a) foretells his death, under the name of *Pharaoh Hophra*, as what must soon happen. *Jerusalem* was taken in the year 589 before *Christ*, and the 36 before *Amasis*'s death, which shews that the troubles in *Egypt* were already begun. According to your system, *Amasis* governed all *Egypt* in tranquility when *Cyrus* went thither; & *Apries* had already been dead several years; which agree both to prophane & sacred History; *Cyrus* being between 28 & 30 years of age when he travelled.

The *Greek Chronology* indeed will not be so easily reconciled to yours; but the *anachronism* will not exceed 12, or 14 years.

Chilo was, according to *Hermippus*, as quoted by (b) *Diogenes Laertius*, advanced in age, at the time of the 52 Olympiad. This *Olympiad*

(a) *C. XLIV. last. verse.* (b) *B. I.*

commença l'an 573 avant Jesus-Christ, & finit l'an 570, la 30 année de Cyrus. Le temps de son Ephorat est postérieur ; Pamphyla le plaçoit à la 56 Olympiade, mais ce passage est manifestement corrompu. L'anonyme Auteur de la Chronologie des Olympiades détermine le temps de la Magistrature de Chilon par celui de l'Archontat d'Euthydemes à Athenes, c'est-à-dire par l'année 81 avant le passage de Xercès selon la Chronologie (a) des Marbres d'Arondel. Ce qui donne l'an 561 avant Jesus-Christ, & la 38 année de Cyrus : ce qui s'accorde parfaitement avec votre Chronologie ; car huit ans auparavant, Cyrus a pu voir Chilon en passant à Sparte, à l'âge de 30 ans.

Périandre mourut, selon Soficrate (b), à la fin de la 48 Olympiade, l'an 585 avant Jesus-Christ, & la 16 année de Cyrus. Les Anciens nous apprennent qu'il avoit régné 40 ans & qu'il avoit commencé à fleurir vers la 38 Olympiade. Vous reculez la fin de sa vie de 12 ou 14 ans : mais comme vous ne le faites que pour rendre Cyrus témoin de sa mort désespérée, l'anachronisme fait une beauté, & il est d'ailleurs peu important.

La Royauté de Pisistrate sur les Athéniens n'a commencé que l'an 560 avant Jesus-Christ, 71 ans avant la Bataille de Marathon, selon Thucidide (c), & 100 ans avant la Tyrannie des 400 d'Athenes. Cyrus avoit alors 40 ans ; ce n'est qu'un anachronisme de 9 à 10 ans. Il n'y en a point à l'égard de Solon. Son Archontat & sa réformation du gouvernement d'Athenes sont de l'an 597 avant Jesus-Christ, & de la 3 année de l'Olympiade 46 (d). Il passa un temps considérable à voyager, & ne revint à Athenes que dans un âge avancé, qui ne lui permettoit plus de se mêler des affaires

Pour les Notes, Voyez pag. 297.

began in the 573 year before *Chrift*, & ended in the 570, which was the 30 of *Cyrus*. This was before his *Ephorate*, which *Pamphyla* places in the 56 *Olympiad*; but this paffage is manifeftly corrupted. The anonymous Author of the Chronology of the *Olympiads*, fixes the time of the Magiftracy of *Chilo*, to that of the *Archonship* of *Euthydemes* at *Athens*, that is, to the 81 year before *Xerxes*'s paffage into *Afia*, according to the Chronology of the (a) *Arondelian Marbles*. This was the 561 year before *Chrift*, & the 38 of *Cyrus*, which agrees perfectly well with your Chronology; for *Cyrus* might have feen *Chilo* 8 years before, as he went to *Sparta*, & when he was 30 years of age.

Periander died, according to (b) *Soficrates*, at the end of the 48 *Olympiad*, the 585 year before *Chrift*, & the 16 of *Cyrus*. The Ancients tell us he had reigned 40 years, & began to flourish about the 38 *Olympiad*. You poftpone his death 12, or 14 years; but as you do this, only to make *Cyrus* a witnefs of his defperate death, the anachronifm is a beauty, & is otherwife of little importance.

Pififtratus's reign over the *Athenians* did not begin, till 560 years before *Chrift*, 71 before the Battle of *Marathon*, according to *Thucydides*; (c) & 100 before the Tyranny of 400, at *Athens*. *Cyrus* was then 40 years old; fo that your anachronifm here is only of 9, or 10 years. And with regard to *Solon*, you are guilty of no anachronifm at all. His *Archonship* & his reformation of the government of *Athens*, was in the year 597 before *Chrift*, & the 3d year of (d) the 46 *Olympiad*. He fpent a confiderable time in travelling, & did not return to *Athens*, till he was advanced in years; which would not fuffer him to be concerned in publik affairs any more.

(a) *Marm. Oxon. Chron. Epoch.* 42.
(b) *Diog. Laert. B. I.* (c) *B. VI. p. 449, 452. & B. VIII. p. 601. Arift. Pol. B. V. p. 12.* (d) *Diog. Laert. & Plut. Life of Solon.*

CHRONOLOGIE, &c.

publiques. Il mourut âgé de 80 ans, la seconde année du regne de Pisistrate, selon Phanias d'Erese, & la 41 année de la vie de Cyrus. Ce Prince a très-facilement pu s'entretenir avec lui neuf ou dix ans auparavant.

Vous devez être également tranquille sur le synchronisme de Pythagore & de Cyrus. Denis d'Halicarnasse nous apprend (a) que ce fut seulement vers la 50 Olympiade qu'il passa en Italie, c'est-à-dire vers l'an 577 avant Jesus-Christ. Il se sert du mot κατά, (environ) ce qui montre que ce terme se peut étendre. En effet Diogene Laërce nous montre qu'il fleurissoit vers la 60 Olympiade, c'est-à-dire 40 ans après; & prenant cela du temps où il est mort âgé de 80 ans, il auroit eu 50 ans lorsqu'il passa en Italie, & seroit né vers l'an 520 avant Jesus-Christ. Si le Philosophe Pythagore étoit le même que celui qui se présenta aux Jeux Olympiques pour combattre parmi les Enfans, & qui ayant été rejetté demanda à être reçu parmi les Hommes, & remporta le prix la 48 Olympiade; il avoit 16 ou 17 ans en 585 avant Jesus-Christ, & n'étoit gueres plus âgé que Cyrus. C'est le sentiment de M. Bentley qui peut se défendre malgré les objections qu'on lui a faites. Mais, sans entrer dans cette discussion, il vous suffit que Pythagore ait été de retour de ses Voyages, & en état de conférer avec Cyrus, lorsque ce Prince passa dans la Grece l'an 565 avant Jesus-Christ. Or c'est ce que l'on ne sauroit vous refuser dans aucun de ces systèmes qui partagent les Savans sur le temps de Pythagore.

Vous êtes encore fondé à le mettre aux mains avec Anaximandre. Ce Philosophe a dû voir Pythagore, quoiqu'il fût plus âgé que lui, ayant 64 ans la seconde année de la 48 Olympiade, selon le témoignage d'Apollodore dans Diogene Laërce, c'est-à-dire l'an 585 avant Jesus-Christ.

Pour la Note, Voyez pag. 299.

He died at the age of 80 years, in the second year, of *Pisistratus*'s reign, according to *Phanias* of *Eresa*, & in the 41 year of *Cyrus*: who might therefore have conversed with him, nine or ten years before.

You ought likewise to give your self as little concern about the bringing *Pythagoras* & *Cyrus* together. *Dionysius Halicarnasseus* tells us, (a) that the former went into *Italy*, about the 50 *Olympiad*, that is about the 577 year before *Christ*. He makes use of the word κατὰ, (*about*) which shews that this date need not be strictly taken. And indeed, *Diogenes Laertius* shews us, that he flourished about the 60 *Olympiad*, that is, about 40 years after; which if we understand of the time of his death, which was at the age of 80, he will then have been 50 years old when he went into *Italy*; & he will appear to have been born about the 520 year before *Christ*. If *Pythagoras the Philosopher* be the same with him who offered to fight at the *Olympic* Games, among the Children, and upon being rejected, desired to be received among the Men, & gained the prize, in the 48 *Olympiad*; he was 16 or 17, in the year 585 before *Christ*, & was scarce older than *Cyrus*. This is the opinion of Dr. *Bentley*, & may be defended against all the objections which have been made against it. But, without entring into this dispute, it is sufficient for your vindication, that *Pythagoras* was returned from his Travels, & capable of conferring with *Cyrus*, when this Prince went into *Greece* in the year 565 before *Christ*; which cannot be denied, in any of the different systems, which the Learned have formed, concerning the time of *Pythagoras*.

You have likewise good reason for bringing him into a dispute with *Anaximander*. This Philosopher must have seen *Pythagoras*, though he was older than he, being, according to *Apollodorus* in *Diogenes Laertius*, 64 years of age, in the 2d year of 48 the *Olympiad*, that is in the year 585 before *Christ*.

(a) *D. Hal. B. XII.*

Et c'est encore une beauté dans votre Ouvrage de voir le jeune Pythagore triompher des sophismes du Matérialiste. On ne peut douter que le Philosophe Milésien n'ait été le premier Auteur de la doctrine des Atomistes. Selon le témoignage d'Aristote (a), de Cicéron (b), de Plutarque (c), & de Simplicius (d), le τὸ ἄπειρον d'Anaximandre etoit une Matiere infinie. Sa doctrine est la même que celle de Spinoza.

Vous voyez, Monsieur, que la complaisance n'avoit aucune part à l'approbation que j'ai donnée à la Chronologie de votre Ouvrage. Vous n'aviez pas besoin d'une attention si scrupuleuse au vrai ; vous pouviez vous contenter du vraisemblable : la nature de votre Ouvrage n'en exigeoit pas davantage. Je suis persuadé cependant que cette exactitude ajoutera de nouvelles beautés aux yeux de ceux qui sont instruits de l'Ancienne Histoire. L'exactitude n'est pas incompatible avec l'agrément, & ne produit la sécheresse que dans les Esprits froids & pesants.

Je suis avec, &c.

Pour les Notes, Voyez pag. 301.

FIN.

And it is likewise a beauty in your work to see the young *Pythagoras* triumphing over the *sophistry* of the *Materialist*. It is not to be doubted, but the *Milesian* Philosopher was the first inventor of the doctrine of the *Atomists*. According to (a) *Aristotle*, (b) *Cicero*, (c) *Plutarch*, & (d) *Simplicius*, the τὸ ἄπειρον of *Anaximander*, was an infinite matter. His doctrine is the same with that of *Spinoza*.

Thus you see, Sir, that complaisance has no part in my approbation of the Chronology of your Book. You need not have adhered so scrupulously to *truth*, you might have contented your self with *probability*: The nature of your work did not require more. Neverthelefs this exactnefs will, I am perfuaded, give it new beauties, in the opinion of thofe who are verfed in ancient Hiftory. Exactnefs is not neceffarily excluded from works of wit & imagination: It produces drynefs, only when a Writer is of a cold & heavy genius.

I am, &c.

(a) *Phyf. I. Ch.* 4. (b) *De Nat. Deor.' B. I.*
(c) *Placit. Phil. B. I. Ch.* 5. (d) *Comment. in Epict.*

F I N I S.

www.ingramcontent.com/pod-product-compliance
Lightning Source LLC
Chambersburg PA
CBHW021959220426
43663CB00007B/878